# LA ROUE À LIVRES

Collection dirigée

par

Michel Casevitz

Aude Cohen-Skalli

*Professeur émérite de grec
à l'Université de Paris Ouest*

*Chargée de recherche au CNRS
(Aix Marseille Université, TDMAM)*

# JEAN DE MANDEVILLE

# VOYAGE
# AUTOUR DE LA TERRE

# JEAN DE MANDEVILLE

# VOYAGE AUTOUR DE LA TERRE

*Traduit et commenté*

*par*

CHRISTIANE DELUZ

3<sup>e</sup> tirage

PARIS

LES BELLES LETTRES

2018

*Tous droits de traduction, de reproduction et d'adaptation
réservés pour tous les pays.*

*© 2018, Société d'édition Les Belles Lettres,
95, bd Raspail, 75006 Paris.
www.lesbelleslettres.com*

*Première édition 1993*

*ISBN : 978-2-251-33919-1
ISSN : 1150-4129*

# INTRODUCTION

Jean de Mandeville est sans doute un des auteurs les plus mystérieux d'un Moyen Âge qui en compte tant. « *Enclosed in mystery* » proclame une des plus récentes éditions de son livre en Angleterre[1], « auteur fictif ou réel » dit D. Poirion dans la *Littérature française*[2]. Il s'est pourtant présenté dans son livre comme « Jean de Mandeville, chevalier, né et élevé en Angleterre dans la ville de Saint-Albans ». Chevalier, mais chevalier errant qui, toujours selon ses dires, a quitté le sol natal pour parcourir le monde, de la Terre sainte aux plus lointaines îles de l'Asie, sans oublier une incursion dans une Afrique encore à peu près ignorée.

Cet autoportrait est aussi celui que traçait l'épitaphe de sa tombe dans le couvent des Guillelmites de Liège, ville où il était venu finir ses jours et rédiger son ouvrage pour oublier les « gouttes arthritiques » qui le tourmentaient. Le couvent a été détruit à la Révolution, mais nombreux avaient été les voyageurs venus se recueillir devant les restes de leur glorieux devancier et qui nous ont transcrit le texte gravé sur la pierre à la louange du « noble seigneur Jean de

Mandeville, natif d'Angleterre, chevalier, dit "à la Barbe", seigneur de Compredi, professant la médecine, priant avec grande dévotion et distribuant avec largesse ses biens aux pauvres, qui avait parcouru le monde entier et acheva les jours de sa vie dans la ville de Liège le sept février 1372 ».

Si les plus anciennes notices concernant Mandeville donnent à peu près les mêmes renseignements, on voit, à partir du XVIe s., la renommée faire de ce chevalier non seulement un humaniste maîtrisant les langues dans lesquelles son œuvre avait été rapidement traduite, comme on le constatera par la suite, mais encore un médecin, sur la foi du « *medicinae professor* » de l'épitaphe alors que, dans l'acception de ce mot au XIVe s., il ne pouvait être question que de la pratique de soins charitables, associés à la prière et aux aumônes. Les nombreuses notices consacrées à Mandeville dans les histoires de la littérature, les répertoires d'auteurs ou les préfaces aux éditions de son livre font donc de lui un des érudits les plus complets du XIVe s. et un explorateur à ranger aux côtés des « inventeurs » du monde, un Polo, un Colomb, un Vespucci, un Cortez. « Ils furent de grands explorateurs du monde, dit par exemple en 1549 John Leland dans son *Commentaire sur les écrivains britanniques*, mais aucun d'eux n'accomplit un si grand labeur que notre Mandeville[3]. »

Le désenchantement vint dans les années 1830 quand une meilleure connaissance de la littérature antique et médiévale permit de constater que les *Voyages*, nom sous lequel on avait pris l'habitude de désigner l'œuvre du chevalier anglais, n'étaient en réalité qu'une compilation réalisée à partir de Pline et de divers récits de pèlerinage et encyclopédies du

Moyen Âge. Un XIXe s., épris de rigueur scientifique, ne pouvait donc que faire descendre de son piédestal un Mandeville qualifié avec indignation de « profond menteur » par E. B. Nicholson, le savant conservateur de la *Bodleian Library* à Oxford, dans ses lettres à *The Academy* (1876-1884)[4].

D'autre part, on avait retrouvé en 1866 un fragment perdu du *Myreur des Histoires* de Jean d'Outremeuse, chroniqueur du XIVe s. (1338-1400), mettant en scène un certain Jean de Bourgogne, dit « à la Barbe » qui, sur son lit de mort, aurait appelé Jean d'Outremeuse pour lui révéler que son vrai nom était Jean de Mandeville et qu'il avait dû quitter son Angleterre natale à la suite d'un meurtre. Cette découverte déclencha une véritable enquête policière car, selon certains manuscrits de la fin du XIVe s., Mandeville disait avoir écrit « à la prière et requête de vénérable et discret homme Maître Jean de Bourgogne, dit "à la Barbe" qui me visitait en ma maladie ». Les recherches dans les archives, tant anglaises que belges, n'aboutirent à aucune découverte qui aurait permis de résoudre l'énigme. Les opinions furent donc partagées, les uns ajoutant foi aux dires de Jean d'Outremeuse, les autres se méfiant de ce chroniqueur affabulateur et s'en tenant aux renseignements des manuscrits, de l'épitaphe et des plus anciennes chroniques. La querelle fut violente et non exempte d'un certain nationalisme puisqu'il fallait choisir entre un Mandeville anglais et un Mandeville bourguignon. Le résultat le plus certain fut de jeter un doute sur la personne, voire l'existence même de l'auteur, Jean de Mandeville n'étant qu'une *persona*, un masque sous lequel se cachait quelque hérétique lollard ou peut-être, pour des raisons obscures, Outremeuse lui-même.

Il semble qu'on puisse sortir de ce doute persistant en reprenant l'œuvre elle-même. C. Marchello-Nizia a récemment attiré l'attention sur le « *je* particularisé, à chaque fois explicitement et individuellement référé » des chroniques et histoires en langue vulgaire à partir du XIV$^e$ s., l'exemple le plus ancien étant celui de la *Vie de saint Louis* par Joinville (1309). La formule : « Je, Jehans, sire de Joyngville, seneschal de Champaigne » a valeur quasi juridique[5]. Or c'est celle qu'emploie Mandeville : « Je, Jehan de Mandeville, chevalier [...] nez et norris d'Engleterre de la ville de Saint Aubin. »

L'examen approfondi des sources qu'il a utilisées renvoie aussi à un Mandeville chevalier. Il permet de dessiner le profil d'un jeune noble, ayant étudié les arts libéraux dans une université, peut-être à Paris où le Cartulaire de l'université conserve le nom d'un Jean de Saint-Albans habitant le faubourg Saint-Victor. De ces études, il a gardé en mémoire tel ou tel passage de textes fondamentaux, les *Étymologies* d'Isidore de Séville, le *De Sphaera* de Johannes de Sacrobosco. Quand il rédige son livre à Liège, il dispose d'ouvrages récents traduits en langue vulgaire, le récit de pèlerinage de Guillaume de Boldensele, le récit des voyages missionnaires d'Oderic de Pordenone, tous deux datant des années 1330, ainsi que d'un livre sur l'histoire orientale, *La Fleur des Histoires de la Terre d'Orient* du prince arménien Hayton, présenté au pape en 1307. Il dispose aussi, toujours en langue vulgaire, d'encyclopédies comme le *Livres dou Tresor* de Brunetto Latini ou la traduction du *Speculum historiale* de Vincent de Beauvais et de ce qu'on pourrait appeler une littérature récréative sur les merveilles d'Orient, le *Roman d'Alexandre*, la *Lettre du Prêtre Jean*. C'est essentiellement à partir de ces ouvrages, des ouvrages que l'on peut qualifier d'ouvrages de bonne vulgarisation qu'il va, selon ses propres termes, « compiler ces choses ». On voit toutefois, à le lire attentivement, qu'il s'est référé à l'original latin quand il existait, au prix parfois de graves contresens, comme celui qui fait d'Andromède le monstre auquel elle avait été exposée. Les références bibliques qui émaillent son texte montrent aussi une connaissance de l'Écriture qui est plus celle d'un pieux laïc que d'un clerc, citant plus volontiers l'Évangile et les Psaumes que l'Ancien Testament, à propos duquel il fait parfois des confusions, et ne donnant jamais de références scripturaires précises. Ce mode de recours à l'Écriture le classe parmi ceux qui l'ont entendu lire et l'ont retenue par cœur, plus que parmi ceux qui l'ont longuement lue et glosée.

Ce chevalier a-t-il été le grand voyageur qu'il prétend être ? Là encore, son livre apporte quelques éclaircissements. La littérature de pèlerinage était abondante et répétitive ; on trouve donc assez aisément des passages portant la marque originale du témoin, qu'il s'agisse du décompte minutieux des marches à monter ou descendre pour accéder aux sanctuaires (peut-être parce qu'il avait déjà, sinon l'arthrite, au moins quelque difficulté à les gravir) ou de la description de lieux jamais signalés avant lui, comme l'Hippodrome de Constantinople. Témoin de choses vues, il est témoin aussi de choses entendues, les nombreux termes arabes et persans, plus ou moins déformés par une oreille inaccoutumée à ces sons ou par un scribe ignorant, les légendes qu'il est le seul ou le premier à raconter, celle des premières roses poussant à Bethléem, celle de la demoiselle de Cos, « se peignant devant un miroir » qui va devenir Mélusine, inséparable de son peigne, représenté encore au Poitou sur les petits gâteaux qui portent son nom.

Mais ces voyages, s'ils paraissent difficiles à nier pour les régions du Proche-Orient, deviennent des plus improbables dès qu'on franchit le désert de Syrie. Le livre porte lui-même la marque de cette rupture, en distinguant clairement la partie construite autour des routes menant à Jérusalem de celle qui est consacrée aux îles et aux régions plus lointaines : « Puisque j'ai traité et parlé ci-dessus de la Terre sainte [...] et des divers chemins pour aller en cette terre [...] le moment est venu [...] de parler des régions lointaines. » Pour tous ces pays, on ne trouve plus aucune trace de ce qui pourrait être le fruit d'une expérience directe, malgré quelques affirmations de l'auteur qu'il a bien été là-bas ; et c'est même quand on découvrit que la fameuse traversée de la vallée Périlleuse en Asie centrale était entièrement empruntée à Oderic de Pordenone que les « mensonges » de Mandeville commencèrent à être dénoncés.

Ce chevalier est donc sans doute, comme bien d'autres de ses contemporains, parti en pèlerinage en Terre sainte, il s'est peut-être même, comme il l'affirme, mis quelque temps au service des sultans *mamlûk*, puis il est rentré en Occident achever en chambre les voyages dont il avait probablement rêvé sans pouvoir les faire.

Si le nom de Mandeville apparaît ainsi comme une sorte d'auberge espagnole où chaque siècle a apporté ce qui lui semblait conforme à sa vision d'un auteur renommé, c'est parce que son livre a été un des plus lus jusqu'au XVIIe s. Plus de deux cent cinquante manuscrits sont parvenus jusqu'à nous, le plus ancien, copié pour Charles V en 1371, le plus récent, en tchèque, en 1783. Ce livre, écrit en 1356 « en roman pour que chacun le comprenne », était accessible, dès le XVe s., dans toutes les langues parlées en Europe, anglais, latin, allemand, italien, espagnol, néerlandais, gaélique, danois, tchèque. C'est de ce siècle que date, par exemple, un manuscrit gaélique conservé à la bibliothèque de Rennes ; le manuscrit tchèque de la bibliothèque des princes de Dietrichstein est daté de 1445 et le manuscrit danois de la bibliothèque royale de Stockholm a été copié chez les Frères prêcheurs de Nestueden entre 1444 et 1459.

Quand apparaît l'imprimerie, le livre de Mandeville figure parmi les premiers qui sortent des presses, notamment celles d'Anton Sorg à Augsbourg en 1478 pour la version allemande, avec une centaine de gravures sur bois qui accompagneront dès lors la plupart des éditions. Elles vont se multiplier au cours du XVIe s. et on peut estimer leur nombre à plus de cent quatre-vingts, toujours dans les dix langues dans lesquelles l'ouvrage avait été écrit ou traduit.

C'est donc un succès aux dimensions de l'Europe que connaît l'œuvre du chevalier anglais, dimensions spatiales, de l'Angleterre à l'Espagne, de la France à la Bohème, mais aussi dimensions sociales. C'est en effet dans de nombreuses couches de la société que ce texte a été diffusé. On peut en prendre la mesure grâce aux marques de propriété indiquées sur les manuscrits ou les plus anciens livres imprimés, grâce aussi aux catalogues dressés par des bibliothécaires attentifs, qu'il s'agisse de collections princières ou abbatiales. Mandeville est lu à la cour de France, Charles V l'avait marqué de son nom parmi la douzaine d'ouvrages qu'il préférait et le premier inventaire de la bibliothèque du Louvre indique que Charles VI l'a « prins le $xx^e$ de novenbre » 1392. Ouvrit-il ce livre sur le monde fabuleux des Tropiques pour échapper à la tristesse de l'hiver parisien ? Pierre le Sauvage le copie pour Valentine Visconti quand elle part pour l'Italie et les petites cours princières allemandes se passionnent pour lui. Les comtes d'Ottingen en possèdent trois, dont un en latin, dans leur château de Harburg à Maihingen ; Gandolfo di Rossi, « magnifique châtelain du château de Parme », comme il se qualifie lui-même, se fait copier un texte italien par son chancelier en 1465.

D'autres lecteurs de Mandeville se rencontrent dans le milieu monastique. Les abbayes, notamment celle de Saint-Albans, ont joué un rôle important dans la traduction et la diffusion de l'ouvrage, que l'on retrouve dans la plupart des grands monastères bénédictins du continent, Saint-Héribert de Deutz, Saint-Pierre de Salzbourg, Ettal, par exemple, que l'on retrouve aussi dans les couvents des Mendiants, notamment dans la prestigieuse bibliothèque des chanoines réguliers de Saint-Augustin à Klosterneubourg, avec un texte latin et un texte allemand.

Il ne faut pas oublier la bourgeoisie urbaine (un des manuscrits allemands de Munich porte la mention *Ulmer Bürgern*). Nycolas Flutelet, vigneron, avait un manuscrit français conservé aujourd'hui à Dijon ; Jean de la Garde, sergent d'armes du pape à Avignon dit, dans son testament en 1419, posséder un « livre en papier appelé Mandeville », Maître Zyriacus, *magister scholarum* avait emporté avec lui son Mandeville en partant enseigner en Italie vers 1450.

La liste pourrait s'allonger encore en avançant dans le temps. On verrait se lever parmi les possesseurs du livre les grands explorateurs et leur entourage, un John Dee, un Martin Frobisher qui emporte son Mandeville dans la grande expédition de 1576 chargée de trouver un passage septentrional vers l'Inde. On n'a pas retrouvé l'œuvre du chevalier anglais dans la bibliothèque de Christophe Colomb, conservée aujourd'hui à Séville, mais ses biographes assurent qu'il l'avait lue et que, lors du second voyage dans les environs de Cuba, il décida de la route à suivre en « se rappelant [...] que Jean de Mandeville dit que dans les Indes il y a plus de cinq mille îles[6] ». Ajoutons que Mandeville est cité comme une autorité géographique par les grands cosmographes du temps, Martin Behaim dans son globe terrestre de 1492, Mercator dans sa mappemonde de 1569, Ortelius dans son *Theatrum Orbis terrarum* de 1573.

Mais, là encore, à côté des savants, il faut faire place à de plus humbles lecteurs. Le meunier frioulan Menocchio fut condamné au bûcher le 13 novembre 1599 après deux procès en Inquisition étudiés par C. Ginzburg. Ils montrent que ce villageois, qui savait lire et écrire, avait lu avec passion l'ouvrage de Mandeville et en avait retenu la diversité des peuples, des religions, des croyances, des mœurs sur toute la surface de la terre, « *quel libro del Mandavilla [...] che me aveva tuto travaliato*[7] ».

Cet intérêt, dont témoignent aussi les nombreuses annotations marginales laissées par les lecteurs sur les folios des manuscrits, ne faiblit qu'au milieu du XVIIe s. quand est récusée une géographie faisant place au légendaire, au profit d'une « géographie des mesures savantes », pour reprendre les mots de Numa Broc[8]. Mandeville ne garde plus dès lors que la faveur du public anglais pour lequel son œuvre représente un des plus anciens monuments écrits dans sa langue, puisque la traduction de l'original français fut effectuée dès 1390.

Sans doute convient-il aujourd'hui de faire sortir Mandeville de son silence. S'il nous est impossible de lui accorder le crédit scientifique qui était le sien à la Renaissance, son œuvre n'en présente pas moins pour nous un très grand intérêt. Il convient d'abord de souligner que la lecture en est agréable, même si la modernisation enlève, hélas, à sa langue une partie de son charme. Le ton est varié, scientifique, moralisateur, religieux, enjoué, il sait user de bien des registres. Il sait interrompre par une légende un itinéraire qui risquerait de devenir fastidieux. Il sait peindre avec toutes leurs couleurs, chose rare au Moyen Âge, les rosiers de Bethléem ou les vêtements de barons de la cour impériale en Chine. Partout dans l'Orient lointain, on voit chatoyer l'or et les pierres précieuses. On entend gronder la tempête dans la vallée Périlleuse en Asie centrale. On respire toutes sortes de parfums, celui du baume, celui des fontaines fabuleuses d'Asie ou des cuirs qui tendent les murs du palais du Khan. On rencontre des « dames fées » dans les montagnes du Taurus ou dans les îles grecques, de belles demoiselles de quinze ans et des jeunes gens du même âge dans les jardins d'Asie. C'est à la découverte d'un « espace heureux », pour reprendre les mots de G. Bachelard[9], que Jean de Mandeville nous convie.

Si donc l'on ouvre son livre, on ne peut plus parler à son sujet de mensonge ni d'affabulation. L'examen attentif de son texte montre certes que peu nombreux sont les passages véritablement originaux mais, sur les sources utilisées, l'auteur s'est livré à un véritable travail de réécriture. Il serait trop long d'en donner ici la démonstration, on peut dire, succintement, qu'il a pris pour fil conducteur les deux récits de voyage les plus récents qu'il avait à sa disposition, celui du pèlerin Guillaume de Boldensele pour la Terre sainte et le Proche-Orient méditerranéen, celui du missionnaire Oderic de Pordenone pour l'Asie occidentale et centrale, la Chine, l'Inde et les îles de l'océan Indien. Mais ce fil est sans cesse coupé et renoué, pour insérer des passages tirés soit des historiens et encyclopédistes les moins éloignés dans le temps, un Hayton, un Brunetto Latini, un Vincent de Beauvais, soit d'œuvres remontant au haut Moyen Âge, voire à l'Antiquité tardive, mais dont l'autorité ne pouvait être aisément récusée. Ce patient travail de tissage aboutit à la réalisation d'une première synthèse sur l'ensemble du monde alors connu ou à connaître, que l'on est tenté d'appeler un premier livre de géographie.

Pour la première fois, en effet, on voit un ouvrage consacré à la seule terre, sans l'environnement cosmique dans lequel elle était jusque-là enserrée. Pour la première fois aussi, les pays ne sont plus présentés comme une liste de noms, assez vaguement situés dans les continents, mais l'auteur a le souci constant d'en donner les frontières, les mesures. Même si certains morceaux sont encore placés sans grande précision, l'ensemble du puzzle a pris forme, que ce soit en Asie occidentale ou dans une Afrique dont l'exploration n'a pas encore vraiment commencé. On peut dessiner la mappemonde de Mandeville.

Cette géographie est avant tout géographie humaine, attentive à l'aspect des habitants, à leurs vêtements, à leurs mœurs. Certes, les montagnes et les plaines, les fleuves et leurs affluents, le climat et ses variations sont chaque fois pris en considération. Mais on ne s'attarde guère sur eux, à peine si une ébauche d'explication des phénomènes les plus marquants est esquissée. Le monde physique est une sorte de décor, de théâtre, pour reprendre le titre de certains ouvrages de géographie au XVI$^e$ s. ; ce qui compte, c'est l'homme, placé au centre du monde pour le dominer selon l'ordre donné par Dieu lors de la Création. Microcosme résumé du macrocosme, il est évidemment soumis à de puissantes forces cosmiques dont il n'a pas la maîtrise et c'est ce qui donne malgré tout son importance à la géographie physique, mais pas de géographie qui ne fasse une place à l'action de l'homme. En parcourant l'espace, Mandeville parcourt aussi le temps, de là l'importance des villes, mémoires du passé par leurs monuments qui sont soigneusement décrits. De même qu'il s'efforce de parcourir tout le monde connu, il parcourt le temps dans toute son étendue, depuis les moments fondateurs, la construction de Jaffa, « la plus ancienne ville du monde », le Déluge, qui a façonné montagnes et vallées, jusqu'aux règnes les plus récents des khans mongols du Cathay ou des sultans d'Égypte, sans oublier les noms d'un Alexandre, d'un César, d'un Charlemagne, d'un Saint Louis.

Pas de géographie sans histoire, pas de géographie non plus sans légende. Et d'ailleurs comment faire le départ entre légende et histoire pour des récits qui les lient si étroitement, la Tour de Babel, la guerre de Troie, l'Adoration des Mages ? De toute façon, ce monde, encore mal connu, est objet d'émerveillement ; il n'y a qu'un seul mot pour désigner à la fois l'étrange et l'étranger et parcourir la terre c'est s'étonner sans cesse. Les merveilles, omniprésentes dans le livre de Mandeville, ne sont pas d'ailleurs toutes des fantaisies irrationnelles, il fait place aux merveilles de la culture, la richesse de la cour des khans et la parfaite organisation de leur gouvernement.

C'est sans doute cette richesse thématique qui a fait le succès du livre de Mandeville et les notes jointes au texte donneront quelques éclaircissements sur la variété des sources utilisées. Il ne refusait rien du vénérable héritage que les autorités antiques avaient légué au Moyen Âge, en même temps qu'il satisfaisait une curiosité certaine pour un monde élargi que les voyageurs d'Asie faisaient connaître depuis plus d'un siècle. La structure de son ouvrage le révèle de façon significative, construit qu'il est sur le schéma du « par-deçà/par-delà », termes qui reviennent sans cesse au fil des pages.

« Par-deçà », c'est d'abord le monde connu, familier, de la chrétienté occidentale, si connu qu'il n'est pas nécessaire de le décrire, sinon comme point de départ du voyage, vers Jérusalem et les terres les plus lointaines de l'Inde. Dès qu'on aborde la Grèce, l'étrangeté commence, symbolisée par l'alphabet. Les manuscrits de Mandeville contiennent six alphabets, grec, égyptien, hébraïque, arabe, persan et chaldéen, plus ou moins exacts et plus ou moins malmenés par les copistes. Il signifiant à la fois l'étrangeté et la proximité, c'est une autre langue, mais on peut la maîtriser. Il faut se rappeler que le XIV$^e$ s. est très attentif à cette question des langues, les voyageurs dans l'empire mongol ayant fait prendre conscience de leur diversité et des difficultés de communiquer. C'est le moment où les Frères prêcheurs de Constantinople rédigent le premier dictionnaire couman/latin. Toutefois, même si les lettres sont autres, même si les croyances des chrétiens d'Orient diffèrent de celles des Latins, on ne se sent pas encore trop dépaysé. On circule sur des terres marquées par les légendes antiques, qui sont devenues partie intégrante de la culture ; on circule sur des terres saintes, théâtre d'une histoire sainte depuis les Patriarches et les Prophètes jusqu'aux Apôtres et au Christ. Tout ce monde du par-deçà est finalement terre de pèlerinage, la place accordée à la description des sanctuaires, aux souvenirs bibliques et évangéliques, aux citations de l'Écriture le montre amplement. On peut aller jusqu'en Perse sans quitter ce monde-là, puisque c'est dans ce pays que sont situées l'histoire de Job et la rencontre des Mages.

Curieusement, l'islam n'introduit pas de véritable rupture, même si Mandeville déplore à maintes reprises que la Terre promise ait été enlevée à ses légitimes héritiers. La présentation qu'il fait de Mahomet, du Coran de la religion des Sarrasins est respectueuse et optimiste : « Ils ont donc plusieurs articles importants de notre foi et de notre croyance, bien que leur loi et leur foi ne soient pas parfaites aux yeux des chrétiens. Tous ceux qui connaissent et comprennent l'Écriture et les prophéties seront facilement convertis. » Un optimisme puisé dans l'ouvrage sur *L'état des Sarrasins* rédigé à la fin du XIIIe s. par l'évêque d'Acre, Guillaume de Tripoli et qui montre que deux siècles de vie en commun en Terre sainte avaient fait voir les musulmans comme des hérétiques plus que comme des païens.

Tout autre est le « par-delà », domaine de l'étrange, où la merveille remplace la légende, où la communication devient difficile, il n'y a plus d'alphabet pour cette partie du monde.

Cette étrangeté revêt plusieurs aspects. On entre dans des terres de la démesure où Mandeville abandonne les lieues, les milles pour compter en longues journées de voyage, il estime à sept ans la durée de parcours de la totalité de l'empire du Grand Khan. Démesure aussi de la taille des villes – Cassaie a douze mille ponts, Caydou, vingt lieues de tour – et de leur nombre – il y a au Cathay plus de deux mille cités. On traverse le Dalay, « la plus grande rivière qui soit au monde », on voit des oiseaux « deux fois plus grands que par ici », des escargots « si grands que plusieurs personnes pourraient loger sous leur coquille comme dans une petite maison ». Cette démesure est surtout celle de la richesse. La description du palais du Khan, des fêtes qui s'y donnent est un ruissellement d'or et de pierres précieuses, d'étoffes de grand prix, pour la construction des salles, pour le trône impérial, pour la parure des barons qui s'y pressent en foule.

Un autre sujet de dépaysement admiratif est la rigoureuse organisation de cet immense empire, l'armée, la monnaie, la poste, rien de tout cela n'est aussi parfaitement mis en place en Occident et la splendeur du cérémonial de la cour ne fait que manifester la puissance du Khan, on pourrait dire une toute-puissance d'ordre presque divin. Les « jongleurs et magiciens » de l'entourage du souverain ne font-ils pas « apparaître dans l'air l'image du soleil et de la lune pour lui rendre hommage » ?

Car les terres de « par-delà » sont le domaine d'étranges merveilles. Dans le royaume du Prêtre Jean, quelque part dans l'Asie profonde, une mer Aréneuse, faite de sable, « va et vient par grandes vagues comme les autres mers ». Il s'y jette un fleuve de pierres précieuses venant du Paradis terrestre. On voit aussi dans une plaine des arbres féériques qui commencent à croître « tous les jours au lever du soleil », mais, « après midi, ils rentrent en terre de sorte qu'au soleil couchant ils n'apparaissent plus ». Et surtout, dans les cinq mille îles de l'océan Indien, on voit surgir toute une humanité disgraciée, ces peuples monstrueux dont le Moyen Âge se transmettait d'auteur en auteur la liste reçue des Anciens, Phanesii, couverts de leurs oreilles géantes, Épiphages aux yeux sur les épaules, Blemmyes les portant sur la poitrine, Cyclopes à l'œil unique et Sciapodes s'abritant du soleil avec leur unique pied, gens à bouche close, alors que d'autres vivent de l'odeur des pommes, Troglodytes abrités dans des cavernes, Géants et Pygmées, sans oublier les Cynocéphales, « à tête de chien » auxquels d'horribles aboiements tiennent lieu de langage. Tout un bestiaire fabuleux leur tient compagnie, Odenthos avec « sur le front trois cornes rouges tranchantes comme une épée », griffons capables d'emporter dans leurs puissantes serres un cheval ou deux bœufs, serpents à crête et vers géants.

Ceux des habitants qui ne surprennent pas par leur aspect le font par leurs mœurs. Ils mangent volontiers la chair humaine, se marient sans égards pour les interdits de parenté, à moins qu'ils ne mettent leurs épouses en commun, vivent souvent dans une absolue nudité, mangent viande ou poisson crus, et n'ont

« pas l'idée de faire de maison. » Ils sont bien, comme l'a montré Jacques Le Goff, « l'image inversée du monde occidental[10] ».

Toutefois le monde des îles n'est plus pour Mandeville un monde clos, différence capitale si l'on s'accorde avec Jacques Le Goff pour penser que l'horizon est onirique parce que fermé. Les terres fabuleuses ne forment pas chez lui un ensemble distinct, et il place côte à côte tout autour du globe des îles comme Java où les salles des palais sont pavées d'or et d'argent et Tracorde où les habitants vivent en terre dans des cavernes, l'île où les Brahmanes mènent une vie exemplaire et celle où les Géants enlèvent les marins perdus en mer pour les dévorer.

Car le thème essentiel du livre de Mandeville est de montrer la profonde unité de ce monde pourtant si divers. Dès le prologue, il dresse au centre de la terre la croix du Christ, signe du salut offert à tout le genre humain et le premier chapitre s'achève sur l'image de Justinien tenant en main la pomme représentant le « monde qui est rond ». Certes, on savait bien que la terre était ronde, tous les livres le répétaient à l'envi, au moins depuis le XII$^e$ s., mais Mandeville insiste pour tirer toutes les conséquences de cette affirmation théorique. Il faut relativiser notre notion des points cardinaux, l'orient d'Asie « n'est pas notre orient de par-deçà où le soleil se lève pour nous, car quand le soleil se lève sur cette région du Paradis [terrestre], il est minuit dans nos régions de par-deçà ». Il faut surtout admettre que l'Angleterre est « dans la basse partie de la terre vers l'occident, comme la terre du Prêtre Jean est dans la basse partie vers l'orient ». Ce refus de tout européocentrisme est bien sûr lié aux constatations faites par les voyageurs qui ont découvert l'étendue du continent asiatique et pressentent celle de l'océan Indien. Un missionnaire en Éthiopie, Raymond Étienne en arrivait, quelques années avant Mandeville, à la conclusion que la chrétienté n'occupait pas la vingtième partie de la surface de la terre[11].

Mandeville convie donc à partir à la découverte et à achever le tour du monde puisqu'en allant d'Angleterre à Jérusalem, « qui est au milieu du monde », puis de Jérusalem à la terre du Prêtre Jean, on en a déjà parcouru la moitié, « par-dessus », selon ses termes. Il faut donc aller encore « par-delà » pour aller en même temps « par-dessous ». C'est pourquoi, en quittant le Cathay, cette Chine déjà connue grâce aux récits des voyageurs, il entraîne son lecteur en de longues journées de voyage vers la terre du Prêtre Jean et les îles qui en dépendent. Monde à peine esquissé où les îles ne sont même plus nommées et servent de refuge à toutes les légendes que l'on ne pouvait plus localiser en Asie. Mais on n'est pas perdu dans un océan sans limites, ces îles se lèvent sur l'horizon, rassurantes, habitées, déjà presque familières. Le chevalier anglais est catégorique, « si l'on pouvait s'embarquer sur un navire et trouver des gens qui veuillent aller à la découverte du monde, l'on pourrait aller sur ce navire tout autour du monde et dessus et dessous [...] je dis avec certitude qu'un homme pourrait faire le tour de toute la terre du monde, aussi bien par-dessus que par-dessous et revenir en son pays s'il trouvait des compagnons et un navire pour le conduire et il trouverait toujours des hommes, des terres, des îles tout comme en nos pays ».

Mais Mandeville ne se contente pas de cette affirmation. On peut dire que tout son livre est construit pour montrer que la diversité entre le « par-deçà » et le « par-delà » est finalement superficielle. Les croyances des Grecs et des autres Églises orientales sont présentées sans aucune des critiques qui accompagnent cette présentation dans la plupart des ouvrages. On a vu que le regard posé sur l'islam est, lui aussi, positif. Quand on aborde le monde des « idoles et simulacres », les condamnations sont légères, de pure forme semble-t-il, en regard du souci de faire comprendre les raisons des rites, des coutumes. Le bœuf vénéré en Inde est qualifié de « la plus sainte bête qui soit en terre » ; si on abandonne les morts aux oiseaux de proie, c'est pour éviter au cadavre le déshonneur d'être dévoré par les vers. Bien plus, les aspects du culte païen sont rapprochés de ceux du culte chrétien, les Indiens vont en pèlerinage vers leur idole, « avec autant de dévotion que les chrétiens à Saint-Jacques en Galice » et comment critiquer les idoles alors que « nous avons des images de Notre-Dame et des saints que nous adorons » ?

Quant aux peuples monstrueux, dont plus d'un se demandait s'ils étaient bien fils d'Adam, Mandeville a soin de leur donner quelque trait qui les réintroduise résolument dans l'humanité, les gens à bouche close « se font des signes l'un à l'autre comme des moines ou des muets », les Pygmées savent très bien travailler la soie. L'exemple le plus probant est la présentation des Cynocéphales, à tête de chien, certes, mais « pourvus de raison et d'une bonne intelligence » et dont le roi, couronné, parcourt l'île en grand cortège le jour de son intronisation, comme le ferait un souverain occidental, acclamé par un peuple armé de lances et de boucliers.

Finalement, tous ces peuples, si divers, suivent la loi de Nature, ils vivent dans la nudité dans laquelle Dieu les a créés, et croient en un « Dieu de nature » qui a fait le monde. En ceci, Jean de Mandeville est bien un témoin de son temps, si profondément marqué par la glorification de Nature célébrée dans le *Roman de la Rose*. Il admire sa beauté : « Rien n'est laid de ce qui est de Nature. » Et dans cette Europe qui vient d'être décimée par la Peste noire, il chante un hymne à la fécondité. Le roi de Calanoc, avec ses mille épouses et ses milliers d'enfants est « le plus excellent et le mieux aimé de Dieu », car il accomplit l'ordre donné à Adam : « Croissez et multipliez-vous. » Il y a dans le livre de Mandeville une confiance en la Nature, un optimisme entraînant.

Mais l'optimisme de Mandeville est aussi puisé à ses convictions chrétiennes. La raison naturelle donne à tous « quelque bonne partie de notre croyance » et on verra se réaliser les paroles des Prophètes selon lesquelles tous les peuples serviront Dieu. Il ne manque pas d'arguments scripturaires pour affirmer, par l'exemple de Job ou de saint Pierre dans sa vision à Jaffa, que « Dieu aime toujours ceux qui l'aiment et le servent humblement en vérité et en loyauté » et pour proclamer hautement « qu'on ne doit mépriser aucun des peuples de la terre pour leurs diverses religions ni juger personne, car nous ne savons pas lesquels Dieu aime et lesquels il hait ».

Cet authentique humanisme donne à ce livre tout son prix.

# VOYAGE
# AUTOUR DE LA TERRE

Pour respecter l'image que Mandeville se fait des peuples, le mot chrétien a été orthographié avec une majuscule, comme ceux de sarrasins et juifs. D'autre part pour le mot Chan [Khan] on a respecté l'orthographe de Mandeville. (*N.d.T.*)

# PROLOGUE

Il est certain que la terre d'outre-mer, la Terre sainte, la Terre promise est entre toutes la plus excellente, la plus noble, la dame et souveraine de toutes les autres terres, bénie qu'elle est et sanctifiée et consacrée par le corps et le sang précieux de Notre Seigneur Jésus-Christ. C'est en cette terre qu'il lui a plu de s'incarner en la Vierge Marie pour y prendre un corps humain, c'est sur cette terre qu'il a marché, la foulant de ses pieds bénis. Il a accompli là de nombreux miracles, il a prêché pour nous apprendre comme à ses enfants la foi et la loi chrétiennes, il a subi des reproches, souffert pour nous des outrages. C'est de cette terre qu'il a voulu tout particulièrement être appelé roi, lui qui était roi du ciel, de la terre, de l'air et de la mer et de tout ce qu'ils contiennent. Il se nomma roi, précisément de cette terre en déclarant : « Je suis le roi des Juifs », auxquels elle appartenait alors. Il avait choisi cette terre entre toutes comme ayant le plus de valeur et de noblesse au monde, puisqu'elle est au cœur et au centre du monde et, comme dit le Philosophe : « La vertu se tient au centre[1]. »

C'est en cette très noble terre que le roi du ciel voulut passer sa vie, être tourné en dérision par les Juifs cruels et, par amour pour nous, souffrir la Passion et la mort, nous sauvant et délivrant des peines infernales et de la mort éternelle auxquelles nous destinaient le péché d'Adam, notre premier père, et nos propres fautes. Lui n'avait, en droit, mérité aucun châtiment puisqu'il n'avait ni mal pensé, ni mal agi.

C'est en ces lieux, de préférence à tous autres, que le roi de gloire voulut souffrir sa Passion et sa mort. Si l'on veut faire connaître quelque chose à tout le monde, on le fait crier et annoncer par la ville, de sorte qu'on l'entende de toutes parts. Ainsi, le créateur du monde choisit de subir la mort pour nous à Jérusalem, qui est au centre du monde, pour que soit annoncé et su dans toutes les parties du monde à quel prix il avait racheté en son grand amour les hommes faits à son image, sans qu'ils l'aient mérité. Il ne pouvait donner pour nous plus grande redevance, plus forte rançon que son saint corps, son sang précieux, sa vie bénie qu'il offrit pour nous. Lui qui ne fut jamais souillé par le péché voulut, dans son grand amour, livrer son corps à la mort pour les pécheurs que nous sommes. Ah Dieu ! quel amour il avait envers ses sujets pour vouloir souffrir la mort pour des coupables, lui, l'innocent ! Et comme il nous faut aimer, craindre, honorer et servir un tel seigneur, aimer et apprécier cette sainte terre qui a produit un tel fruit, un fruit qui sauve chacun de nous s'il le veut.

Elle est aimable et généreuse, la terre qui a été arrosée et irriguée du précieux sang de Jésus-Christ. C'est la terre que Notre Seigneur nous a promise comme héritage et dont il s'est fait en quelque sorte investir à sa mort pour la laisser à ses enfants. Aussi, tout bon Chrétien qui a le pouvoir et la fortune nécessaires devrait-il se mettre en peine de reconquérir cet héritage légitime, de l'enlever des mains des mécréants et de se l'approprier. Notre nom de Chrétiens vient du Christ qui est notre père et si nous sommes fils légitimes de Dieu, nous devons réclamer et ôter des mains des étrangers l'héritage que notre père nous a laissé.

Mais aujourd'hui, l'orgueil, la convoitise et l'envie ont tellement saisi et enflammé les cœurs des seigneurs qu'ils cherchent plus à dépouiller les autres de leur héritage qu'à réclamer et conquérir le leur propre et légitime. Et les gens du peuple qui auraient la volonté de risquer leur vie et leurs biens pour conquérir notre héritage ne peuvent rien faire sans les seigneurs, car une assemblée du commun sans un seigneur à sa tête est comme un troupeau de brebis sans berger qui se dispersent sans savoir où aller ni quoi faire. Mais s'il plaisait à notre Saint-Père le pape, ce qui plairait certainement à Dieu, de faire accorder entre eux les princes pour entreprendre avec leur peuple le saint voyage d'outre-mer, je crois avec certitude que la Terre promise redeviendrait rapidement chrétienne et serait remise entre les mains de ses légitimes héritiers, ceux de Jésus-Christ.

Il y a longtemps qu'il n'y a pas eu de passage général[2] outre-mer et nombre de gens trouvent plaisir et agrément à entendre parler de la Terre sainte, aussi, bien que indigne, moi, Jean de Mandeville, chevalier, né et élevé en Angleterre en la ville de Saint-Albans, qui ai passé la mer l'an 1322, le jour de la Saint-Michel et qui depuis ai été outre-mer pendant longtemps, qui ai vu et parcouru beaucoup de pays, diverses terres, provinces, régions et îles, qui suis passé par la Turquie, la petite et la grande Arménie, la Tartarie, la Perse, la Syrie, l'Arabie, la haute et basse Égypte, la Libye, une grande partie de l'Éthiopie, la Chaldée, l'Amazonie, l'Inde grande, petite et moyenne, les îles qui entourent l'Inde, où demeurent bien des peuples, de religions et de mœurs diverses, je parlerai longuement pour décrire une partie de ce que j'ai vu et dont je pourrai me souvenir. Et à l'intention de ceux qui désirent visiter la noble cité de Jérusalem et les lieux saints qui l'entourent, je montrerai les routes qu'ils pourront suivre, car j'ai chevauché sur plus d'une en bonne compagnie, grâce à Dieu.

Sachez que je voulais écrire ce petit livre en latin, pour m'exprimer avec concision. Mais beaucoup comprennent mieux le roman que le latin, j'ai donc écrit en roman, pour que chacun le comprenne et que les seigneurs, les chevaliers et les autres nobles personnes qui ne savent que peu ou pas le latin et qui ont été outre-mer vérifient si je dis vrai ou non et, si je me trompe dans mon propos, par défaut de mémoire ou pour toute autre raison, qu'ils puissent me redresser et corriger. En effet, on oublie ce que l'on a vu il y a longtemps et la mémoire d'un homme ne peut tout retenir ni garder.

*Chapitre premier*

# Le chemin d'Angleterre jusqu'à Constantinople

Maintenant écoutez, au nom du Dieu de gloire. Celui qui veut aller outre-mer peut le faire par plusieurs chemins, soit par mer, soit par terre selon les régions dont il part, et ces chemins aboutissent au même but. Et ne croyez pas que je vais énumérer toutes les cités et les villes, tous les châteaux par lesquels il faudra passer, ce serait trop long, je parlerai seulement des principaux lieux et pays par où on doit passer pour rester sur le droit chemin.

Celui qui part des pays d'occident, comme d'Angleterre, d'Irlande, du Pays de Galles, d'Écosse ou de Norvège, peut, s'il le veut, passer par l'Allemagne et par le royaume de Hongrie qui est voisin de la terre de Pologne et de celles de Pannonie et de Silésie. Le roi de Hongrie est un sire très puissant et très vaillant. Il règne sur de nombreux territoires, la Hongrie, l'Esclavonie, la plus grande partie de la Comanie et la Bulgarie que l'on appelle la terre des Bougres. Il a aussi une grande partie du royaume de Russie, dont il a fait un duché qui s'étend jusqu'aux pays de Livonie et de Prusse[1]. On traverse les terres de ce souverain et on passe par la cité de Cypron et par le château de Nyseburg et par Maleville, à l'extrémité de la Hongrie[2].

Puis on traverse la rivière du Danube, c'est une très grande rivière qui naît en Allemagne dans les montagnes du côté de la Lombardie. Elle reçoit quarante autres fleuves, court à travers la Hongrie, la Grèce et la Thrace et entre en mer à l'orient. Elle se jette si brusquement en mer que ses eaux conservent leur douceur sur vingt lieues, sans se mêler à l'eau de la mer.

Puis on arrive à Belgrade et on entre dans le pays des Bougres[3]. Là, on passe un pont de pierre, sur la rivière de la Morawa, on passe par le pays des Petchénègues[4] et on arrive en Grèce, à la cité de Nis, puis à Philippopolis, à la cité d'Andrinople et enfin à Constantinople, que l'on appelle Byzance.

C'est là que demeure habituellement l'empereur de Grèce. C'est là que se trouve la plus belle et la plus noble église du monde, dédiée à sainte Sophie. Devant cette église, est la statue de l'empereur Justinien, de cuivre doré[5]. Il est à cheval, couronné ; il tenait en sa main une pomme dorée, mais elle est tombée il y a peu et l'on dit que cela signifie que l'empereur a perdu une grande partie des terres qu'il gouvernait. Il était en effet empereur des Romains, de la Grèce, de toute l'Asie Mineure et la Syrie, du pays de Judée où se trouve Jérusalem, des pays d'Égypte, d'Arabie et de Perse. Mais il a tout perdu sauf la Grèce et les pays limitrophes. Plusieurs ont tenté de remettre la pomme en sa main, mais elle ne veut pas y tenir. Cette pomme représente la seigneurie qu'il avait sur le monde, qui est rond. Il tient son autre main levée en direction de l'orient, pour menacer les malfaiteurs. Cette statue est sur un socle de marbre.

## Chapitre II

# La croix et la couronne de Notre Seigneur

À Constantinople est la croix de Notre Seigneur Jésus-Christ et sa robe sans couture ainsi que l'éponge et le roseau avec lesquels on lui donna à boire du fiel et du vinaigre et un des clous qui servirent à l'attacher à la croix. Certains croient que la moitié de la croix de Notre Seigneur est à Chypre dans une abbaye de moines que l'on appelle la montagne de Sainte-Croix. Cette croix de Chypre est celle à laquelle fut pendu Dismas, le bon larron, mais on ne le sait pas et c'est un tort car, pour recevoir les offrandes, les moines la font honorer en donnant à entendre que c'est la croix de Notre Seigneur.

Sachez que la croix de Notre Seigneur fut faite de quatre sortes de bois, comme le dit ce vers :
« *Dans la croix sont le palmier, le cèdre, le cyprès, l'olivier.* »

La pièce de bois qui allait tout droit de la terre jusqu'à la tête était de cyprès et celle qui était transversale, à laquelle les mains étaient clouées, était de palmier et la base, qui était fichée en terre ou sur une roche, avec une mortaise pour tenir le pied de la croix, était de cèdre et le panneau au-dessus de la tête sur lequel l'inscription était écrite en hébreu, grec et latin était d'olivier. Les Juifs firent à dessein la croix de ces quatre sortes de bois. Ils pensaient que Notre Seigneur resterait pendu en croix tant que son corps subsisterait ; ils firent donc le pied de cèdre, car le cèdre ne pourrit ni en terre ni en eau et ils voulaient qu'ils durât longtemps. Ils pensaient aussi que le corps de Notre Seigneur allait pourrir et puer et ils firent donc le montant de la croix de cyprès, qui est un bois odorant, afin que l'odeur du corps ne dérange pas les passants. Ils firent le bras de palmier car, dans l'Ancien Testament, on dit que celui qui remportait une victoire était couronné de palme et, pensant avoir remporté la victoire sur Jésus-Christ, ils utilisèrent ce bois. Et le panneau de l'inscription, ils le firent d'olivier, car l'olivier signifie la paix, comme en témoigne l'histoire de Noé, quand la colombe rapporta un rameau d'olivier en signe de paix entre Dieu et les hommes[1]. Et les Juifs pensaient être en paix après la mort de Notre Seigneur, car, disaient-ils, il avait mis entre eux la discorde. Et sachez que Notre Seigneur gisait à terre pour être attaché à la croix, puis il fut dressé avec la croix et c'est alors qu'il endura la plus grande souffrance.

Les Grecs et les Chrétiens qui demeurent outre-mer disent que l'arbre de la croix que nous appelons cyprès provenait du pommier dont Adam goûta le fruit. Ils ont là-dessus un écrit[2] qui raconte qu'Adam étant malade dit à son fils Seth d'aller au Paradis et de prier l'ange qui garde le Paradis de bien vouloir lui envoyer du fruit de l'arbre de miséricorde pour qu'il puisse oindre ses membres et recouvrer la santé. Seth partit, mais l'ange ne le laissa pas entrer et lui dit qu'il ne pouvait avoir de l'huile de l'arbre de miséricorde. Mais il lui donna trois grains de pommier en lui disant de les mettre dans la bouche de son père et, quand l'arbre croîtrait et porterait des fruits, son père serait guéri. À son retour, Seth trouva son père près de la mort. Il lui mit ces grains dans la bouche, ils crûrent et devinrent trois grands arbres dont on fit la croix qui porta Jésus-Christ, le bon fruit par lequel Adam et ses descendants sont guéris et délivrés de la mort éternelle s'ils ne s'y opposent pas par leurs fautes.

Les Juifs avaient enfoui en terre cette sainte Croix sous un rocher du mont du Calvaire, elle y demeura plus de deux cents ans, jusqu'à ce qu'elle fût trouvée par sainte Hélène, la mère de Constantin, empereur de Rome. Cette Hélène était fille de Choël, roi d'Angleterre, que l'on appelait alors la Grande-Bretagne, et l'empereur Constant quand il vint en ce pays la prit pour femme en raison de sa beauté[3].

Vous pouvez savoir que la croix de Notre Seigneur avait huit coudées de long et le bras trois et demie. Une partie de la couronne d'épines dont il fut couronné sur la croix, un des clous, le fer de la lance et plusieurs autres reliques sont en France dans la Chapelle du roi. La couronne est dans un reliquaire de cristal très bien décoré, car un roi a acheté jadis ces saintes reliques aux Génois auxquels l'empereur les avait données en gage, ayant de grands besoins d'argent[4].

On dit que c'est une couronne d'épines, en réalité, elle est en roseaux marins blancs, aigus comme des épines. Je l'ai vue et regardée très attentivement plusieurs fois, celle de Paris, comme celle de Constantinople. C'était une seule couronne tressée, faite de roseaux, mais on l'a séparée en deux parties, l'une est à Paris, l'autre à Constantinople. J'ai une de ces précieuses épines, qui ressemble à l'épine blanche, elle m'a été donnée par faveur spéciale; il y en a plusieurs brisées au fond du reliquaire car les roseaux se brisent quand on déplace le reliquaire pour le montrer aux grands seigneurs.

Sachez que quand Notre Seigneur fut pris la nuit on le mena en secret dans un jardin où on l'interrogea avec diligence ; les Juifs félons se moquèrent de lui et lui firent une couronne de branches d'une aubépine qui poussait dans ce jardin et portait déjà des feuilles. Ils lui mirent les épines sur la tête en les pressant si fortement que le sang coula en plusieurs endroits sur son visage, son cou, ses épaules. C'est pour cela que l'aubépine a plusieurs vertus ; qui en porte une branche sur lui est préservé de la foudre, du tonnerre, de la tempête et aucun mauvais esprit ne peut approcher de sa maison ni du lieu où il se trouve. C'est en ce jardin que saint Pierre le renia trois fois. Puis il fut mené devant les évêques et les maîtres de la loi dans un autre jardin où il fut à nouveau interrogé, moqué, tourné en dérision et couronné d'une épine blanche, appelée berbéris, qui poussait dans ce jardin et qui a aussi beaucoup de vertus, notamment dans ses feuilles. Puis il fut mené au jardin de Caïphe où il fut couronné d'églantier. Enfin, il fut mené dans la maison de Pilate pour être encore interrogé et là il fut couronné d'une couronne de joncs marins. Les Juifs l'assirent sur une chaire, le revêtirent d'un manteau de pourpre et lui firent une couronne avec ces joncs ; ils s'agenouillèrent par dérision en lui disant : « Salut, roi des Juifs[5]. » C'est avec cette couronne dont la moitié toute ronde est à Paris et l'autre moitié à Constantinople que Notre Seigneur fut mis en croix et souffrit la mort pour nous. C'est pourquoi on doit la regarder comme plus précieuse qu'aucune autre. Et l'empereur d'Allemagne a la hampe de la lance, mais le fer est à Paris. L'empereur de Constantinople dit qu'il a lui aussi le fer de la lance, je l'ai vu, il est plus large que celui de Paris.

## Chapitre III

## La cité de Constantinople et les croyances des Grecs

À Constantinople gît sainte Anne, la mère de Notre-Dame, dont sainte Hélène fit transporter le corps depuis Jérusalem. Là se trouve aussi le corps de saint Jean Chrysostome, qui fut archevêque de Constantinople[1] et celui de saint Luc l'Évangéliste dont les ossements furent apportés de Béthanie où il était enterré. On y trouve beaucoup d'autres reliques. Il y a des bassins d'une pierre semblable à du marbre et que l'on appelle *enydros*, dont suinte sans cesse de l'eau ; ils se remplissent d'eux-mêmes tous les ans au point de déborder sans qu'on y verse rien dedans.

Constantinople est une très belle cité, très noble, bien fortifiée. La cité est triangulaire sur un bras de mer que certains appellent Hellespont, d'autres Bouche-de-Constantinople, d'autres Bras-Saint-Georges et ce bras entoure la cité de deux côtés. Plus haut, au début de ce bras de mer, face à la Grande Mer se trouvait la cité de Troie sur le bord de l'eau dans un beau site de plaine, mais elle n'apparaît presque plus, car elle a été détruite il y a bien longtemps.

Autour de la Grèce, il y a plusieurs îles, Callistos, Colcos, Critigos, Lesbos, Nurtaflaxon, Scarpanthos et Lemnos[2]. En cette île est le mont Athos, qui dépasse les nuages. Il y a plusieurs peuples, parlant des langues différentes, qui obéissent tous à l'empereur, les Turcopoles, les Petchénègues, les Comans et bien d'autres[3]. Il y a aussi les pays de Thrace et de Macédoine dont Alexandre fut roi. Aristote est né en ce pays dans une cité que l'on appelle Stagire, assez près de la cité de Thrace[4]. Il gît à Stagire et il y a un autel sur sa tombe où l'on fait une grande fête tous les ans en son honneur comme s'il était un saint. Ils se rassemblent pour tenir conseil près de cet autel et il leur semble que les décisions les meilleures leur viennent par inspiration divine.

Il y a en ce pays beaucoup de hautes montagnes. À l'extrémité de la Macédoine, se trouve une montagne appelée Olympe qui sépare la Macédoine de la Thrace. Elle est si haute qu'elle dépasse les nuages. Une autre, appelée Athos, est si haute que son ombre s'étend jusqu'à Lemnos qui est éloignée de soixante-seize milles. Au sommet de cette montagne, l'air est si pur qu'il n'y souffle ni vent ni brise. Aucun oiseau, aucune bête ne peut y vivre, car l'air est trop sec. On dit en cette région que des philosophes montèrent jadis sur cette montagne, tenant en mains une éponge imbibée d'eau pour humidifier l'air, sinon ils n'auraient pu respirer et auraient défailli par manque d'air car l'air y est trop sec. Au sommet, ils tracèrent avec leurs doigts des lettres sur la poussière ; au bout d'un an, ils remontèrent et trouvèrent les lettres telles qu'ils les avaient écrites l'année précédente, sans aucune altération. Il est donc clair que ces montagnes atteignent le pur air[5].

À Constantinople, se trouve le palais de l'empereur, très beau et bien agencé. À côté, il y a une belle place pour les joutes et les jeux, entourée de gradins et de marches, de sorte que chacun peut voir sans gêner la vue des autres. Sous ces gradins il y a, pour les chevaux de l'empereur, des écuries voûtées dont tous les piliers sont de marbre[6].

## CHAPITRE III

Dans l'église de Sainte-Sophie, un empereur fit un jour déposer le corps d'un de ses parents mort. En creusant la fosse, on trouva un autre corps en terre et, sur ce corps, une grande plaque d'or fin portant des lettres en caractères hébraïques, grecs et latins qui disaient : « Jésus-Christ naîtra de la Vierge Marie et je crois en lui. » Et la date montrait qu'il avait été mis en terre deux mille ans avant que Notre Seigneur fût né. La plaque est conservée dans le trésor de l'église et on dit que cet homme était Hermès le Sage[7].

Bien que les Grecs soient chrétiens, ils s'écartent beaucoup de la vraie foi qui est la nôtre. Ils disent que le Saint-Esprit ne procède pas du Fils mais seulement de Dieu le Père. Ils ne sont pas soumis à l'Église de Rome ni au pape et disent que le patriarche a par-delà autant de pouvoir que le pape par-deçà. C'est pourquoi le pape Jean XXII[8] leur a envoyé des lettres sur la nécessité de l'unité de la chrétienté et donc pour eux d'obéir au pape, qui est vicaire de Dieu, auquel Dieu a donné plein pouvoir de lier ou d'absoudre ; ils devaient donc lui obéir. Ils lui envoyèrent une réponse très prolixe où ils disaient entre autres : « Nous croyons fermement à ton pouvoir immense sur ceux qui te sont soumis. Nous ne pouvons supporter ton immense orgueil. Nous n'avons pas l'intention de satisfaire ton immense avarice. Que Dieu soit avec toi, car il est avec nous. » Et le pape ne put obtenir d'eux d'autre réponse.

Ils utilisent du pain avec du levain pour le sacrement de l'autel et disent que nous avons tort de le faire avec du pain sans levain, car Notre Seigneur prit à la Cène du pain levé. Le jeudi saint, ils font du pain levé en souvenir de la Cène, le font sécher au soleil, le gardent l'année entière et le réservent pour la communion des malades. Ils ne font qu'une seule onction au baptême et ne font point d'onction aux malades. Ils affirment qu'il n'y a pas de Purgatoire et que les âmes n'ont ni peine ni joie avant le jour du Jugement. Pour eux, la fornication n'est pas un péché mortel, mais un acte naturel. Les hommes et les femmes ne doivent se marier qu'une seule fois, sinon les enfants sont des bâtards conçus dans le péché, aussi défont-ils les mariages pour de piètres raisons. Leurs prêtres sont tous mariés.

Ils disent que l'usure n'est pas un péché mortel et vendent les bénéfices de l'Église. On en fait autant maintenant ailleurs, c'est grand dommage et grand scandale, car aujourd'hui Simon est roi dans la sainte Église[9]. Dieu veuille y porter remède, car tant que la sainte Église chancelle et boite, le peuple ne peut être en bonne santé.

Les Grecs prétendent qu'on ne doit pas chanter la messe en Carême le samedi ni le dimanche. Ils ne jeûnent jamais le samedi dans l'année, à moins que ce ne soit la veille de Noël ou de Pâques. Ils ne laissent pas les Latins chanter à leur autel et si par hasard cela se produit, ils lavent l'autel à l'eau bénite. Selon eux, on ne doit chanter qu'une seule messe par jour sur un autel. Ils disent que Notre Seigneur ne mangea jamais, mais fit semblant de manger.

Ils disent que nous péchons mortellement en rasant nos barbes, car la barbe est signe de virilité et don de Notre Seigneur ; ceux qui la font raser le font pour être plus plaisants au monde et aux femmes. Ils disent aussi que nous péchons en mangeant des bêtes interdites par l'Ancien Testament, comme les porcs, les lièvres et d'autres animaux qui ne ruminent pas leur nourriture. Ils disent que nous péchons de manger de la viande la semaine du Carême prenant, de manger de la viande le mercredi, des œufs et du fromage le vendredi. Mais ils excommunient ceux qui font abstinence de viande le samedi.

L'empereur de Constantinople nomme le patriarche, les archevêques et les évêques, il donne les dignités et les bénéfices, les ôte et les enlève quand il trouve une raison. Il est ainsi seigneur temporel et spirituel en son pays.

Et si vous voulez savoir leur alphabet, quelles lettres ils ont, vous pouvez les voir ici avec les noms qu'ils leur donnent. [Suit l'alphabet grec.]

## Chapitre IV

## Saint Jean l'Évangéliste et la fille d'Hippocrate changée en dragon

Tout cela ne concerne pas la route à décrire, mais cela concerne la promesse faite de parler parfois des coutumes, des mœurs et des particularités de certains pays. Et comme la Grèce est le premier pays dont les croyances et les lettres sont différentes et discordantes de celles de nos pays par-deçà, j'en ai parlé ici, afin que vous connaissiez les divergences entre notre croyance et la leur, car bien des gens ont plaisir et agrément à entendre parler de ce qui leur est étranger. Mais je reviens à la description de mon chemin.

Qui veut aller de Constantinople par la terre de

Turquie, il va vers la cité de Nicée et passe par le port de Civetot[1] et il voit toujours devant lui la montagne de Civetot, qui est bien haute et se trouve à une lieue et demie de Nicée. On la voit en traversant le Bras-Saint-Georges ou en allant par mer vers le lieu de la sépulture de saint Nicolas ou vers bien d'autres lieux.

Premièrement, on va à l'île de Chio. En cette île, le mastic croît sur de petits arbrisseaux dont il coule comme la gomme de prunier ou de cerisier. Puis on va à l'île de Patmos. Là, saint Jean l'Évangéliste écrivit l'Apocalypse. Vous pouvez savoir que saint Jean n'avait que vingt-deux ans quand Notre Seigneur souffrit la Passion ; après la Passion, il vécut soixante-sept ans et mourut dans sa centième année.

De Patmos, on va à Éphèse, une belle cité près de la mer. C'est là que saint Jean mourut et il fut enterré dans un tombeau derrière l'autel[2]. Il y a là une très belle église, car la ville appartenait aux Chrétiens. Toutefois, dans la tombe de saint Jean il n'y a que de la manne, car son corps fut transporté au Paradis. Maintenant, les Turcs sont maîtres de la cité et de l'église et de la plus grande partie de l'Asie Mineure et c'est pour cela que l'Asie Mineure est appelée Turquie. Sachez que là saint Jean fit creuser sa tombe de son vivant et s'y coucha, vivant. C'est pour cela que certains disent qu'il ne mourut point, mais qu'il se repose jusqu'au jour du Jugement. Et, en vérité, il y a là une grande merveille, car on voit nettement et souvent la terre de sa tombe crouler et remuer par-dessus, ainsi que la poussière, comme si un homme vivant les remuait au-dessous. Tous ceux qui voient cela s'en émerveillent à juste titre.

Puis d'Éphèse, on va par de nombreuses îles jusqu'à la cité de Patera où saint Nicolas naquit, puis

## CHAPITRE IV

à la cité de Myrrha³ où il fut élu évêque par la grâce de Dieu. On y produit des vins très bons et très forts, qu'on appelle vins de Myrrha. Et de là, on va à l'île de Crète que l'empereur donna jadis aux Génois⁴. Et puis on passe par l'île de Cos et par l'île de Lango, îles dont Hippocrate fut seigneur⁵. On dit qu'en cette île de Lango la fille d'Hippocrate vit encore, sous la forme d'un grand dragon qui a bien cent toises de long. C'est ce que l'on dit, car je ne l'ai pas vu. Les gens de l'île l'appellent la Dame du pays. Elle gît au fond des voûtes d'un vieux château, on la voit deux ou trois fois l'an et elle ne fait de mal à personne si on ne lui cause pas d'ennui. Cette belle demoiselle fut métamorphosée en dragon par une déesse du nom de Diane. On dit qu'elle reprendra sa forme première quand on trouvera un chevalier assez hardi pour oser venir la baiser sur la bouche. Mais, après être redevenue femme, elle ne vivra guère.

Il n'y a pas longtemps, un chevalier de l'Hôpital de Rhodes, preux et hardi, dit qu'il irait baiser le dragon et monta sur un bon coursier, alla au château et entra sous la voûte. Et le dragon commença à lever la tête devant lui et quand le cheval le vit si hideux, il s'enfuit et porta le chevalier malgré lui sur un haut rocher d'où il sauta en mer. Ainsi fut perdu le chevalier⁶. Une autre fois, un jeune homme, qui ignorait tout de ce dragon, sortit d'un bateau et alla dans l'île jusqu'au château. Il entra sous la voûte et avança jusqu'à ce qu'il trouvât une chambre. Là, il vit une demoiselle qui se peignait en se regardant dans un miroir ; autour d'elle, il y avait une foule de trésors. Il pensa que c'était une femme légère qui demeurait là pour recevoir ses soupirants. Il attendit tant que la demoiselle vit son ombre dans le miroir ; elle se tourna vers lui et lui demanda ce qu'il voulait. Il répondit qu'il voulait être son ami. Elle lui demanda s'il était chevalier, il dit : « Nenni. — Alors, dit-elle, vous ne pouvez être mon ami. Mais allez vers vos compagnons et faites-vous armer chevalier. Et demain, je sortirai d'ici et irai au-devant de vous et vous viendrez me baiser sur la bouche. Et n'ayez pas peur, je ne vous ferai point de mal. Si je vous semble hideuse à voir c'est par un enchantement, car je suis telle que vous me voyez maintenant. Et si vous me baisez, vous aurez tout ce trésor, vous serez mon mari et le seigneur de cette île.» Sur ce, il partit, alla vers ses compagnons sur le bateau et se fit armer chevalier. Le lendemain, il vint au-devant de la demoiselle pour la baiser. Mais quand il la vit sortir de la cave sous une forme si terrible, il eut si grand peur qu'il s'enfuit vers le bateau. Elle le suivit ; quand elle vit qu'il ne reviendrait pas vers elle, elle commença à crier et à pleurer, toute dolente, et repartit[7]. Le chevalier mourut aussitôt. Et, depuis, aucun chevalier ne put la voir sans mourir aussitôt. Mais quand il en viendra un assez hardi pour oser aller la baiser, il ne mourra point, la demoiselle reprendra son véritable aspect et il sera seigneur du pays.

Après, on va à l'île de Rhodes que les Hospitaliers possèdent et gouvernent ; ils l'ont enlevée jadis à l'empereur. Cette île se nommait Colos et beaucoup de seigneurs l'appellent encore ainsi. Saint Paul a écrit à ceux de cette île l'Épître aux Colossiens[8]. Cette île est à huit lieues de Constantinople en passant par la mer.

## Chapitre V

## Les particularités de Chypre, le chemin de Chypre à Jérusalem et le miracle d'une fosse pleine de sable

De cette île de Rhodes, on va à Chypre où il y a des vins très forts. Au début, ils sont rouges, mais au bout d'un an, ils deviennent blancs et plus ils sont vieux, plus ils deviennent blancs, clairs et de bonne odeur. En allant vers Chypre, on passe par le golfe de Sathalie[1] où il y avait jadis une grande terre et une belle cité du nom de Sathalie, mais cette cité et ce pays furent perdus par la folie d'un jouvenceau qui aimait une demoiselle belle et avenante. Elle mourut subitement et fut mise dans un cercueil de marbre. Dans le grand amour qu'il avait pour elle, le jeune homme alla de nuit à sa tombe, l'ouvrit et coucha avec elle, puis il partit. Quand il revint au bout de neuf mois, une voix vint à lui, qui lui disait : « Va à la tombe de cette femme, ouvre-la et regarde ce que tu as engendré en elle. Et ne te refuse pas à y aller, car si tu n'y vas pas, tu en souffriras. » Il alla et ouvrit la tombe dont jaillit une tête défigurée et hideuse à voir. Cette tête regarda la cité et le pays et, aussitôt, la cité fut engloutie dans l'abîme. Il y a là un passage des plus périlleux.

De Rhodes à Chypre, il y a bien cinq cents lieues et on peut si on le veut aller à Chypre sans entrer à Rhodes en laissant l'île sur le côté. Chypre est une très belle et très grande île, avec quatre villes importantes.

Il y a un archevêque à Nicosie et trois autres évêques. Famagouste est un des ports les plus importants du monde. Là, ainsi qu'à Limassol, arrivent des Chrétiens, des Sarrasins, des gens de toutes les nations.

À Chypre est la montagne de Sainte-Croix où vivent des Moines noirs et où se trouve la croix du bon larron Dismas, comme je vous l'ai dit. Certains croient que c'est la moitié de la croix de Notre Seigneur, ce qui n'est pas vrai et ceux qui le laissent entendre agissent mal. À Chypre, gît saint Sozoumène[2], qui est très fêté par les gens du pays. Et au château de Dieu-d'Amour[3] gît le corps de saint Hilarion, que l'on garde avec grand soin. Près de Famagouste, est né l'apôtre saint Barnabé.

À Chypre, on chasse avec des papions[4], qui ressemblent à des léopards domestiques et attrapent très bien les bêtes sauvages. Ils sont un peu plus grands que des lions et plus agiles, et prennent les bêtes sauvages avec plus de violence et d'agilité que les chiens. On chasse aussi avec des chiens, mais les papions chassent avec plus d'agilité.

La coutume à Chypre est que tous, seigneurs et valets, mangent par terre. Ils font creuser en terre autour des salles des fosses profondes où l'on peut entrer jusqu'aux genoux et les font bien paver. Et quand ils veulent manger, ils sautent dans ces fosses et s'asseyent et l'on met la nappe de l'autre côté, sur le pavement. C'est la coutume en ce pays là-bas pour avoir plus frais, car le pays est plus chaud que ceux de par-deçà. Lors des grandes fêtes ou pour les étrangers, ils font mettre des bancs et des tables, comme l'on fait en notre pays, mais ils préféreraient s'asseoir à terre.

De Chypre, on va vers Jérusalem et vers les autres

pays possédés par les Sarrasins et on arrive en un jour et une nuit si l'on a bon vent au port de Tyr, appelé maintenant Sur, qui est à l'entrée de la Syrie. C'était une très belle cité des Chrétiens, mais les Sarrasins l'ont en grande partie détruite et gardent le port avec grande vigilance par peur des Chrétiens et pour percevoir le tribut. On pourrait aller droit à ce port sans entrer à Chypre, mais on va volontiers à Chypre pour se reposer à terre ou pour prendre les vivres nécessaires.

Sur le rivage de la mer, on trouve beaucoup de rubis et de grenats. Là est la source dont parle la Sainte Écriture, « Source des jardins, puits d'eaux vives[5] ». C'est en cette ville qu'une femme dit à Notre Seigneur : « Heureuses les entrailles qui t'ont porté et les seins qui t'ont allaité. » C'est là que Notre Seigneur pardonna ses péchés à la Cananéenne[6].

Devant Tyr, il y avait la pierre sur laquelle Notre Seigneur s'asseyait pour prêcher et on a fondé sur cette pierre l'église de Saint-Sauveur[7]. À huit milles de Tyr vers l'orient, sur la mer, est la cité de Sarepta des Sidoniens où demeurait Élie le prophète et c'est là qu'il ressuscita Jonas, le fils d'une veuve[8]. À cinq milles de Sarepta est la cité de Sidon d'où était originaire Didon, qui épousa Énée après la destruction de Troie, et fonda la cité de Carthage en Afrique. On appelle aujourd'hui Sidon, Saiette. En la cité de Tyr, régna Agénor, le père de Didon[9]. À seize milles de Sidon, se trouve Beyrouth ; de Beyrouth à Seidnaya, il y a trois journées de voyage et de Seidnaya à Damas, il y a cinq lieues.

Si l'on veut aller plus longtemps par mer et s'approcher davantage de Jérusalem, on va de Chypre au port de Jaffa. C'est le port le plus proche de Jérusalem, car il n'y a qu'une journée et demie de voyage de ce port à Jérusalem. La ville est appelée Jaffa du nom d'un des fils de Noé, Japhet, qui la fonda ; maintenant, on l'appelle Joppé. Sachez que Jaffa est la plus ancienne ville qui soit au monde, car elle fut fondée avant le Déluge. On voit encore sur le rocher l'endroit où furent scellées les chaînes de fer dont on emprisonna Andromède, un grand géant ; c'était avant le Déluge et les os des côtes de ce géant ont onze pieds de long[10].

Qui arrive au port de Tyr, va par terre, s'il le veut, jusqu'à Jérusalem. Il va de Tyr jusqu'à la cité d'Acre en un jour. Acre était une cité de Chrétiens jadis bien belle, mais elle est complètement détruite. Elle est sur la mer. De Venise à Acre par mer, il y a deux mille quatre-vingts lieues lombardes et de Calabre ou de Sicile jusqu'à Acre, par mer, mille trois cents lieues lombardes, l'île de Crète est à mi-chemin.

Près de cette cité d'Acre à cent vingt stades, à droite, vers le midi, est le mont Carmel où demeurait le prophète Élie. C'est là que l'on établit pour la première fois l'ordre des Frères carmes[11]. Cette montagne n'est ni grande, ni haute ; au pied de cette montagne, il y avait une belle et bonne cité de chrétiens, appelée Caïphas, parce que Caïphe l'avait fondée, mais elle aussi est tout en ruines. À gauche du mont Carmel, il y a une ville appelée Saffram, située sur une autre montagne, où naquirent saint Jean et saint Jacques ; il y a une belle église à l'endroit de leur naissance[12]. D'Acre jusqu'à la grande montagne appelée l'Échelle-des-Tyriens[13], il y a cent stades.

Près d'Acre, court une petite rivière appelée Belus et, à côté, est la fosse Memnon[14]. C'est une fosse

## CHAPITRE V

ronde qui a bien cent coudées de large, elle est remplie de sable dont on fait du beau verre transparent. On vient chercher ce sable en bateau par mer et en chariots par terre. Et quand on a complètement vidé cette fosse, le lendemain elle est aussi remplie qu'avant et c'est une grande merveille. Il y a toujours dans cette fosse un grand vent qui remue ce sable et le fait tourbillonner de façon merveilleuse. Si on met un métal quelconque dans cette fosse au milieu du sable, ce métal se change en verre et si on met dans la fosse le verre fait avec ce sable, il redevient sable comme avant. Certains disent que cette fosse est reliée souterrainement à la mer Aréneuse[15].

D'Acre, on va en quatre jours à la cité de Palestine, qui fut celle des Philistins et est maintenant appelée Gaza, c'est-à-dire cité riche. C'est une très belle cité, populeuse, située un peu au-dessus de la mer. C'est de cette cité que Samson le Fort emporta les portes sur un tertre élevé quand il fut pris en cette cité. Puis il tua dans le palais le roi, lui-même et des milliers de Philistins qui l'avaient aveuglé, tondu et emprisonné. Ils se moquaient de lui, aussi fit-il s'écrouler le palais sur eux[16]. De là, on va à la cité de Césarée, puis au Château-Pèlerin, puis à Ascalon, puis à Jaffa, puis à Jérusalem si on le veut[17].

Et si l'on veut on peut d'abord aller par terre vers Babylone[18] où le Sultan demeure la plupart du temps, pour lui demander la grâce de pouvoir aller en toute sécurité à travers le pays ou pour aller au mont Sinaï avant d'aller à Jérusalem, puis revenir ensuite à Jérusalem. On va de Gaza au Chastel-Darno[19], puis on sort de Syrie et on entre dans les déserts où les chemins sont tous sablonneux. Ces déserts durent bien huit journées de voyage, mais à chaque étape on trouve sur le chemin des hostelleries où il y a tout le nécessaire pour vivre. Ce désert s'appelle en leur langage Alhilet[20]. Quand on sort de ce désert, on entre en Égypte, qui s'appelle en leur langue Canopat, d'autres l'appellent Mersyn[21]. On trouve d'abord une bonne ville appelée Bilbeis[22], qui est à l'extrémité du royaume d'Alep. De là, on va à Babylone et au Caire.

## Chapitre VI

### Les divers noms du Sultan, son État et Babylone la Grande

À Babylone, il y a une belle église Notre-Dame où elle demeura sept ans quand elle fuit la terre de Judée par peur du roi Hérode[1]. Là gît le corps de sainte Barbe, vierge ; là demeurait Joseph après avoir été vendu par ses frères[2]. Là, Nabuchodonosor fit jeter dans le feu les trois enfants parce qu'ils étaient fidèles à leur foi[3]. En hébreu, on les appelait Ananias, Azarias et Misaël, selon les noms donnés dans le psaume Benedicite, mais Nabuchodonosor les appelait Sydrach, Misach et Abdenago, c'est-à-dire, Dieu glorieux, Dieu victorieux, Dieu maître de tous les royaumes. Et, par miracle, il vit, comme il le dit, le Fils de Dieu marcher avec les enfants au milieu du feu ardent[4].

C'est là que demeure le Sultan en son *calahelit* [5] car là se trouve normalement le siège du pouvoir en un

## CHAPITRE VI

beau grand et fort château construit sur un rocher, au Caire, à côté de Babylone. Quand le Sultan y réside, il y a toujours en ce château pour le servir et garder le château plus de six mille personnes qui reçoivent tout le nécessaire de la cour du Sultan alors qu'il n'y a ni guerre ni aucune entreprise importante. Je le sais bien, car j'ai servi longtemps le Sultan comme mercenaire dans ses guerres contre les Bédouins. Et j'aurais pu faire un brillant mariage avec une fille de prince et avoir de grandes possessions si j'avais voulu renier mon Créateur, mais je n'en avais aucune intention, quelques biens qu'il pût me promettre.

Sachez que le Sultan est souverain de cinq royaumes qu'il a conquis et s'est appropriés par force, le royaume de Canopat, c'est l'Égypte, le royaume de Jérusalem dont David et Salomon furent rois, le royaume de Syrie dont la cité de Damas fut capitale, le royaume d'Alep en la terre d'Émèse et le royaume d'Arabie qui fut à l'un des trois rois qui offrirent des présents à Notre Seigneur à sa naissance. Il règne encore sur plusieurs autres[6]. En outre, il est caliphe, ce qui est très important. Sultan en leur langue est l'équivalent de roi. Il y avait cinq sultans, maintenant il n'y en a qu'un, celui d'Égypte.

Le premier sultan fut Xaracon, qui était de Médie, c'est le père de Saladin, qui prit le Caliphe d'Égypte, le tua et devint sultan par force d'armes[7]. Au temps où Saladin était sultan, le roi Richard d'Angleterre alla outre-mer avec d'autres; ils gardèrent le passage que Saladin ne put forcer[8].

Après Saladin régna son fils Coradin et après, son neveu[9]. Puis les Coumans, qui étaient en quelque sorte serfs en Égypte, virent grandir leur pouvoir et élurent l'un des leurs sultan, il se fit appeler Melechsala[10]. À cette époque, le roi de France Saint Louis vint le combattre, le roi fut pris et emprisonné[11]. Puis ce Sultan fut tué par ses serfs qui en élurent un autre, du nom de Turqueman[12]. Celui-ci délivra Saint Louis de prison contre rançon. Puis un autre Couman, du nom de Cothos[13] tua Turqueman pour devenir sultan et se fit appeler Melechmees. Puis un autre, nommé Bendochdar, tua Melechmees pour devenir sultan et s'appela Melechdar[14]. À cette époque, le bon roi Édouard d'Angleterre entra en Syrie et causa de grands dommages aux Sarrasins[15].

Puis le Sultan fut empoisonné à Damas et son fils pensait régner après lui comme son héritier et se fit appeler Melechdaer, mais un puissant personnage, du nom d'Elphi, le chassa du pays et se proclama sultan[16]. Il prit la cité de Tripoli et mit à mort beaucoup de Chrétiens l'an de grâce mille deux cent quatre-vingt-neuf. Puis il fut emprisonné par un autre qui voulait être sultan, mais qui fut bientôt tué et le fils d'Elphi fut élu sultan, se faisant appeler Melechasseras. Il prit la cité d'Acre et en chassa tous les Chrétiens, mais il fut aussi empoisonné et son frère fut fait sultan et appelé Melechnaser.

Puis un certain Guitboga[17] le prit et l'enferma au château de Montréal et se proclama sultan par force et s'appela Melechadeb. Il était tartare. Les Coumans le chassèrent du pays et firent sultan un des leurs du nom de Lachim, qui se fit appeler Melechmanser[18]. Un jour qu'il jouait aux échecs avec son épée à ses pieds, un chevalier se courrouça et le tua avec cette épée. Ils furent en grande discorde pour sa succession et finalement s'accordèrent sur le nom de Melechnaser que Guitboga avait emprisonné à Montréal. Ce dernier régna longuement et gouverna sagement, si

## CHAPITRE VI

bien que son fils aîné fut élu sultan après lui sous le nom de Melechmader. Mais il fut tué en secret par son frère qui voulait le pouvoir et se fit appeler Melechinamdaron. C'est lui qui était sultan quand j'ai quitté l'Égypte[19].

Sachez que le Sultan peut emmener hors d'Égypte plus de vingt mille hommes d'armes qui sont à ses gages et peut en convoquer de Syrie et de Turquie et des autres pays qu'il gouverne plus de cinquante mille. Ils sont toujours à sa disposition, sans compter les gens de son pays, qui sont sans nombre. Chacun reçoit près de cent vingt florins par an, mais sur ces gages il convient qu'il entretienne trois chevaux et un chameau. Pour les cités et pour les villes il y a des amiraux[20] chargés de gouverner le peuple, l'un en gouverne quatre, l'autre, cinq, l'un plus, l'autre moins, et l'amiral prend pour gages pour lui seul autant que tous les mercenaires qui sont sous ses ordres. Aussi, quand le Sultan veut faire monter en grade un vaillant chevalier, il le nomme amiral. Mais quand il y a disette, les chevaliers s'appauvrissent et vendent leurs chevaux et leurs harnais.

Le Sultan a quatre femmes, une chrétienne et trois sarrasines, dont l'une demeure à Jérusalem, l'autre à Damas, l'autre à Ascalon. Mais elles se déplacent dans d'autres cités et, quand il le veut, il va leur rendre visite. Il a des amies autant qu'il en veut, car il fait venir auprès de lui les plus belles et les plus nobles demoiselles de son pays et les fait garder et servir avec de grands honneurs. Et quand il veut en avoir une pour coucher avec elle, il les fait toutes venir devant lui et regarde laquelle lui plaît le mieux et, à celle-ci, il envoie ou jette l'anneau qu'il porte au doigt. Aussitôt, on l'emmène pour la baigner, la vêtir et la parer noblement et, la nuit, on la conduit dans la chambre du Sultan. Et il agit ainsi toutes les fois qu'il lui plaît.

Devant le Sultan, aucun messager étranger ne se présente sans être vêtu de drap d'or, de drap tartare brodé d'or ou de soie damassée, selon la coutume des Sarrasins. Il convient, dès qu'on l'aperçoit, aux fenêtres ou autre part, que l'on s'agenouille et baise la terre, c'est ainsi que ceux qui veulent lui parler lui rendent hommage. Et tant que les messagers étrangers sont devant le Sultan et lui parlent, les chevaliers ont l'épée tirée, des guisarmes, des haches qu'ils tiennent le bras levé pour frapper ceux qui diraient quelque chose qui déplaise au Sultan. Nul étranger ne lui présente une requête qui ne soit acceptée, pourvu qu'elle soit raisonnable et non contraire à la Loi. Les autres princes de par-delà font de même, car ils disent que nul ne doit venir en présence du prince sans en retirer quelque bien et qu'il doit être plus heureux quand il le quitte qu'il ne l'était en arrivant devant lui.

Et sachez que cette Babylone dont je parle n'est pas la grande Babylone où les divers langages furent confondus par un miracle de Dieu, quand on avait commencé à faire la grande Tour de Babel[21] dont les murs avaient déjà soixante-trois stades de haut. Elle est dans les grands déserts d'Arabie sur la route qui va vers le royaume de Chaldée, mais il y a longtemps que l'on n'ose approcher de la tour, car elle est abandonnée et il y a des dragons, de grands serpents et diverses bêtes venimeuses tout autour.

Les murs de cette tour et la cité avaient bien vingt-cinq lieues de tour, comme le disent ceux du pays et comme on peut l'estimer. On l'appelle la Tour de Babel, mais elle comprenait plusieurs demeures,

## CHAPITRE VI

plusieurs habitations grandes et larges. La tour enfermait un vaste territoire, sur un carré de dix lieues. C'est le roi Nemrod qui bâtit cette tour ; il était roi de ce pays et ce fut le premier roi au monde[22]. Il fit faire une statue de son père et contraignait tous ses sujets à l'adorer. Les autres seigneurs commencèrent à l'imiter et ainsi commencèrent les idoles et simulacres. La tour et la cité étaient situées dans une belle plaine qu'on appelle la plaine de Sennaar. Les murs de la cité avaient deux cents coudées de haut et cinquante d'épaisseur et la rivière de l'Euphrate courait au milieu de la cité. Mais le roi de Perse, Cyrus[23], détourna la rivière et détruisit la cité et la tour car il divisa la rivière en trois cent soixante petites rivières. Il avait en effet juré qu'il arriverait à ce qu'une femme pût passer la rivière sans se dévêtir, car il avait perdu plus d'un vaillant guerrier qui avait pensé pouvoir passer la rivière à la nage.

Et de Babylone près de laquelle le Sultan demeure, en allant droit entre orient et septentrion vers cette grande Babylone, on met bien près de quarante journées de voyage en grande partie à travers le désert. Cette grande Babylone n'est pas sur les terres ni au pouvoir du Sultan, elle est au pouvoir et dans la seigneurie de l'empereur de Perse qui la tient du Grand Chan, le grand empereur et le plus grand souverain de tous les pays de par-delà[24]. Il est seigneur de l'île de Cathay, de bien d'autres îles, d'une grande partie de l'Inde et sa terre est aux frontières de celle du Prêtre Jean[25]. Il possède tant de terres qu'il n'en connaît pas les limites et sa grandeur, sa puissance sont sans comparaison avec celles du Sultan. Je parlerai plus complètement de sa grandeur et de sa puissance quand je parlerai de la terre et du pays d'Inde.

La cité de La Mecque, où gît Mahomet, est aussi dans les grands déserts d'Arabie. Son corps y gît, en très grand honneur, dans leur temple que les Sarrasins appellent *musquet*[26]. Et de la petite Babylone où demeure le Sultan jusqu'à La Mecque, il y a bien trente-deux journées de voyage.

Sachez que le royaume d'Arabie est un très grand pays, mais il y a trop de désert et on ne peut habiter en ce désert faute d'eau. Car la terre est sablonneuse et sèche et n'est pas fertile parce qu'il n'y a pas d'humidité. C'est pour cela qu'il y a tant de désert, car s'il y avait des rivières et des sources et que la terre soit comme ailleurs, elle serait toute peuplée de gens, comme ailleurs, car il y a grande multitude de gens là où les terres sont habitables. L'Arabie s'étend de l'extrémité du royaume de Chaldée jusqu'à la fin de l'Afrique et, de l'autre côté, est voisine de la terre d'Idumée, près de Bosra.

Bagdad est la capitale du royaume de Chaldée et la capitale de l'Afrique, c'est Carthage, fondée par Didon, femme d'Énée, de Troie, qui devint ensuite roi d'Italie. La Mésopotamie est au bord de ces déserts. En ce pays est la cité d'Aram où demeurait le père d'Abraham et d'où Abraham partit, sur l'ordre de l'ange[27]. Éphrem, grand clerc et grand docteur naquit en cette ville ainsi que Théophile que Notre-Dame sauva du démon[28]. La Mésopotamie s'étend de la rivière de l'Euphrate jusqu'au fleuve du Tigre, elle est entre ces deux rivières. Au-delà de cette rivière du Tigre est la Chaldée, un très grand pays. En ce royaume, à Bagdad que j'ai nommée plus haut, demeurait le Caliphe, qui était en quelque sorte l'empereur et le pape des Arabes, maître du temporel et du spirituel, successeur de Mahomet et de ses

## CHAPITRE VI

descendants. La cité de Bagdad se nommait jadis Suchib, elle fut fondée par Nabuchodonosor. C'est là que demeurait saint Daniel, le prophète, là qu'il eut de nombreuses visions divines et qu'il donna l'explication des songes.

Autrefois, il y avait trois caliphes, celui des Arabes et des Chaldéens demeurait à Bagdad ; au Caire près de Babylone, demeurait le caliphe des Égyptiens et au Maroc, sur la mer d'Occident, demeurait le caliphe des Barbaresques et des Africains. Maintenant, depuis le temps du Sultan Saladin, il n'y a plus de caliphe, car le Sultan s'appelle caliphe et ainsi les caliphes ont perdu leur nom[29].

Sachez que la petite Babylone où le Sultan demeure et la cité du Caire sont de grandes et belles villes, situées tout près l'une de l'autre. Babylone est sur la rivière de Gyon, appelée aussi le Nil, qui vient du Paradis terrestre[30]. Tous les ans, quand le soleil entre dans le signe du Cancer, cette rivière du Nil commence à croître et croît toujours pendant que le soleil est dans les signes du Cancer et du Lion. Elle croît tant qu'elle devient immense et a bien vingt coudées ou plus de profondeur. Elle cause alors de grands dommages aux récoltes, car on ne peut labourer la terre en raison de l'excès d'humidité et il y a la disette dans le pays. Mais si elle croît trop peu, il y a aussi disette faute d'humidité. Quand le soleil entre dans le signe de la Vierge, la rivière commence à décroître petit à petit si bien que quand le soleil entre dans le signe de la Balance, elle rentre dans ses rives.

Cette rivière court depuis le Paradis terrestre à travers les déserts d'Inde, puis se perd en terre et court longtemps sous terre sur un long parcours, puis elle réapparaît au pied d'une montagne qu'on appelle mont de la Lune, qui est entre l'Inde et l'Éthiopie, à cinq mois de voyage de l'entrée de l'Éthiopie. Puis elle entoure l'Éthiopie et le pays des Maures et descend sur toute la longueur de la terre d'Égypte jusqu'à la cité d'Alexandrie, à l'extrémité de l'Égypte, où elle se jette en mer[31]. Tout autour de cette rivière, il y a beaucoup de cigognes qu'ils appellent ibis.

## Chapitre VII

### Le pays d'Égypte, le phénix d'Arabie, la cité du Caire, la croissance du baume et les greniers de Joseph

L'Égypte est un pays long et étroit, il ne peut s'élargir vers les déserts faute d'eau. Le pays est le long de cette rivière et n'a de largeur que celle que la rivière peut couvrir par sa crue ou autrement et sur laquelle les eaux peuvent se répandre. Car il ne pleut pas, ou très peu, en ce pays et ils n'ont d'autre eau que celle de cette rivière. Et comme il ne pleut pas dans ce pays, mais que l'air est toujours pur et clair, il y a de bons astronomes, car ils ne sont gênés par aucun nuage.

La cité du Caire est plus grande que celle de Babylone et est située en aval, vers le désert, dominant un peu le Nil. L'Égypte comprend deux parties, la haute Égypte, qui est vers l'Éthiopie et la basse Égypte qui est vers l'Arabie. On trouve en Égypte la

## CHAPITRE VII

terre de Ramsès et la terre de Gessen[1]. L'Égypte est un pays très fort, car il y a beaucoup de mauvais passages dans de grandes roches qui sont difficiles à traverser. Vers l'orient, est la mer Rouge qui va jusqu'à la cité de Kus[2] et, vers l'occident, est la terre de Libye, très sèche et peu fertile, car elle est trop chaude et on l'appelle Futh[3]. Vers le midi, il y a l'Éthiopie et, vers le nord, le désert qui s'étend jusqu'en Syrie. Ainsi, le pays est bien protégé de tous côtés. L'Égypte a quinze journées de voyage de longueur et les déserts en ont bien le double ; elle n'a que trois journées de voyage de large.

Entre l'Égypte et la Nubie, il y a bien douze journées de voyage dans le désert. Les Nubiens sont chrétiens, mais ils sont noirs comme des mûres à cause de la grande chaleur du soleil.

Il y a cinq provinces en Égypte. L'une est appelée Sahis, l'autre Demeser, l'autre Resich, qui est dans une île du Nil, l'autre Alexandrie et l'autre Damiette[4]. Damiette était une ville très forte, mais les Chrétiens l'ont prise par deux fois, aussi les Sarrasins ont abattu les murs de la forteresse et reconstruit une autre cité plus loin de la mer qu'ils appellent la Nouvelle-Damiette et nul ne demeure plus dans l'ancienne Damiette. C'est un des ports de l'Égypte ; l'autre est à Alexandrie qui est une ville très forte, mais ils n'ont pas d'eau pour boire, sinon celle qui vient par des conduits du Nil jusqu'en leurs citernes. Si on leur ôtait cette eau, ils ne pourraient subsister. Il y a peu de forteresses en Égypte, car le pays est naturellement fortifié.

Jadis, un saint prud'homme ermite rencontra dans les déserts d'Égypte un monstre semblable à un homme, avec deux grandes cornes tranchantes sur le front. Il avait un corps d'homme jusqu'au nombril, au-dessous, il avait un corps de chèvre. Le prud'homme lui demanda au nom de Dieu qui il était. Le monstre répondit qu'il était une créature mortelle créée ainsi par Dieu et qu'il demeurait en ce désert en cherchant sa pitance et il pria l'ermite de bien vouloir prier pour lui ce Dieu qui, pour sauver le genre humain, descendit des cieux, naquit de la Vierge et souffrit la mort et la Passion, comme nous le savons, et par lequel nous vivons et existons. La tête du monstre avec les cornes est conservée à Alexandrie, pour que l'on voie cette merveille[5].

En Égypte se trouve la cité d'Héliopolis, c'est-à-dire la cité du soleil. Dans cette cité, il y a un temple fait sur le modèle du Temple de Jérusalem. Le prêtre de ce temple a par écrit la date de l'oiseau appelé phénix[6], dont un seul vit au monde et qui vient se brûler sur l'autel de ce temple au bout de cinq cents ans, c'est la durée de sa vie. Le prêtre prépare sur cet autel des branches épineuses, du soufre vif et tout ce qui peut s'enflammer rapidement, et l'oiseau qui vient se brûler là tombe en cendres. Le lendemain, on trouve dans la cendre un ver et le deuxième jour, on trouve l'oiseau et le troisième jour, il s'envole. Ainsi, il n'y a qu'un oiseau de cette espèce à vivre. C'est vraiment un grand miracle de Dieu et on peut bien comparer cet oiseau à Dieu, car il n'y a qu'un seul Dieu et Notre Seigneur ressuscita le troisième jour. On voit souvent voler cet oiseau dans ces régions et en Arabie. Il n'est pas plus grand qu'un aigle, il a sur la tête une crête plus grande que le paon, il a le cou tout jaune, de la couleur d'un loriot bien brillant, le dos vert, les ailes de couleur pourpre et la queue rayée transversalement de jaune et de rouge. Il est très beau à voir au soleil, car il brille très noblement.

## CHAPITRE VII

En Égypte, il y a des jardins qui portent des fruits sept fois l'an. On trouve en terre beaucoup de pierres d'émeraude, aussi sont-elles bon marché. S'il pleut en été en Égypte, le pays est rempli de souris. Au Caire, on a coutume de vendre les hommes et les femmes d'autre religion, comme l'on vend par ici les bêtes au marché.

Dans la ville, il y a une maison commune qui est pleine de petits fourneaux et les femmes de la ville portent des œufs de poule, d'oie ou de cane pour les mettre sur ces fourneaux[7]. Ceux qui gardent la maison les font couver par la chaleur du fumier de cheval, sans l'aide de poule ou d'autre oiseau. Au bout de trois semaines, les femmes viennent et prennent leurs poussins et les élèvent, si bien que le pays en est plein. Et on fait cela hiver comme été.

En ce pays, on trouve de longues pommes, vendues en leur saison, que l'on appelle pommes de paradis[8]. Elles sont douces, leur saveur est bonne et si vous les coupez en travers, vous trouverez toujours au milieu la figure de la croix de Notre Seigneur. Mais elles pourrissent en sept jours et c'est pour cela qu'on ne peut apporter ces fruits dans les autres pays. On en trouve bien cent sur une branche, les feuilles ont un pied et demi de long et sont larges à l'avenant. On trouve aussi des pommes qui ont comme une morsure sur le côté. Il y a aussi des figuiers qui n'ont pas de feuilles et portent les figues sur leurs branches, on les appelle figues du Pharaon[9].

Près du Caire, hors de la cité, est le champ où croît le baume[10]. Il vient de petits arbrisseaux qui ne vont guère plus haut que jusqu'aux braies d'un homme. Par leur bois, ils ressemblent à une vigne sauvage. Il y a dans ce champ sept sources, dont l'une fut creusée par les pieds de Notre Seigneur quand il allait jouer avec les autres enfants. Le champ n'est pas assez clos pour qu'on ne puisse y entrer mais, en la saison du baume, l'on y met de très bons gardiens, de sorte que nul ne peut entrer.

Le baume ne poussse nulle part ailleurs et si on prend des plançons pour les planter autre part, ils poussent bien, mais ne donnent pas de fruit. Les feuilles du baume ne se flétrissent pas ; si on veut tailler les branches, on le fait avec un caillou ou un os aigu, mais si on utilisait du fer, la vertu et la nature de l'arbre seraient corrompues. Les Sarrasins appellent le bois *enothbalse* et le fruit, qui ressemble à des grains de poivre, ils l'appellent *abebissan*, et la sève qui s'écoule des branches, ils l'appellent *grybalse*[11]. On fait toujours cultiver ce baume par les Chrétiens sinon il ne porterait pas de fruit ; les Sarrasins le reconnaissent, car ils l'ont souvent expérimenté. On dit aussi que le baume pousse en Inde Majeure et en ce désert où Alexandre parla aux arbres du soleil et de la lune[12]. Mais je ne l'ai pas vu, car je ne suis pas allé si loin, il y a trop de passages dangereux à traverser.

Sachez qu'il vaut mieux ne pas acheter de baume si on ne sait pas bien le reconnaître, car on peut facilement être trompé. Certains vendent une gomme appelée térébenthine au lieu de baume en y mêlant un peu de baume pour lui donner bonne odeur. Certains font cuire le bois et le fruit du baume dans de l'huile et disent que c'est du baume. Certains font distiller des clous de girofle et d'autres épices bien odorantes et appellent baume la liqueur qui en résulte. Ainsi sont trompés bien des grands seigneurs et d'autres qui croient avoir du baume et ils n'ont rien. Les Sarrasins le trafiquent pour tromper les Chrétiens, comme je

## CHAPITRE VII

l'ai vu plusieurs fois et les marchands et les apothicaires le trafiquent à nouveau et il est pire encore. Si vous le voulez, je vais vous indiquer comment vous pouvez savoir et vérifier que le baume est bon et ne pas être trompé. Vous devez savoir que le baume naturel est clair, de couleur citrine et très odorant. S'il est épais, rouge ou noirâtre, il est trafiqué. Si vous mettez un peu de baume sur la paume de votre main face au soleil et qu'il soit bon et pur, vous ne pourrez supporter la chaleur du soleil. Ou bien, vous prenez un petit peu de baume à la pointe d'un couteau et le mettez au feu ; s'il brûle, c'est bon signe. Vous en prenez aussi un peu et le mettez dans une écuelle ou un hanap avec du lait de chèvre, si le baume est pur, le lait prendra et se caillera aussitôt. Ou vous mettez une goutte de baume dans de l'eau claire dans un hanap d'argent ou dans un petit bassin, vous l'agitez fortement pour mêler le baume et l'eau ; si le baume est pur, il tombera au fond du récipient, comme du vif argent, car le baume pur est deux fois plus pesant que le baume trafiqué.

J'ai parlé du baume, je parlerai d'autre chose. Au-delà de Babylone et du fleuve du Nil, vers le désert qui sépare l'Égypte de l'Afrique, il y a les greniers de Joseph[13] qu'il fit construire pour garder le blé pendant les années de disette. Ils sont de pierres très bien maçonnées, deux d'entre eux sont merveilleusement grands, les autres ne sont pas aussi hauts. Chaque grenier a une porte par où l'on peut entrer à l'intérieur, un peu haut par rapport au sol, car la terre a été ravinée depuis que les greniers ont été construits. Dedans, il y a plein de serpents ; dehors, il y a beaucoup d'inscriptions en diverses langues.

Certains disent que ce sont des sépulcres des

grands seigneurs du temps jadis, mais ce n'est pas vrai, car il est notoire dans tout le pays, proche ou lointain, que ce sont les greniers de Joseph ; c'est ce qui est écrit dans leurs chroniques. D'autre part, si c'étaient des tombes, elles ne seraient pas vides à l'intérieur et il n'y aurait pas de porte pour y entrer et elles n'auraient pas une telle grandeur ni une telle hauteur. On ne peut donc croire que ce sont des tombes[14].

En Égypte aussi ils ont une langue différente et des lettres différentes de celles des autres pays. Je vous les dessinerai donc telles qu'elles sont, avec les noms qu'ils leur donnent afin que vous les différenciiez des autres. [Suit un alphabet égyptien.]

## Chapitre VIII

### L'île de Sicile, le chemin de Babylone au mont Sinaï, l'église Sainte-Catherine et les merveilles de ce lieu

Maintenant, avant de poursuivre, je veux revenir en arrière pour vous décrire les chemins qui vont vers Babylone où demeure le Sultan et qui est à l'entrée de l'Égypte. Car beaucoup de gens vont d'abord en Égypte, puis au mont Sinaï et reviennent par Jérusalem, comme je vous l'ai dit plus haut. Ils accomplissent d'abord le pèlerinage le plus lointain et reviennent par le plus proche, bien que le plus proche,

## CHAPITRE VIII

celui de Jérusalem, soit le plus vénérable car aucun pèlerinage ne peut lui être comparé. Mais pour l'accomplir plus aisément et plus sûrement, on va d'abord au plus éloigné.

Donc, celui qui veut aller à Babylone par un autre chemin, plus court, depuis les régions d'occident que j'ai nommées plus haut ou d'autres régions voisines, il passe par la France, par la Bourgogne et par la Lombardie. Il n'est pas nécessaire de nommer les cités ni les villes de cette route, car elle est familière, sûre et connue de bien des nations.

Il y a plusieurs ports où on prend la mer. Certains prennent la mer à Gênes, d'autres à Venise et passent par la mer Adriatique, appelée golfe de Venise, qui sépare l'Italie et la Grèce de ce côté-là. D'autres vont à Naples, d'autres à Rome et de Rome à Brindisi où ils prennent la mer, ou à tout autre port. On passe par la Toscane, la Campanie, l'Apulie et les îles d'Italie, Corse, Sardaigne et par la Sicile qui est une île très grande et riche.

En cette île de Sicile, il y a un jardin où l'on trouve beaucoup de fruits variés et ce jardin est vert et fleuri en toute saison, aussi bien en hiver qu'en été. L'île a bien trois cent cinquante lieues françaises de tour. Entre la Sicile et l'Italie, il n'y a qu'un petit bras de mer qu'on appelle le détroit de Messine. La Sicile est entre la mer Adriatique et la mer de Lombardie et, de Sicile en Calabre, il n'y a que huit lieues lombardes.

Il y a en Sicile une sorte de serpents avec lesquels on cherche si les enfants sont bâtards ou nés d'un mariage régulier. S'ils sont nés de mariage régulier, le serpent les entoure sans leur faire aucun mal, mais s'ils sont bâtards, il les mord et leur instille son venin. Plusieurs hommes mariés cherchent ainsi si les enfants sont leurs[1].

En cette île, il y a la montagne de l'Etna, qu'on appelle aussi mont Gibel [2] ; ce volcan brûle sans cesse et il y a sept grandes fosses ardentes qui jettent diverses flammes de diverses couleurs. C'est par les changements de ces flammes que les gens du pays savent s'il y aura famine ou fécondité, si le temps sera froid ou chaud, humide ou sec et toutes les manières dont le temps se gouvernera. Il n'y a pas plus de vingt-cinq lieues entre l'Italie et ces volcans et l'on dit que ce sont les cheminées de l'enfer.

Si l'on va par Venise, comme certains le font, on trouve un bras de mer par où on va aux autres ports de cette région. On prend la mer et on passe par l'île de Corfou qui appartient à Gênes. Puis on arrive en Grèce au port de la cité de Mavrovo ou au port de Valona ou au port de Durazzo, qui est au duc de Durazzo[3], ou à un autre port sur cette côte et l'on va jusqu'à Constantinople. Puis on va par mer jusqu'à l'île de Rhodes, puis à l'île de Crète, puis à l'île de Chypre. De Venise à Constantinople, en prenant la route la plus directe sur la mer, il y a bien mille huit cent quatre-vingts lieues lombardes. De Chypre, on va par mer en laissant Jérusalem et tout le pays à gauche et on va toujours par mer jusqu'en Égypte et on arrive au port de Damiette, qui était une très belle et très forte ville à l'entrée de l'Égypte.

De Damiette, on va à la cité d'Alexandrie, qui est aussi sur la mer. C'est en cette cité que fut décapitée la vierge sainte Catherine et que saint Marc l'Évangéliste fut martyrisé et enseveli. Mais l'empereur Léon fit transporter ses reliques à Venise[4]. Il y a encore à Alexandrie une belle église qui lui est consacrée ; elle est toute blanche, sans fresques, comme toutes les autres églises chrétiennes, qui sont blanches à l'intérieur car les païens et les Sarrasins les ont fait blanchir pour effacer les images des saints qui étaient peintes sur les murs[5].

Cette cité d'Alexandrie a bien trente stades de long, mais elle n'en a que dix de large. C'est une cité très belle, très noble, où le Nil se jette en mer, comme je vous l'ai dit plus haut. Sur cette rivière, on trouve beaucoup de pierres précieuses et de bois d'aloès. C'est un bois qui vient du Paradis terrestre, qui est utilisé dans plusieurs médicaments et qui coûte bien cher[6]. D'Alexandrie, on va à Babylone où demeure le Sultan et qui est sur cette rivière du Nil. C'est le chemin le plus court pour aller à Babylone.

Maintenant, je vais vous décrire le chemin qui va de Babylone au mont Sinaï où gît sainte Catherine. Il convient de passer par les déserts d'Arabie, par lesquels Moïse a mené et conduit le peuple d'Israël. On passe par la source que Moïse creusa de sa main en ce désert quand le peuple mourait, ne trouvant pas à boire. Puis on passe par la source de Marath dont l'eau était amère, mais les enfants d'Israël y mirent un bois et l'eau devint douce et bonne à boire. On va ainsi jusqu'au val d'Hélym où il y a douze sources et soixante-dix palmiers qui portaient des dattes, que Moïse trouva avec les enfants d'Israël[7]. De cette vallée jusqu'au mont Sinaï, il y a une bonne journée de voyage.

Si on veut aller de Babylone par un autre chemin, on va le long de la mer Rouge, qui est un bras de la mer Océane. C'est là que Moïse fit passer à pied sec le peuple d'Israël quand le Pharaon d'Égypte l'avait chassé. La mer peut bien avoir sept lieues de large. Pharaon fut noyé en cette mer avec toute l'armée qu'il conduisait[8]. Cette mer n'est pas plus rouge que les autres mers, mais en certains endroits il y a du sable rouge, c'est pour cela qu'on l'appelle la mer Rouge. Elle s'étend jusqu'aux frontières de l'Arabie et de la Palestine. On va le long de cette mer plus de quatre jours et puis on avance dans le désert jusqu'au val d'Hélym et on va de là au mont Sinaï.

Vous devez savoir que nul ne peut aller à cheval dans ce désert, car le cheval ne trouverait rien à manger et à boire ; c'est pour cela que l'on traverse toujours le désert à chameau. Les chameaux trouvent toujours à manger sur les arbres et les buissons qu'ils broutent et ils se passent d'eau pendant deux ou trois jours. Cela, les chevaux ne pourraient pas le faire.

De Babylone au mont Sinaï, il y a douze bonnes journées de voyage, certains mettent plus, certains se hâtent et peinent et mettent moins. Et on emmène toujours des guides qui vont dans cette région ou au-delà et qui en connaissent la langue. Et il convient de faire préparer tous les vivres nécessaires pour traverser ces déserts.

Le mont Sinaï est appelé le désert de Syn, c'est-à-dire le « désert rouge ardent », car Moïse vit plusieurs fois sur cette montagne Notre Seigneur sous forme de feu, de même qu'au buisson ardent. Et Dieu lui parla au pied de la montagne. Il y a là une abbaye de moines[9] bien close de portes de fer par peur des bêtes sauvages. Les moines sont arabes ou grecs ; le couvent est grand. Ils vivent comme des ermites, ne boivent pas de vin sinon aux grandes fêtes, sont très pieux, se nourrissent pauvrement et simplement de légumes et de dattes et pratiquent beaucoup d'abstinences et de pénitences[10].

C'est là qu'est l'église Sainte-Catherine, où brille un grand nombre de lampes, car ils ont assez d'huile

## CHAPITRE VIII

d'olive pour les lampes et pour leur nourriture. Ils en ont grâce à un miracle de Dieu, car les corbeaux, les corneilles, les étourneaux et les autres oiseaux du pays alentour se rassemblent une fois par an et volent vers l'abbaye, comme s'ils allaient en pèlerinage et chacun porte en son bec des rameaux ou du bois d'olivier en offrande et les laisse là. Les moines en tirent une huile véritablement miraculeuse[11]. Et puisque les oiseaux, qui sont des animaux dépourvus de sens et de raison, vont ainsi prier la glorieuse vierge Catherine, à plus forte raison, les hommes doivent-ils se mettre en peine de venir la prier et la vénérer.

Derrière l'autel de l'église est le lieu où Moïse vit Notre Seigneur dans le buisson ardent[12]. Quand les moines y pénètrent, ils ôtent leurs chaussures, car Dieu dit à Moïse : « Déchausse-toi, car ce lieu où tu te trouves est une terre sainte. » Les moines appellent ce lieu Dozeleel, c'est-à-dire, « Ombre de Dieu ». À côté du grand autel, surélevée de trois marches, se trouve la châsse d'albâtre où gisent les ossements de sainte Catherine. Le prélat des moines montre les reliques aux pèlerins, les frotte avec un instrument d'argent et il en suinte, comme une sorte de sueur, un petit peu d'huile, qui ne semble ni de l'huile, ni du baume, mais est plus noirâtre. Il en donne un peu aux pèlerins, mais il n'y en pas une grande quantité. Puis il montre la tête de sainte Catherine et le drap encore tout sanglant dans lequel on enveloppa son corps béni. C'est enveloppé dans ce drap que les anges portèrent son corps jusqu'au mont Sinaï et qu'ils l'ensevelirent[13]. On montre aussi le buisson qui brûlait sans se consumer dans lequel Notre Seigneur a parlé à Moïse et bien d'autres reliques.

J'avais entendu dire que, quand le prélat de

l'abbaye mourait, sa lampe s'éteignait et, quand ils avaient élu un autre prélat, s'il était un homme juste et digne, elle s'allumait par la grâce de Dieu sans que personne y touchât. Chacun d'eux a en effet sa lampe et il savent bien grâce à elle si l'un d'eux va mourir, car la lumière commence à changer et à s'affaiblir et, s'il est un moine indigne, elle demeure éteinte. D'autres m'avaient dit que celui qui célébrait la messe pour le mort trouvait après la messe, mis par écrit sur l'autel, le nom de celui que l'on devait élire comme prélat. Je leur ai demandé ce qu'il en était, mais ils ne voulaient pas me répondre, si bien que je leur dis qu'ils ne devaient pas taire les grâces et les courtoisies que Dieu leur faisait mais au contraire les proclamer pour inciter les gens à plus de dévotion, qu'il me semblait que c'était une faute de cacher les miracles que Dieu a accomplis et accomplit encore, et qui sont les témoins de sa puissance, comme le dit David dans le Psaume : « Tes témoins sont admirables, Seigneur[14]. » Alors, ils me dirent que tout ce que l'on m'avait raconté se produisait souvent et je ne pus rien savoir d'autre.

Il n'entre en cette abbaye ni mouche, ni moucheron, ni puce, ni autre vermine, grâce à un miracle de Dieu et de Notre-Dame. Il y avait jadis tant de mouches de toutes sortes et de vermine que les moines voulaient quitter l'abbaye. Ils étaient déjà sortis et montaient dans la montagne pour fuir ce lieu quand Notre-Dame vint au-devant d'eux et leur dit de revenir sur leurs pas, que dorénavant n'entrerait dans l'abbaye ni mouche ni vermine. Les moines s'en retournèrent et depuis aucun insecte n'entra dans l'abbaye[15].

Devant la porte se trouve la source que Moïse fit

jaillir en frappant le rocher[16]. On monte à la montagne de Moïse à partir de l'abbaye par un grand nombre de marches. On trouve d'abord une église dédiée à Notre-Dame à l'endroit où elle rencontra les moines fuyant les mouches. Un peu plus haut, est la chapelle du prophète Élie au lieu qu'ils appellent Oreb, dont parle la sainte Écriture : « Et, fortifié, par cette nourriture, il marcha jusqu'à la montagne de Dieu, l'Oreb[17]. » À côté est la vigne plantée par saint Jean l'Évangéliste, dont les raisins s'appellent *scaphis*[18]. Un peu au-dessus, est la chapelle de Moïse et la roche où Moïse se cacha dans la crainte de voir Notre Seigneur face à face. La forme de son corps est empreinte dans la roche, car il s'y jeta si violemment que tout son corps s'y enfonça, par un miracle de Dieu. Et à côté est le lieu où Notre Seigneur donna à Moïse les dix commandements de la Loi. On voit aussi sous un rocher la grotte où Moïse demeura quand il jeûna quarante jours. Mais il mourut en Terre promise et nul ne sait où il est enseveli.

De cette montagne, on traverse une grande vallée pour aller sur une autre grande montagne, bien plus haute, où sainte Catherine fut ensevelie par les anges. En bas, dans la vallée, est l'église des Quarante-Martyrs[19] où les moines de l'abbaye viennent souvent chanter. Cette vallée est très froide. Et puis on monte sur la montagne Sainte-Catherine, bien plus haute que la montagne de Moïse. Au lieu où sainte Catherine fut ensevelie, il n'y a ni église, ni chapelle, mais il y a un monticule de pierres indiquant l'endroit où son corps fut déposé par les anges. Il y avait jadis une chapelle, mais elle a été abattue et il n'en reste que les pierres. L'oraison de la fête de sainte Catherine dit que c'est en un même lieu que Notre Seigneur donna les dix commandements à Moïse et que sainte Catherine fut ensevelie; il faut comprendre en un même pays, ou en un même massif de montagne que l'on appelle mont Sinaï, mais, d'un mont à l'autre, il y a une longue distance et ils sont séparés par une grande et profonde vallée.

## Chapitre IX

## Le désert entre l'église Sainte-Catherine et Jérusalem, l'Arbre sec et l'origine des premières roses

Après avoir visité ces saints lieux, on se dispose à partir vers Jérusalem. On prend congé des moines en se recommandant à leurs prières et ils donnent aux pèlerins des vivres pour traverser les déserts jusqu'en Syrie, ce qui prend bien treize journées de voyage.

Dans ces déserts demeure un grand nombre d'Arabes que l'on appelle Bédouins ou Azoparts[1]. Ce sont des gens peu civilisés. Ils n'ont nulle maison mais des tentes qu'ils font avec la peau des bêtes, comme les chameaux, ou d'autres bêtes qu'ils mangent. Ils couchent sous ces tentes et se tiennent dans les lieux où ils peuvent trouver de l'eau, comme sur les rives de la mer Rouge ou ailleurs. Car, en ce désert, il y a un très grand manque d'eau et il arrive souvent que là où on en trouve à une saison, on ne la trouve pas à l'autre. C'est pour cela qu'ils ne construisent pas d'habitations. Ces gens dont je vous parle ne labourent ni ne cultivent la terre, ils ne mangent pas de pain, sauf ceux qui habitent près de quelque bonne ville où ils vont parfois en manger. Ils font rôtir la viande et le poisson sur des pierres chaudes face au soleil. Ce sont des gens forts et vaillants au combat et ils sont en nombre incalculable. Ils ne font rien d'autre que chasser les animaux pour se nourrir. Ils méprisent la mort et n'ont donc aucune crainte du Sultan ni de quelque autre prince et oseraient bien lui faire la guerre s'il leur causait quelque tort. Ils ont d'ailleurs souvent fait la guerre au Sultan, même pendant que je le servais. Ils portent seulement un grand bouclier et une lance et nulle autre arme et s'enveloppent la tête d'un grand voile blanc. Ils sont très félons, sales et méchants.

Quand on a traversé ce désert en allant vers Jérusalem, on arrive à Bersabée qui était une ville des Chrétiens, belle et agréable, où subsistent encore quelques églises. Le patriarche Abraham demeura longtemps en cette ville[2]. Cette ville fut fondée par Bersabée, l'épouse d'Urie, en laquelle Salomon le Sage engendra David qui fut roi après lui sur les douze tribus d'Israël et régna quarante ans[3].

De Bersabée, on va à la cité d'Hébron, distante de deux bonnes lieues, que l'on appelle aussi le Val-de-Mambré. On l'appelle encore le Val-des-Larmes parce que c'est en cette vallée qu'Adam pleura cent ans la mort de son fils Abel, tué par son frère Caïn[4]. Hébron était la principale ville des Philistins et c'est là qu'habitaient jadis les géants. Elle fut aussi la cité sacerdotale de la tribu de Juda. On y jouissait d'une si grande liberté qu'on y recevait tous les fugitifs coupables de quelque méfait[5]. C'est à Hébron que Josué,

Caleph et leurs compagnons furent envoyés en éclaireurs pour voir comment ils pourraient conquérir la Terre promise[6]. C'est à Hébron que David régna tout d'abord pendant sept ans et demi, puis il régna trente-deux ans et demi à Jérusalem[7].

On trouve là les tombeaux des patriarches, Adam, Abraham, Isaac, Jacob et de leurs femmes, Ève, Sara, Rébecca et Léa. Au-dessus de ces tombeaux, sur la pente de la montagne, il y a une belle église, fortifiée comme un château, que les Sarrasins gardent jalousement, car ils révèrent grandement cet endroit où gisent les saints Pères, les Patriarches[8]. Ils n'y laissent pénétrer ni Chrétien ni Juif, sauf par permission spéciale du Sultan, car ils considèrent Chrétiens et Juifs comme des chiens qui ne doivent pas, disent-ils, entrer en ces saints lieux. On appelle le lieu où ils gisent Double Caverne ou Double Fosse, car ils gisent l'un au-dessus de l'autre. Les Sarrasins l'appellent Kariatarba, c'est-à-dire « Lieu des Patriarches » et les Juifs l'appellent Arboth[9].

C'est là-même que se trouvait la maison d'Abraham et c'est là qu'il était assis devant sa porte et vit trois personnes et en adora une seule, comme en témoigne la Sainte Écriture : « Il en vit trois et en adora Un[10]. » C'est là-même qu'Abraham reçut les anges en sa demeure. Assez près se trouve dans un rocher une grotte où demeurèrent Adam et Ève quand ils furent chassés du Paradis. C'est là qu'ils engendrèrent leurs enfants. Selon les dires de certains, Adam fut créé et formé en cet endroit que l'on appelait le Champ damascène, car il était sur les terres de Damas, puis transporté dans le Paradis des délices et il fut remis là après avoir été chassé du Paradis. Et il fut mis en Paradis et en fut chassé le

## CHAPITRE IX

même jour[11]. C'est le début de la vallée d'Hébron, qui se poursuit jusqu'à Jérusalem. C'est là que l'ange ordonna à Adam de s'unir à sa femme et il engendra Seth, ancêtre de la tribu dont naquit Notre Seigneur. Il y a en cette vallée un champ dont on extrait une terre rougeâtre que l'on appelle *cambil*[12]. Les gens la consomment à la place des épices et la vendent. Et quelque profonde et large que l'on creuse la fosse pour l'extraire, elle est à nouveau remplie au bout d'un an par la grâce de Dieu. À deux lieues d'Hébron, il y a la sépulture de Loth, le fils du frère d'Abraham.

Assez près d'Hébron, est le mont de Mambré qui donne son nom à la vallée. Là, il y a un chêne que les Sarrasins appellent *dirp*, qui date d'Abraham. On l'appelle aussi l'Arbre sec. On dit que cet arbre a existé dès le commencement du monde. Il était toujours vert et feuillu jusqu'à la mort de Notre Seigneur en croix. Il commença alors à sécher et ainsi firent tous les arbres qui étaient alors dans le monde entier. Ils se desséchèrent ou leur cœur se fendit et pourrit, et ils demeurèrent vides et creux à l'intérieur. Il en reste encore beaucoup dans le monde. Certaines prophéties disent qu'un prince d'Occident fera la conquête de la Terre promise avec l'aide des Chrétiens et fera chanter la messe sous cet Arbre sec, alors cet arbre reverdira, portera des branches, des feuilles et des fruits et, devant ce miracle, nombre de Sarrasins et de Juifs trouveront la foi et se convertiront à la religion chrétienne[13]. C'est pourquoi, on révère grandement cet arbre et on le garde jalousement et avec grand soin. Bien qu'il soit sec et sans branches, il a cependant de grandes vertus. Qui en porte sur lui est préservé de l'épilepsie et ses chevaux ne peuvent trébucher. Il a plusieurs autres vertus qui le font considérer comme très précieux.

De cette cité d'Hébron, on va à Bethléem aisément en une demi-journée, car il n'y a que cinq lieues. Le chemin est très bon, très agréable, à travers plaine et bois. Bethléem est une petite cité allongée et étroite, protégée tout autour par de bons fossés. Elle s'appelait Éphrata, le Psaume dit : « Voici que nous avons entendu parler d'elle en Éphrata[14]. » À l'extrémité orientale de la cité, il y a une très belle église, la plus charmante du monde avec des tours, des pinacles et des créneaux très habilement faits[15]. Entre l'église et la cité se trouve le Champ fleuri. On l'appelle ainsi parce qu'une demoiselle pucelle était accusée à tort d'avoir péché par fornication et on devait la brûler sur cette place. On alluma le bois et cette pucelle fit sa prière à Notre Seigneur, le priant, puisqu'elle n'avait pas commis de faute, de bien vouloir lui venir en aide et montrer devant tous son innocence. Puis elle entra dans le feu et, aussitôt, il s'éteignit et les branches qui étaient enflammées devinrent des rosiers vermeils et les branches qui n'étaient pas encore enflammées devinrent des rosiers blancs. Ce furent les premiers rosiers au monde et les premières roses qu'on eût encore jamais vues. C'est ainsi que la demoiselle fut délivrée par la grâce de Dieu et cette place fut appelée le Champ fleuri, car elle était toute pleine de roses fleuries[16].

Sur le côté droit du chœur de cette église, on descend par seize marches au lieu où Notre Seigneur naquit. Il est noblement orné de marbre et agréablement décoré de peintures d'or et d'argent et d'autres couleurs. À côté, à trois pas, est la crèche du bœuf et de l'âne et assez près est le puits où est tombée l'étoile

## CHAPITRE IX

qui avait conduit jusque-là les trois rois, Gaspar, Balthazar et Melchior. Mais les Juifs appellent autrement les trois rois en hébreu, ils les nomment Appelius, Amerius et Damasus et les Grecs les appellent Galgalath, Malgalath et Saraphi. Ces trois rois offrirent à Notre Seigneur de l'or, de l'encens et de la myrrhe. Ils n'arrivèrent pas là au terme de journées de voyage, mais par un miracle de Dieu. Car ils se retrouvèrent en Inde dans une cité nommée Cassath qui est à cinquante-trois journées de voyage de Bethléem où ils parvinrent en treize jours. Et quand ils se rencontrèrent en cette cité de Cassath, il y avait quatre jours qu'ils avaient vu l'étoile. Il ne mirent donc que neuf jours de cette cité à Bethléem, ce qui est un grand miracle[17].

Au-dessous du cloître de cette église, on descend à droite par dix-sept marches au charnier des Innocents où se trouvent leurs ossements. Et devant le lieu de la naissance de Notre Seigneur, il y a le tombeau de saint Jérôme, prêtre et cardinal, qui traduisit la Bible et le Psautier d'hébreu en latin. À l'extérieur de l'église, on voit la chaire où il s'assseyait quand il faisait cette traduction[18].

Assez près de cette église, à soixante toises, est l'église Saint-Nicolas où Notre-Dame se reposa après l'enfantement. Comme elle avait trop de lait et que les seins lui faisaient mal, elle jeta du lait sur les pavés de marbre rouge et on voit encore les traces blanches sur la pierre[19].

Sachez que la plus grande partie des habitants de Bethléem sont chrétiens. Il y a de belles vignes tout autour de la cité et les Chrétiens font faire une grande quantité de vin. Les Sarrasins, eux, ne cultivent pas de vignes et ne boivent pas de vin, cela leur est défendu par le livre de leur loi que Mahomet leur donna qu'ils appellent le Coran ; d'autres l'appellent Meshaf, dans une autre langue, on l'appelle Harme[20]. Ce livre leur défend de boire du vin et Mahomet maudit tous ceux qui boivent du vin ou en vendent. C'est parce qu'une fois on l'avait accusé d'avoir, en état d'ivresse, tué un ermite qu'il aimait beaucoup ; il maudit donc le vin, et les vendeurs de vin. Mais les malédictions sont retombées sur lui, comme le dit David dans le psaume : « Que son iniquité lui retombe sur la tête[21]. » Les Sarrasins n'élèvent pas non plus de porcs et ne mangent pas la viande de porc, car ils disent que c'est le frère de l'homme et que cela est interdit dans l'Ancien Testament. Ils désespèrent de ceux qui en mangent. En Palestine et en Égypte, ils ne mangent pas non plus, ou très peu, de viande de veau ou de bœuf, à moins que le bœuf ne soit très vieux et ne puisse plus labourer. Ces animaux ne leur sont pas interdits, mais ils en ont peu, ils les gardent donc et les élèvent pour cultiver la terre.

Le roi David est né en cette cité de Bethléem. Il avait soixante femmes, la première et la plus élevée en dignité s'appelait Micol et il avait trois cents concubines[22].

De Bethléem à Jérusalem, il n'y a que deux lieues. Sur ce chemin de Jérusalem, à une demi-lieue de Bethléem, il y a une église au lieu où les anges annoncèrent aux bergers la naissance de Notre Seigneur[23]. Sur ce chemin, il y a la tombe de Rachel, mère du patriarche Joseph, qui mourut en enfantant Benjamin et fut ensevelie là par Jacob son mari. Et Jacob mit douze grandes pierres sur elle en mémoire de ses douze enfants[24].

Sur ce chemin, on passe par beaucoup d'églises chrétiennes.

## Chapitre X

## Jérusalem et les lieux saints qui l'entourent

Puis c'est Jérusalem, la sainte cité, sise entre deux montagnes ; elle n'a ni rivière ni source, mais l'eau est amenée par conduits depuis Hébron[1]. Vous devez savoir qu'anciennement Jérusalem fut appelée Jébus jusqu'au temps de Melchisédech, puis elle fut appelée Salem jusqu'au temps du roi David, qui réunit ces deux noms et l'appela Jébusalem. Puis vint le roi Salomon qui l'appela Jhérosolomie et après on l'a appelée Jérusalem[2]. Autour de Jérusalem est le royaume de Syrie, à côté est la terre de Palestine et, près d'Ascalon, est la terre de Mauritanie. Mais Jérusalem est dans le royaume de Judée, ainsi appelé parce que Judas Macchabée fut roi de ce pays. Il est voisin à l'orient du royaume d'Arabie, au midi de la terre d'Égypte, à l'occident de la Grande Mer et au nord du royaume de Syrie et de la mer de Chypre.

Il y avait à Jérusalem un patriarche et beaucoup d'archevêques et d'évêques dans tout le pays. Tout autour de Jérusalem sont les cités suivantes : Hébron à sept lieues, Bersabée à neuf lieues, Jéricho à six lieues, Ascalon à dix-sept lieues, Jaffa à seize lieues, Ramatha à trois lieues et Bethléem à deux lieues. À deux lieues de Bethléem, vers le midi, on trouve le monastère de Mar-Karitot, qui en fut abbé. À l'approche de sa mort, les moines menèrent grand deuil et on les a représentés en peinture, menant ce deuil, c'est très triste à regarder[3].

Ce pays de Jérusalem a été aux mains de diverses

nations et a eu souvent à souffrir pour les péchés de son peuple. Le pays a été aux mains de nations comme les Juifs, les Chananéens, les Assyriens, les Perses, les Mèdes, les Macédoniens, les Grecs, les Romains, les Chrétiens, les Sarrasins, les Barbaresques, les Turcs, les Tartares et bien d'autres encore. Car Dieu ne supporte pas que des peuples mauvais, traîtres, grands pécheurs, règnent longtemps sur cette sainte terre qu'ils soient chrétiens ou autres. En ce moment les mécréants tiennent cette terre en leurs mains depuis cent quarante ans et plus, mais ils ne la garderont guère longtemps s'il plaît à Dieu[4].

Il vous faut savoir que, quand on est à Jérusalem, on fait le premier pèlerinage à l'église du Saint-Sépulcre, qui est au-dehors de la cité vers le nord, mais elle est enclose dans les murailles de la cité. C'est une très belle église ronde, avec une ouverture dans le toit et couverte de plomb. Du côté de l'occident, il y a une très belle tour, haute et forte, où sont suspendues les cloches[5].

À l'intérieur de l'église, au milieu, il y a un édifice semblable à une petite maison, avec une porte basse ; cet édifice est en forme de demi-cercle, bien construit en pierres, très bien décoré d'or, d'argent, de bleu et d'autres couleurs. Dans cet édifice, à droite, est le tombeau de Notre Seigneur. L'édifice a sept pieds de long, huit pieds de large et douze pieds de haut. Il n'y a pas longtemps, le saint tombeau était à découvert, on pouvait le toucher et le baiser. Mais comme tous ceux qui y allaient essayaient de prendre un peu de pierre ou de poussière, le Sultan l'a fait emmurer, si bien qu'on ne peut plus le toucher. Mais sur la partie gauche du mur de l'édifice, à hauteur d'homme, il y a une pierre, de la grosseur d'une tête d'homme, qui faisait partie du saint tombeau et les pèlerins baisent cette pierre. Il n'y a aucune fenêtre dans cet édifice, mais il est éclairé par des lampes. Devant le tombeau, il y a une lampe qui brûle toujours ; le vendredi saint, elle s'éteint d'elle-même et elle s'allume à nouveau le jour de la Résurrection, à l'heure où Notre Seigneur se releva vivant de la mort[6].

Dans l'église, à la droite du chœur, est le mont du Calvaire où Notre Seigneur fut mis en croix. Il est d'une roche blanche, mêlée de rouge en certains endroits. Cette roche est fendue et par cette fente, appelée Golgotha[7], coulait le sang des plaies de Notre Seigneur quand il était suspendu à la croix. On monte à ce Golgotha par quelques marches. C'est dans cette fente que fut trouvée la tête d'Adam après le Déluge, pour montrer que les péchés d'Adam seraient rachetés en cet endroit même. C'est sur cette même roche qu'Abraham offrit son sacrifice à Notre Seigneur, il y a là un autel[8]. Devant cet autel gisent Godefroy de Bouillon, Baudouin et les autres rois chrétiens de Jérusalem.

Près du lieu où Notre Seigneur fut crucifié, il y a une inscription en grec qui signifie : « Ici Dieu, notre roi avant les siècles, a accompli le salut au milieu de la terre. » Et sur la roche où fut plantée la croix, il y a une inscription en grec qui signifie : « Ce que tu vois est le fondement de toute la foi en ce monde. » Vous devez savoir que, quand Notre Seigneur fut mis à mort, il avait trente-trois ans et trois mois. Et, selon la prophétie de David, il devait avoir quarante ans : « Quarante ans, j'ai eu cette génération en dégoût[9]. » Et il semble donc à certains que la prophétie n'est pas vraie, mais l'un et l'autre sont vrais, car l'année avait alors dix mois, mars étant le premier et décembre le dernier. Mais Jules César, qui fut empereur de Rome, fit ajouter deux mois, janvier et février, et ordonna que l'année eût douze mois, c'est-à-dire trois cent soixante-cinq jours, sans compter le jour bissextile, en accord avec le cours du soleil. Et donc tous les Chrétiens affirment que, selon l'année de douze mois, Notre Seigneur n'avait que trente-trois ans et trois mois et, selon l'année de dix mois, il était dans sa quarantième année, comme le dit le prophète.

Près du mont du Calvaire, à droite, il y a un autel où se trouve la colonne à laquelle Notre Seigneur fut lié et flagellé. Et à côté il y a quatre colonnes de pierre dont suinte sans cesse de l'eau. On dit qu'elles pleurent la mort de Notre Seigneur. Près de cet autel, en descendant quarante marches, on arrive sous terre au lieu où la vraie Croix fut trouvée par sainte Hélène, sous la roche où les Juifs l'avaient cachée[10]. La vraie Croix fut désignée en cet endroit même. Car on trouva trois croix, celle de Notre Seigneur et celles des deux larrons. Sainte Hélène les fit éprouver sur un mort qui se releva aussitôt que la vraie Croix fut posée sur lui. Sur le mur, à côté, on voit l'endroit où les quatre clous furent plantés. Il y en avait deux aux mains et deux aux pieds. L'empereur Constantin fit faire avec un de ces clous un mors pour son cheval pour le porter au combat et, par la vertu de ce mors, il vainquit tous ses ennemis et conquit toute l'Asie Mineure, la Turquie, la petite et la grande Arménie, la Syrie, le pays de Jérusalem, l'Arabie, la Perse, la Mésopotamie, le royaume d'Alep, la haute et la basse Égypte et bien d'autres régions jusqu'au fin fond de l'Éthiopie et jusqu'en Inde Mineure[11]. Presque tous ces pays étaient alors chrétiens, unis dans la vraie foi. Par la

## CHAPITRE X

suite, il y eut en ces régions beaucoup de dignes ermites dont parle le livre de *La Vie des Pères*[12]. Et maintenant, tous sont sarrasins et païens. Mais, quand il plaira à Dieu, de même que cette terre a été perdue en raison des péchés des Chrétiens, de même elle sera reconquise par leur vaillance, avec l'aide de Dieu.

Au milieu du chœur de l'église, il y a un cercle où Joseph d'Arimathie posa le corps de Notre Seigneur quand il l'eut ôté de la croix et où il lava ses plaies. On dit que ce cercle est juste au milieu du monde[13]. Il y a dans l'église du Saint-Sépulcre, du côté nord, l'endroit où Notre Seigneur fut mis en prison, car il fut emprisonné en divers endroits ; et on voit une partie de la chaîne dont il fut attaché. C'est là que Notre Seigneur apparut en premier lieu à Marie-Madeleine après sa Résurrection et elle croyait que c'était un jardinier[14].

Il y avait dans l'église du Saint-Sépulcre des chanoines de l'ordre de saint Augustin, avec un prieur, mais le patriarche les dirigeait.

En dehors des portes de l'église, à droite, en montant dix-huit marches, est l'endroit où Notre Seigneur dit à sa Mère : « Femme, voici ton fils », en lui montrant saint Jean l'Évangéliste. Puis, il vint à saint Jean et lui dit : « Voilà ta Mère. » Et il redit ces paroles sur la croix[15]. Notre Seigneur monta par ces marches, portant la croix sur ses épaules. Au-dessous de ces marches, il y a une chapelle dans laquelle les prêtres indiens chantent selon leur rite, non selon le nôtre[16]. Quand il célèbrent le sacrement de l'Eucharistie, ils le font avec du pain en disant le Notre-Père et les autres prières de la consécration, mais ils ignorent les additions que plusieurs papes ont faites.

Ils chantent avec beaucoup de dévotion. Assez près est l'endroit où Notre Seigneur se reposa quand il était fatigué de porter sa croix.

Sachez que, du côté de l'église du Saint-Sépulcre, la cité est moins bien défendue qu'ailleurs, car il y a une grande plaine entre l'église et la cité. Vers l'orient, hors les murs de la cité, est le val de Josaphat qui touche aux murs, comme une sorte de large fossé. Au-dessus de ce val de Josaphat, en dehors de la cité, est l'église Saint-Étienne au lieu où il fut lapidé[17].

À côté est la Porte dorée, qui ne peut être ouverte. Notre Seigneur entra par cette porte sur un âne le jour des Rameaux et les portes s'ouvrirent devant lui quand il voulut aller au Temple[18]. On voit encore la trace des pas de l'ânesse en trois endroits des marches qui sont d'une pierre très dure.

Devant l'église du Saint-Sépulcre, au midi, à deux cents toises, est le grand hôpital de Saint-Jean, qui est à l'origine de l'ordre de l'Hôpital[19]. Dans la salle des malades de cet hôpital, il y a cent vingt-quatre piliers de pierre et le mur de la maison est soutenu par cinquante-quatre piliers. En allant à l'est de cet hôpital, on rencontre une très belle église, appelée Notre-Dame-la-Grande et, assez près, il y a une autre église, appelée Notre-Dame-des-Latins. C'est là que se trouvaient Marie-Cléophas et Marie-Madeleine, qui s'arrachaient les cheveux quand Notre Seigneur fut mis en croix.

## Chapitre XI

## Le temple de Notre Seigneur, la cruauté d'Hérode, le mont Sion, la Piscine probatique et les Bains de Siloé

À cent soixante pas de l'église du Saint-Sépulcre vers l'orient est le Temple du Seigneur[1], une très belle demeure, toute ronde, bien haute et large, couverte de plomb. Tout autour, il y a une grande place sans aucune maison et cette place est toute pavée de marbre blanc. Les Sarrasins n'y laissent entrer ni Chrétien ni Juif, car ils disent que des gens aussi impurs ne doivent point entrer ni demeurer en un lieu si saint. Mais j'ai pu entrer là et partout où j'ai voulu grâce aux lettres du Sultan par lesquelles il donnait mandement spécial à tous ses sujets de me laisser voir tous les lieux, de m'instruire sur ces lieux et sur leurs secrets, de me conduire si besoin était d'une cité à l'autre, de me recevoir avec bienveillance moi et mes compagnons et d'accéder à toutes mes requêtes raisonnables si elles ne portaient pas atteinte à la dignité royale du Sultan ou à sa loi. Aux autres personnes qui lui demandent une faveur ou qui sont à son service, il ne donne que son signet qu'ils font porter devant eux pendu à une lance. Les Sarrasins honorent grandement ce signet et s'agenouillent, comme nous le ferions devant l'hostie. Et on honore encore bien plus ses lettres. L'émir et les autres seigneurs à qui on les montre s'inclinent avant de les recevoir, puis les prennent, les posent sur leur tête, les baisent, puis les lisent, courbés, avec grand respect et s'emploient à faire tout ce que les porteurs de cette lettre demandent[2].

Dans le Temple du Seigneur, il y avait des chanoines réguliers, obéissant à un abbé. Charlemagne était dans ce Temple quand l'ange lui apporta le prépuce de Notre Seigneur le jour de la circoncision et il le porta à Aix-la-Chapelle. Puis Charles le Chauve le fit porter à Poitiers, puis à Chartres[3].

Vous devez savoir que ce n'est pas le Temple que construisit Salomon. Ce Temple ne dura que mille cent deux ans car Titus, le fils de Vespasien, empereur de Rome, assiégea Jérusalem pour punir les Juifs d'avoir mis Notre Seigneur à mort sans autorisation de l'empereur et, quand il eut pris la ville, il incendia et abattit le Temple. Il emmena tous les Juifs en captivité et en mit à mort onze cent mille, emprisonna les autres et les vendit comme esclaves, trente pour un denier d'argent. Ils avaient, disait-il, acheté Jésus-Christ pour trente deniers, il les vendrait meilleur marché, trente pour un denier[4]. Quelque temps après, l'empereur Julien l'Apostat autorisa les Juifs à reconstruire le Temple, car il haïssait les Chrétiens ; lui-même était chrétien, mais renégat. Mais quand les Juifs eurent presque achevé le Temple, survint, par la volonté de Dieu, un tremblement de terre qui détruisit tout ce qu'ils avaient fait.

Après, l'empereur Hadrien, qui était de ceux de Troie, rebâtit la cité de Jérusalem et le Temple, en reproduisant celui de Salomon mais il voulait qu'aucun Juif n'habitât là, seulement des Chrétiens, car, bien qu'il ne fût pas chrétien, il aimait les Chrétiens plus que tous les autres, après ceux de sa

## CHAPITRE XI

religion. Cet empereur fit enclore et emmurer l'église du Saint-Sépulcre dans la même enceinte que la ville, alors qu'avant elle en était loin au-dehors. Il voulait changer le nom de Jérusalem et l'appela Hélya [Aelia], mais cela ne dura guère[5].

Les Sarrasins honorent grandement ce saint Temple, ils disent que c'est un très saint lieu, ils y entrent déchaussés et s'agenouillent souvent. Quand mes compagnons et moi-même vîmes cela, nous nous déchaussâmes, pensant que nous devions nous conduire mieux que les mécréants et notre cœur était plein de piété.

Ce Temple est une très belle et imposante demeure, toute ronde. Il a soixante-quatre coudées de large et autant de long et cent vingt-six coudées de haut. À l'intérieur, il y a tout autour des piliers de marbre et, au milieu du Temple, il y a une estrade surélévée de quatorze marches, entourée de piliers. Les Juifs appelaient ce lieu Saint des Saints et nul n'y pénétrait, sauf les prélats qui accomplissaient les rites du sacrifice et le peuple était autour, réparti selon les conditions sur divers gradins, de sorte que tous voyaient accomplir le sacrifice.

Il y a quatre entrées à ce Temple, les portes sont en cyprès, bien sculptées. À l'intérieur des portes d'orient, Notre Seigneur dit : « Ici est Jérusalem. » Au nord, à l'intérieur des portes, il y a une source, mais elle ne coule point, celle dont parle l'Écriture : « J'ai vu l'eau sortir du Temple[6]. » De l'autre côté du Temple, il y a un rocher que l'on appelait Moriath, puis Béthel, où était l'arche de Notre Seigneur et où étaient gardées les reliques des Juifs. Quand il eut vaincu les Juifs, Titus fit porter cette arche et ces reliques à Rome. Dans l'arche étaient les Tables des

dix commandements, la verge d'Aaron et la verge de
Moïse, avec laquelle il sépara les eaux de la mer
Rouge quand le peuple d'Israël la passa à pied sec.
C'est de cette verge qu'il frappa la roche et les eaux
jaillirent et, avec cette verge, il accomplit bien
d'autres miracles. Il y avait aussi à l'intérieur un vase
d'or plein de manne, les vêtements et les ornements
d'Aaron, son tabernacle et une table d'or carrée,
ornée de douze pierres précieuses, une boîte de jaspe
vert contenant sept figures des noms de Notre Seigneur, sept chandeliers d'or, douze pots d'or, quatre
encensoirs d'or, un autel d'or et quatre lions d'or sur
lesquels il y avait quatre chérubins d'or de douze
paumes de haut, et la ronde des douze signes du
zodiaque ainsi qu'un tabernacle d'or, deux trompettes d'argent, une table d'argent et un pain d'orge
et toutes sortes de reliques datant d'avant la nativité
de Notre Seigneur Jésus-Christ[7].

Jacob dormait sur ce rocher de Béthel quand il vit
les anges monter et descendre par une échelle et dit :
« Vraiment ce lieu était saint et je ne le savais pas. »
Un ange saisit Jacob et lui changea son nom, il
l'appela Israël[8]. C'est en ce même lieu que David vit
un ange frapper le peuple d'une épée, puis la remettre
toute sanglante au fourreau[9]. C'est sur ce rocher que
Notre Seigneur fut présenté à Siméon[10]. C'est sur ce
rocher que Notre Seigneur prêchait souvent au
peuple. Il chassa du Temple les vendeurs et les
acheteurs[11]. Il se réfugia sur ce rocher quand les Juifs
voulaient le lapider, le rocher se fendit et il fut caché
dans la fente, et une étoile descendit, brillante, et elle
l'éclairait[12]. Notre-Dame s'assit sur ce rocher pour
apprendre son psautier[13]. C'est là que Notre Seigneur
pardonna ses péchés à la femme surprise en adultère

## CHAPITRE XI

et c'est là que Notre Seigneur fut circoncis[14]. C'est là que l'ange annonça à Zacharie la conception de son fils saint Jean-Baptiste[15]. C'est là que Melchisédech offrit pour la première fois du pain et du vin à Notre Seigneur en signe du sacrement à venir[16]. Sur ce rocher, David se prosterna en suppliant Notre Seigneur et l'ange qu'il avait vu massacrer le peuple de daigner avoir pitié de lui et de son peuple, et Notre Seigneur entendit sa prière. En reconnaissance, il voulait construire le Temple en ce lieu, mais Notre Seigneur le lui fit interdire par un ange, parce qu'il avait agi par traîtrise en faisant tuer Urie, le vaillant chevalier, dont il convoitait la femme[17]. Il donna donc à son fils Salomon tout ce qu'il avait rassemblé pour construire le Temple. Salomon l'édifia et demanda à Notre Seigneur qu'il voulût bien entendre les prières de tous ceux qui viendraient le prier d'un cœur sincère en ce lieu de Béthel et les aider, les conseiller en toute juste cause qui serait présentée en ce lieu. Et Notre Seigneur accepta sa demande, c'est pourquoi Salomon l'appela le Temple du Conseil et de l'Aide de Dieu[18].

En dehors de la porte du Temple, il y a un autel où les Juifs offraient des colombes et des tourterelles. Maintenant, les Sarrasins ont tracé des lignes sur cet autel pour savoir quelle heure il est par une broche fixée sur l'autel[19]. Zacharie fut tué entre cet autel et le Temple[20]. Sur le pinacle de ce Temple, qui est bien haut, Notre Seigneur fut transporté pour être tenté par le démon[21]. Du haut de ce pinacle, les Juifs jetèrent à terre saint Jacques, le premier évêque de Jérusalem[22]. À l'entrée du Temple vers l'occident, est la Belle Porte par laquelle saint Jean et saint Pierre passèrent quand saint Pierre, par la grâce de Dieu, fit se lever le paralytique qui put sortir du Temple[23].

Assez près de ce Temple à droite, il y a une église couverte de plomb que l'on appelle l'École-de-Salomon. Et assez près de ce Temple, vers le midi, est le temple de Salomon, très beau, sur une grande place. C'est en ce temple que demeuraient les chevaliers que l'on appelait Templiers, là était l'origine de leur ordre. Les Templiers demeuraient dans ce temple et les chanoines réguliers demeuraient au Temple du Seigneur[24].

À cent vingt pas de ce temple vers l'orient, à l'angle de la cité est le Bain de Notre Seigneur, où entrait l'eau du Paradis et on la voit encore suinter[25]. À côté est le lit de Notre-Dame et, tout près, la tombe de saint Siméon. Et au-dehors de l'enceinte du Temple, vers le nord, il y a une très belle église Sainte-Anne, la mère de Notre-Dame. C'est là que fut conçue Notre-Dame et, cette nuit-là, un grand arbre commença à pousser devant cette église. Au-dessous de l'église, on descend par vingt-deux marches à la tombe de pierre où gît Joachim, le père de Notre-Dame. Sainte Anne y gisait aussi, mais sainte Hélène la fit porter à Constantinople. Il y a dans cette église une source dans une sorte de citerne que l'on appelle Piscine probatique. Elle a cinq entrées. Les anges descendaient se plonger dans cette piscine et le premier qui se baignait ensuite était guéri de sa maladie quelle qu'elle soit. C'est là que Notre Seigneur guérit le paralytique, malade depuis trente-huit ans, et lui dit : « Prends ton lit et va-t'en[26]. »

À côté était la maison de Pilate et assez près, la maison d'Hérode, le roi qui fit tuer les Innocents[27]. Ce roi Hérode était extrêmement mauvais et cruel. Il fit d'abord tuer sa femme, qu'il aimait beaucoup et, quand il la vit morte, il devint enragé, à cause du

## CHAPITRE XI 67

grand amour qu'il avait pour elle et perdit longtemps la raison, puis il retrouva ses esprits. Après, il fit tuer deux grands jeunes gens, les fils qu'il avait eus de cette femme. Puis il fit tuer son autre femme et le fils qu'il avait eu d'elle. Puis il fit tuer sa propre mère et voulait aussi tuer son frère, mais son frère mourut subitement. Hérode fit alors tout le mal qu'il put. Quand sa fin approcha, qu'il tomba malade et vit qu'il ne pourrait guérir de sa maladie, il envoya chercher sa sœur et tous les grands seigneurs du pays. Quand il furent là, il les fit tous enfermer dans une tour et dit à sa sœur qu'il savait bien qu'on ne ferait aucun deuil pour lui et lui fit donc jurer de couper toutes les têtes de ces grands seigneurs dès qu'il serait mort ; ainsi le pays serait en deuil, sinon, il ne serait pas pleuré. Ce fut là son testament, mais sa sœur ne le respecta pas, car, dès qu'il fut mort, elle délivra les seigneurs et les renvoya dans leurs maisons en leur apprenant ce que son frère avait décidé à leur sujet. Ainsi, le roi ne fut pas pleuré comme il l'avait pensé. Sachez qu'il y avait en ce temps-là trois Hérode, rois l'un après l'autre, et tous célèbres par leur cruauté. Celui qui fit tuer les Innocents et dont je viens de parler, c'était Hérode l'Ascalonite ; celui qui fit couper la tête de saint Jean-Baptiste, c'était Hérode Antipas et c'est Hérode Agrippa qui fit tuer saint Jacques et mettre saint Pierre en prison[28].

Plus loin dans la cité se trouve l'église Saint-Sauveur où est le bras de saint Jean Chrysostome et la plus grande partie de la tête de saint Étienne. De l'autre côté de la rue, vers le midi, en allant vers le mont Sion, il y a l'église Saint-Jacques, là où il fut décapité[29]. Le mont Sion est à cent vingt pas de cette église. Il y a une belle église Notre-Dame là où elle habitait et mourut[30]. Cette église était une abbaye de chanoines réguliers. Notre-Dame fut transportée par les Apôtres de cet endroit jusqu'au val de Josaphat. On y voit la pierre que les anges portèrent à Notre-Dame depuis le mont Sinaï ; elle est exactement de la même couleur que les roches de la montagne Sainte-Catherine. À côté, est la porte par où Notre-Dame sortit pour aller à Bethléem.

En face, il y a une chapelle en laquelle est la grande et large pierre dont on couvrit le saint Sépulcre quand Joseph d'Arimathie y mit Notre Seigneur. C'est cette pierre que les trois Marie virent retournée quand elles vinrent au tombeau le jour de la Résurrection et trouvèrent l'ange qui leur dit que Jésus-Christ s'était relevé vivant de la mort. Sur le mur à côté de la porte, il y a aussi une pierre, c'est une partie de la colonne à laquelle Notre Seigneur fut lié et flagellé, car la maison d'Anne évêque des Juifs se trouvait là. C'est là que Notre Seigneur fut jugé la nuit, flagellé, frappé et maltraité. C'est là que saint Pierre le renia trois fois avant que les coqs chantent.

Il y a là aussi une partie de la table sur laquelle Notre Seigneur fit la Cène avec ses disciples et leur donna son corps et son sang, sous la forme du pain et du vin. En descendant trente-deux marches au-dessous de cette chapelle, on arrive au lieu où Notre Seigneur lava les pieds de ses disciples et on peut voir encore le bassin où était l'eau[31]. Saint Étienne fut enseveli à côté de ce bassin. On voit aussi l'autel où Notre-Dame entendit les anges chanter la messe[32]. C'est là que Notre Seigneur apparut pour la première fois à ses Apôtres après sa Résurrection, les portes étant fermées, et leur dit : « La paix soit avec vous. »

Un peu plus loin sur le mont Sion, Notre Seigneur

apparut à l'Apôtre saint Thomas huit jours après sa Résurrection et lui fit tâter ses plaies. Aussitôt, Thomas crut en lui et dit : « Mon Seigneur et mon Dieu. » C'est en cette même chapelle que les Apôtres se tenaient le jour de la Pentecôte, quand le Saint-Esprit descendit sur eux en forme de feu. C'est là que Notre Seigneur célébra la Pâque avec ses disciples, que saint Jean reposa sur la poitrine de Jésus et vit, en dormant, les secrets du ciel[33].

Le mont Sion est dans la cité, un peu plus haut que l'autre partie de la cité. La cité est plus forte de ce côté que des autres, car il y a au pied du mont Sion un beau et fort château que le Sultan a fait faire[34].

Sur le mont Sion furent ensevelis David, Salomon et plusieurs autres rois juifs de Jérusalem[35]. Là est le lieu où les Juifs voulaient jeter à bas le corps de Notre-Dame que les Apôtres portaient pour l'ensevelir au val de Josaphat[36]. Là aussi est le lieu où saint Pierre pleura amèrement après avoir renié Notre Seigneur. À un jet de pierre de cette chapelle, il y a une autre chapelle là où Notre Seigneur fut condamné à mort ; c'était la maison de Caïphe. En allant vers l'orient, à cent vingt pas de cette chapelle, il y a une grotte profonde sous un rocher, que l'on appelle la Galilée de Notre Seigneur. Saint Pierre s'y cacha après avoir renié Notre Seigneur[37].

Entre le mont Sion et le Temple de Salomon, on voit le lieu où Notre Seigneur ressuscita la jeune fille dans la maison de son père[38]. Au-dessous du mont Sion, vers le val de Josaphat, il y a une source appelée les Bains de Siloé. C'est là que Notre Seigneur fut lavé après son baptême, qu'il fit voir l'aveugle et que le prophète Isaïe fut enseveli[39]. Face aux Bains de Siloé, il y a une statue de pierre, ancienne, qu'Absalon fit faire et qu'on appelle pour cela la Main d'Absalon[40]. Assez près est encore l'arbre de Sohur où Judas se pendit de désespoir d'avoir vendu et trahi Notre Seigneur. À côté était la synagogue où les évêques des Juifs et les pharisiens se réunissaient et tenaient conseil. Judas jeta les trente deniers devant eux et dit qu'il avait péché en trahissant Notre Seigneur. À côté, était la maison des Apôtres Philippe et Jacques fils d'Alphée. Et de l'autre côté du mont Sion, vers le midi, au-delà de la vallée, à un jet de pierre est Aceldama, le Champ du sang, que l'on acheta avec les trente deniers pour lesquels Notre Seigneur fut vendu[41]. Il y a en ce champ beaucoup de tombes de Chrétiens, car on avait l'habitude d'y ensevelir les pèlerins morts. Il y a aussi beaucoup de chapelles et d'ermitages où demeuraient des ermites. À cent pas vers l'orient est le charnier de l'hôpital Saint-Jean où on mettait les ossements des morts.

À une lieue de Jérusalem, vers l'occident, il y a une belle église là où a poussé l'arbre de la Croix[42]. À deux lieues de là, il y a une autre belle église là où Notre-Dame rencontra et salua Élisabeth sa cousine, mère de saint Jean-Baptiste. Toutes deux étaient enceintes et saint Jean bougea dans le ventre de sa mère et vénéra son créateur qu'il ne pouvait voir encore. Sous l'autel de l'église est le lieu de la nativité de saint Jean[43].

Il y a une lieue de cette église jusqu'au château d'Emmaüs où Notre Seigneur apparut aussi à ses disciples après sa Résurrection[44]. D'un autre côté, à deux cents pas de Jérusalem, il y a une église là où se trouvait la Grotte du lion. En descendant trente marches sous l'église, on arrive à l'endroit où furent enterrés douze mille martyrs au temps du roi Cos-

## CHAPITRE XI

droès, rassemblés en une nuit par un lion, selon la volonté divine[45].

À deux lieues de Jérusalem, se trouve le mont Joie, un bel et délicieux endroit où gît saint Samuel le prophète, dans une belle tombe[46]. On appelle ce lieu mont Joie, car il apporte la joie aux cœurs des pèlerins, c'est de là en effet que les pèlerins qui viennent par cette route aperçoivent pour la première fois la sainte cité de Jérusalem.

Entre Jérusalem et le mont des Oliviers est le val de Josaphat, sous les murs de la cité, comme je vous l'ai dit. Au milieu de ce val est une petite rivière que l'on appelle le Torrent du Cédron ou le Conduit du Cédron. L'arbre de la Croix gisait en travers de cette rivière et on passait par-dessus[47]. Assez près, on voit une petite fosse où est encore en terre le pied de la colonne à laquelle Notre Seigneur fut lié et flagellé pour la première fois, car il fut flagellé et maltraité en plusieurs endroits.

Au milieu du val de Josaphat est l'église Notre-Dame et on descend quarante-quatre marches jusqu'à son tombeau[48]. Notre-Dame avait soixante-douze ans quand elle mourut. Près du tombeau de Notre-Dame, il y a un autel où Notre Seigneur pardonna à saint Pierre tous ses péchés. À côté, vers l'occident, il y a sous un autel une source qui vient du fleuve du Paradis. Sachez que cette église est très basse et presque entièrement sous terre. Je pense qu'elle n'a pas été construite ainsi, mais comme Jérusalem a été plusieurs fois détruite et ses murs abattus, les murs sont tombés dans la vallée, l'ont remplie, ont haussé le sol et c'est ainsi que l'église est presque enterrée. Plusieurs m'ont dit dans la région que la terre est tombée d'elle-même dès que Notre-

Dame fut ensevelie et ils disent que cela continue tous les jours, sans aucun doute. Il y avait dans cette église Notre-Dame des Moines noirs avec un abbé.

Assez près de cette église, il y a une chapelle sur un rocher, qui s'appelle Gethsémani. C'est là que Notre Seigneur fut baisé par Judas et pris par les Juifs. Notre Seigneur laissa là ses disciples quand il alla prier avant sa Passion en disant : « Père, s'il est possible, que ce calice passe loin de moi » et quand il revint vers ses disciples, il les trouva endormis[49]. Sur le rocher dans la chapelle apparaît encore la trace des doigts de Notre Seigneur, quand il s'appuya à la roche au moment où les Juifs voulaient le prendre. À un jet de pierre vers le midi, il y a une autre chapelle là où Notre Seigneur sua des gouttes de sang.

Assez près est la tombe du roi Josaphat, dont la vallée porte le nom. Ce Josaphat fut roi de ce pays et converti par un ermite, il fut un homme digne qui fit beaucoup de bien[50]. Au-delà, à un trait d'archer vers le midi, se trouve l'église où furent ensevelis saint Jacques et le prophète Zacharie. Au-dessus de cette vallée est le mont des Oliviers, appelé ainsi parce qu'il porte beaucoup d'oliviers. Cette montagne est plus haute que la cité de Jérusalem et on peut donc, de cette montagne, voir presque toutes les rues de la cité de Jérusalem. Entre cette montagne et la cité, il n'y a que le val de Josaphat, qui n'est guère large.

C'est de cette montagne que Notre Seigneur monta aux cieux le jour de l'Ascension et on voit encore sur la pierre la trace de son pied gauche[51]. Il y a là une belle église où il y avait un abbé et des chanoines réguliers. À vingt-huit pas de là, il y a une chapelle où on voit la pierre sur laquelle Notre Seigneur s'assit pour enseigner les Béatitudes : « Heureux les pauvres

## CHAPITRE XI

en esprit, etc. » C'est là qu'il enseigna le Notre-Père à ses disciples et l'écrivit de son doigt sur une pierre[52]. Assez près est l'église Sainte-Marie-l'Égyptienne où elle gît dans un tombeau[53]. Au-delà, à trois traits d'arc vers l'orient, il y a Bethphagé où Notre Seigneur envoya saint Pierre et saint Jacques chercher l'ânesse le jour des Rameaux et où il monta sur l'ânesse[54].

En descendant du mont des Oliviers, vers l'orient, est un château nommé Béthanie où demeurait Simon le Lépreux et où il hébergea Notre Seigneur. Puis les Apôtres le baptisèrent et il fut appelé Julien et fut consacré évêque. C'est ce Julien que l'on prie pour avoir un bon gîte, car il hébergea Notre Seigneur en sa maison[55]. À Béthanie, Notre Seigneur pardonna ses péchés à Marie-Madeleine et elle lui lava les pieds de ses larmes et les lui essuya avec ses cheveux. C'est là que sainte Marthe le servit, là que Notre Seigneur ressuscita Lazare, mort depuis quatre jours et frère de Marie-Madeleine et de Marthe[56]. Là demeurait aussi Marie Cléophas. Ce château est à une lieue de Jérusalem.

En descendant du mont des Oliviers, on trouve l'endroit où Notre Seigneur pleura sur Jérusalem[57]. À côté est le lieu où Notre-Dame apparut à saint Thomas après l'Assomption et lui donna sa ceinture[58]. Non loin est la pierre où Notre Seigneur s'asseyait souvent pour prêcher et il y siégera au jour du Jugement, comme il l'a dit lui-même.

Après le mont des Oliviers est le mont de Galilée où les Apôtres étaient rassemblés quand Marie-Madeleine vint leur annoncer la Résurrection[59]. À mi-chemin entre le mont des Oliviers et le mont de Galilée, on trouve une église là où un ange vint annoncer sa mort à Notre-Dame.

De Béthanie à Jéricho, il y cinq lieues. Jéricho était une belle cité, mais elle a été entièrement détruite et il ne reste plus qu'une petite villette. Josué prit cette cité sur l'ordre d'un ange grâce à un miracle de Dieu et la détruisit, maudissant ceux qui tenteraient de la réédifier[60]. Zachée était de cette cité ; il était nain et monta sur un sycomore pour voir Notre Seigneur, car il était si petit que les autres gens l'empêchaient de le voir[61]. De cette cité était aussi Raab, une prostituée, qui fut épargnée avec son lignage car elle avait caché et nourri les envoyés d'Israël et les avait préservés de la mort[62]. Elle en fut récompensée, selon les mots de l'Écriture : « Qui reçoit un prophète en mon nom recevra une récompense de prophète[63]. » C'est ce qu'elle reçut, car elle délivra aux messagers une prophétie : « Je sais que le Seigneur vous livrera cette terre. » Ce qui arriva. Salomon, le fils de Naason, la prit pour femme, elle fut vertueuse et craignant Dieu.

Qui veut aller de Béthanie au fleuve du Jourdain traverse une montagne déserte sur près d'une journée de voyage. Et de Béthanie vers l'orient jusqu'à la grande montagne où Notre Seigneur jeûna quarante jours, il y a six lieues. Notre Seigneur fut transporté sur cette montagne et fut tenté par le démon qui lui dit : « Dis que ces pierres deviennent des pains[64]. » Il y avait à cet endroit même sur la montagne une belle église, qui fut abattue, il ne reste qu'un ermitage habité par une sorte de Chrétiens que l'on appelle Géorgiens, parce que saint Georges les convertit. Abraham demeura longtemps près de cette montagne en un lieu appelé le Jardin d'Abraham. Entre la montagne et le jardin court un petit ruisseau dont l'eau était amère, mais elle devint douce et bonne à boire grâce à la bénédiction du prophète Élisée[65]. En allant vers le fleuve du Jourdain, il n'y a qu'une lieue de cette montagne jusqu'à Jéricho, dont j'ai parlé plus haut. Sur le chemin de Jéricho était assis l'aveugle qui criait : « Jésus, fils de Dieu, aie pitié de moi. » Et il recouvra aussitôt la vue[66]. Le fleuve du Jourdain est à deux lieues de Jéricho ; avant, à une demi-lieue, il y a une belle église Saint-Jean-Baptiste au lieu où il baptisa Notre Seigneur[67]. À côté est la maison du prophète Jérémie.

## Chapitre XII

## La mer Morte, le fleuve Jourdain, le chef de saint Jean et les usages des Samaritains

À trois lieues de Jéricho est la mer Morte autour de laquelle on trouve beaucoup d'alun et d'alquatran[1]. Entre cette mer et Jéricho est la terre d'Engadi. Là poussait le baume mais on a arraché les arbrisseaux et on les a emportés à Babylone pour les y planter ; on les appelle encore les vignes d'Engadi[2]. En venant d'Arabie, sur un côté de cette mer, on rencontre le mont des Moabites où se trouve une grotte que l'on appelle Karna. Balac, le fils de Beor, amena sur ce mont le prêtre Balaam pour excommunier et maudire le peuple d'Israël[3]. Cette mer Morte sépare la Judée de l'Arabie ; elle s'étend de Zoara[4] jusqu'à l'Arabie. L'eau de cette mer est très amère et très salée et, si la terre était arrosée de cette eau, elle ne porterait jamais de fruit. La terre environnante change souvent de couleur. Tous les jours, sur toute son étendue, la mer rejette une chose que l'on appelle asphalte, en morceaux aussi gros qu'un cheval. Il y a deux cents stades de Jérusalem jusqu'à cette mer ; elle a cent soixante stades de long et cent cinquante de large. On l'appelle mer Morte, parce qu'elle ne court pas, c'est un lac. Ni bête ni homme vivant ne peut mourir en cette mer, cela a été souvent prouvé car si on jetait dedans des gens qui avaient mérité la mort, ils survivaient trois ou quatre jours et ils ne pouvaient mourir[5]. Elle ne renferme rien qui ait vie et nul ne peut boire de son eau. Si on y jette du fer, il surnage, si on y jette une plume, elle va au fond ; tout ceci est contre nature. Et c'est là que se trouvaient les cités perdues pour leur péché contre nature. Sur la rive, poussent des arbres qui portent de très belles pommes, de couleur très agréable à voir et qui semblent mûres, mais si on les ouvre ou qu'on les coupe par le milieu, on ne trouve à l'intérieur que cendre, c'est un signe que les cités et la terre ont été brûlées du feu de l'enfer par la colère de Dieu.

Certains appellent cette mer le lac Asphaltide, d'autres, le Fleuve du Diable, d'autres, le fleuve Puant, car l'eau est sale et puante. Par la colère de Dieu, en punition du péché de sodomie, cinq cités furent ensevelies en cette mer, Sodome et Gomorrhe, Aldama, Seboym et Segor[6]. Mais Segor fut épargnée pour un temps, grâce à la prière de Loth, car elle était au pied d'une montagne ; elle apparaît encore en partie sous l'eau et on en voit les murs par temps clair et paisible. Loth demeura quelque temps en cette cité et c'est là qu'il fut enivré par ses filles, coucha avec elles et engendra deux fils, Moab et Amon[7]. Les filles

## CHAPITRE XII

enivrèrent leur père pour le faire coucher avec elles car il n'y avait personne dans les environs, sinon leur père, et elles croyaient que Dieu avait détruit le monde entier, comme les cinq cités, ainsi qu'il l'avait fait par le Déluge au temps de Noé. Elles voulaient donc coucher avec leur père pour avoir une famille et que le monde soit repeuplé grâce à elles, puisqu'elles pensaient qu'il n'y avait plus personne au monde. Mais s'il n'avait pas été ivre, il n'aurait pas couché avec elles. On appelait alors Édom la montagne au-dessus de Segor, puis on l'appela Seyr, puis Idumée[8]. À droite de cette mer, la femme de Loth se figea toute droite comme une pierre de sel, parce qu'elle regardait derrière elle quand les cités s'effondrèrent dans l'abîme[9].

Ce Loth était fils d'Aram, le frère d'Abraham. Sara, la femme d'Abraham et Milka, la femme de Nahor étaient sœurs de Loth[10]. Sara avait quatre-vingt-dix ans quand Isaac fut engendré et Abraham avait déjà un autre fils, Ismaël, âgé de quatorze ans, qu'il avait eu d'Agar sa servante. Quand Isaac eut huit jours, il le fit circoncire avec Ismaël qui avait déjà quatorze ans, c'est pour cela que les Juifs, qui descendent d'Isaac, se font circoncire à huit jours et les Sarrasins, qui descendent d'Ismaël, se font circoncire à quatorze ans[11].

Le fleuve du Jourdain entre dans la mer Morte et y disparaît, car il ne court pas au-delà. C'est à une lieue de l'église Saint-Jean-Baptiste, vers l'occident, un peu au-dessous de l'endroit où les Chrétiens ont l'habitude de se baigner. À une lieue du fleuve du Jourdain, il y a la rivière du Yabboq que Jacob traversa en venant de Mésopotamie[12]. Le fleuve du Jourdain n'est pas une grande rivière, mais il contient de bons poissons. Il vient des monts du Liban de deux sources qui s'appellent Jor et Dan qui lui donnent son nom et sa naissance[13]. Il traverse un lac appelé Maron, puis la mer de Tibériade et passe au pied des montagnes de Gelboé. Il y a une très belle vallée de part et d'autre de la rivière. Les montagnes la bordent tout au long jusqu'au désert de Pharan ; elles séparent le royaume de Syrie du pays de Phénicie. Sur ces monts poussent de très hauts cèdres portant de longs fruits, certains aussi gros que la tête d'un homme. Le fleuve du Jourdain sépare la terre de Galilée de la terre d'Idumée et de la terre de Botron. Il court un peu sous terre jusqu'à une belle et grande plaine que l'on appelle Meldan[14] en sarrasinois [sic], c'est-à-dire « foire » ou « marché » en roman, car on tient souvent des foires en cette plaine. Là, l'eau devient grande et large et, dans cette plaine, est la tombe de Job.

Dieu fut baptisé dans le fleuve du Jourdain et on entendit la voix du Père disant : « Celui-ci est mon Fils bien-aimé. » Et l'Esprit Saint descendit sur lui en forme de colombe. Ainsi toute la Trinité fut présente à ce baptême[15]. Les fils d'Israël passèrent ce fleuve à pied sec et mirent en son milieu des pierres en souvenir du miracle du retrait de l'eau[16]. En ce fleuve du Jourdain se baigna Naaman le Syrien ; il était très riche, mais lépreux, et il fut aussitôt guéri[17]. Autour du fleuve du Jourdain, il y a beaucoup d'églises où demeurent grand nombre de Chrétiens. Assez près, est la cité de Hay, que Josué assaillit et prit[18].

En allant vers la Galilée, à deux lieues de la montagne dont j'ai parlé ci-dessus où Notre Seigneur jeûna quarante jours, il y a une très haute montagne où le démon transporta Notre Seigneur pour le tenter pour la troisième fois. Il lui montra quantité de pays

## CHAPITRE XII

et lui dit : « Je te donnerai tout ce que tu vois, mais tombe à genoux et adore-moi[19]. »

En allant de la mer Morte vers l'orient hors des frontières de la Terre promise, il y a un beau et fort château dans la montagne, qui s'appelle Crak en sarrasinois, c'est-à-dire Montréal en roman. Le roi de France Baudouin, qui conquit cette terre, fit construire ce château et y installa des Chrétiens pour garder le pays, c'est pour cela qu'il fut appelé Montréal. Au pied du château est une ville appelée Sobak[20]. Tout autour demeurent un grand nombre de Chrétiens qui paient le tribut.

De là, on va à Nazareth la ville dont Notre Seigneur portait le nom. Elle est à trois journées de voyage de Jérusalem. On va par la province de Galilée, par Ramatha, par Sophim et par la haute montagne d'Éphraïm où demeuraient Helcana et Anne, mère du prophète Samuel[21]. C'est là que naquit ce prophète et il fut enseveli au mont Joie, comme je vous l'ai dit. Puis on va à Sylo où l'arche de Dieu et les reliques furent longuement gardées au temps du prophète Élie[22]. Le peuple hébreu y faisait des sacrifices à Notre Seigneur et présentait ses offrandes. C'est là que Dieu parla tout d'abord à Samuel et lui révéla le changement de l'ordre des prêtres et le mystère du sacre[23].

Assez près, à gauche, est Gabaon et à côté est Rama de Benjamin, lieux dont parle l'Écriture[24]. Puis on passe par Sychem, appelée aussi Sychar dans la province des Samaritains. Il y a là une très belle et riche vallée et une très belle ville appelée Naplouse. Elle est à une journée de voyage de Jérusalem. On y voit une fontaine où Notre Seigneur parla à la Samaritaine[25]. Il y avait une église, mais elle a été abattue.

Près de cete fontaine, Roboam fit faire deux veaux d'or, il en mit un à Dan et l'autre à Bethel et les faisait adorer[26]. À une lieue de Sychar est la cité de Luz. Abraham demeura quelque temps en cette cité[27]. Sychem est à dix lieues de Jérusalem et est appelée Naplouse, comme je vous l'ai dit, c'est-à-dire, cité nouvelle. Là est le sépulcre de Joseph, le fils de Jacob, qui gouverna l'Égypte, car les Juifs apportèrent ses ossements d'Égypte et les ensevelirent en ce lieu[28]. Les Juifs y vont en pèlerinage avec grande dévotion. En cette cité, Dina, la fille de Jacob fut enlevée, c'est pourquoi ses deux frères tuèrent plusieurs personnes et causèrent beaucoup de mal à la cité[29].

À côté est le mont Garizim où les Samaritains font leurs sacrifices. C'est sur ce mont qu'Abraham voulut sacrifier son fils Isaac[30]. Tout près est le val de Dotaïm où est la citerne dans laquelle Joseph fut jeté par ses frères avant qu'ils ne le vendent, c'est à deux lieues de Sychar[31].

De là, on va à Samarie, appelée maintenant Sébaste. C'est la ville principale du pays. Elle est située au milieu des montagnes comme Jérusalem. Cette cité était la capitale des dix tribus d'Israël, mais elle n'est pas aujourd'hui aussi grande qu'elle l'a été. C'est là que fut enseveli saint Jean-Baptiste entre deux prophètes, Hélie et Abdias. Il fut décapité au château de Machéronte près de la mer Morte, puis il fut emporté par ses disciples, transporté et enseveli à Samarie[32]. Au temps où il était empereur, Julien l'Apostat fit déterrer et brûler ses ossements et fit disperser ses cendres, mais le doigt avec lequel il avait montré Notre Seigneur en disant : « Voici l'Agneau de Dieu » ne put brûler et demeura intact. La sainte vierge Thècle fit emporter ce doigt dans les mon-

## CHAPITRE XII

tagnes et on fait là une grande fête[33]. À Sébaste, en cet endroit, il y avait une belle église entourée de plusieurs autres, mais elles ont toutes été abattues. Le chef de saint Jean était enfermé dans un mur, mais l'empereur Théodose le fit extraire, le trouva enveloppé d'un drap sanglant et le fit porter ainsi à Constantinople. On y voit encore la partie arrière de la tête ; la partie avant jusqu'à la mâchoire inférieure est à Rome dans l'église Saint-Sylvestre où il y a des Frères cordeliers. Elle est encore toute noircie, comme à demi brûlée, car l'empereur Julien, dans sa méchanceté, la fit en partie brûler avec les autres ossements, et on le voit encore. Tout ceci est certifié par les papes et les empereurs. La mâchoire inférieure, le menton, une partie des cendres des ossements et le plat où fut déposée sa tête après avoir été coupée sont à Gênes et les Génois les vénèrent grandement. Même les Sarrasins vénèrent saint Jean. Certains disent que le chef de saint Jean est à Amiens en Picardie, d'autres disent que c'est le chef de saint Jean l'évêque[34]. Je n'en sais rien, Dieu le sait, mais où qu'on l'honore, le bon saint Jean l'agrée.

De cette cité de Sébaste jusqu'à Jérusalem, il y a douze lieues. Dans les montagnes de ce pays, il y a une source qui change de couleur quatre fois l'an. Parfois elle est verte, parfois, rouge, parfois, claire, parfois, trouble. On appelle cette source la Source de Noé[35].

Les gens de ce pays, qu'on appelle Samaritains, furent convertis et baptisés par les Apôtres, mais ils n'ont pas gardé leur doctrine. Ils ont une loi propre, différente de celle des Chrétiens, des Juifs et des païens. Ces Samaritains croient en un seul Dieu et affirment bien qu'Il est Un seul qui créa tout et jugera tout. Ils s'attachent à la lettre de la Bible et usent du Psautier comme le font les Juifs. Ils se disent vrais fils de Dieu et, de tous les peuples, le plus aimé de Dieu possédant en vérité l'héritage que Dieu promit à ses amis. Leurs habits sont aussi différents de ceux des autres peuples. Car ils s'enveloppent la tête d'une toile rouge, à la différence des autres. Les Sarrasins enveloppent leur tête d'une toile blanche, les Chrétiens qui demeurent dans ce pays, d'une toile bleue ou inde, les Juifs, d'une toile jaune. Dans ce pays, il y a beaucoup de gens tributaires, comme le sont les Chrétiens.

Et si vous voulez connaître les lettres des Juifs, elles sont telles et les noms qu'ils leur donnent sont inscrits au-dessous. [Suit l'alphabet hébraïque.]

## Chapitre XIII

### La province de Galilée, le lieu de naissance de l'Antéchrist, Nazareth, l'Annonciation à Notre-Dame, le jour du Jugement et les coutumes des Jacobites, des Syriens et des Géorgiens

De ce pays des Samaritains dont je vous ai parlé, on va vers les plaines de Galilée en quittant les montagnes. La Galilée est une des provinces de la Terre promise. Dans cette province sont les cités de Naïm, Capharnaüm, Bethsaïde et Corozaïm. Saint Pierre et saint André étaient de Bethsaïde[1]. À trois lieues de

## CHAPITRE XIII

Corozaïm est la cité de Cédar dont parle le Psautier : « J'ai habité en Cédar[2]. » L'Antéchrist naîtra selon certains à Corozaïm, d'autres disent qu'il naîtra à Babylone, selon la parole du prophète : « Un serpent sortira de Babylone, qui dévorera le monde entier[3]. » Cet Antéchrist sera élevé à Bethsaïde et régnera à Capharnaüm. C'est pour cela que l'Écriture dit : « Malheur à toi, Corozaïm ! Malheur à toi, Bethsaïde ! Malheur à toi, Capharnaüm[4] ! » Et toutes ces villes sont dans la terre de Galilée. Là se trouve aussi Cana de Galilée, à quatre lieues de Nazareth. Simon le Cananéen était originaire de cette cité et la Cananéenne dont parle l'Évangile[5]. C'est là que Notre Seigneur fit son premier miracle quand il changea l'eau en vin[6].

À l'extrémité de la Galilée, dans les montagnes, l'Arche de Dieu fut prise[7]. De l'autre côté est le mont Endor, ou Hermon, et autour coule le torrent du Cyson appelé aussi le torrent de Radanym. Près de là, Barac, fils d'Abimélek, aidé du fils de la prophétesse Débora, vainquit l'armée d'Idumée quand le roi Sisara fut tué par Gebel, la femme d'Aber ; il chassa au-delà du Jourdain, à la force de l'épée, Zeb, Zebec et Salmana et les tua en cet endroit[8].

À cinq lieues de Naïm est la cité de Jezréel, appelée aussi Zaraym, en laquelle régnait Jézabel, la mauvaise, qui prit par violence la vigne de Naboth[9]. Près de cette cité est le champ de Megiddo où le roi Joas fut tué par le roi de Samarie puis emporté au mont Sion pour y être enseveli[10]. À une lieue de Jezréel sont les montagnes de Gelboé où moururent Saül et Jonathan, qui étaient si braves. C'est pour cela que la Sainte Écriture maudit ces montagnes, comme on le voit au Psautier : « Monts de Gelboé, que ne tombe sur vous ni pluie ni rosée[11].» À une lieue des monts de Gelboé, face à l'orient, est la cité de Scicople, appelée aussi Bethsaïm. C'est sur les murs de cette cité que fut pendue la tête du roi Saül[12]. On va ensuite à Nazareth par la montagne qui borde les plaines de Galilée. Nazareth était une grande et belle cité, mais c'est maintenant une petite villette, aux maisons dispersées çà et là et elle n'est pas enclose de murs. Elle est sise dans une petite vallée, tout entourée de montagnes. C'est là que naquit Notre-Dame, mais elle fut engendrée à Jérusalem. Et puisque Notre-Dame naquit à Nazareth, Notre Seigneur porta le surnom de cette ville. C'est là que Joseph prit pour femme Notre-Dame qui n'avait que quatorze ans. C'est là que l'ange Gabriel salua Notre-Dame en disant : « Salut, pleine de grâce, le Seigneur est avec toi[13].» À cet endroit était le grand autel d'une belle église, mais elle a été abattue et on a fait là une petite chambre à côté d'un pilier de cette église pour recevoir les offrandes des pèlerins. Les Sarrasins la gardent bien soigneusement, car ils en tirent du profit. Ces Sarrasins sont plus mauvais et plus cruels qu'ailleurs, ils ont détruit toutes les églises. C'est là qu'est la fontaine de Gabriel, où Notre Seigneur se baignait quand il était petit. Il portait souvent à sa Mère de l'eau de cette fontaine. Et Notre-Dame lavait souvent à cette fontaine les langes de Jésus-Christ son enfant[14]. Il y a trois journées de voyage de Jérusalem à Nazareth. C'est à Nazareth que Notre Seigneur fut élevé. Nazareth signifie « Fleurs du jardin », c'est avec raison qu'elle est appelée « Fleurs », car c'est là que fut nourri la fleur de vie et le fruit de vie, Jésus-Christ.

À deux lieues de Nazareth est la cité de Séphor[15],

## CHAPITRE XIII

sur le chemin qui va de Nazareth à Acre. À une demi-lieue de Nazareth, est le Saut de Notre Seigneur, car les Juifs l'emmenèrent sur un haut rocher pour le jeter en bas dans la vallée et le tuer, mais Jésus passa au milieu d'eux et sauta sur un autre rocher et l'empreinte de ses pieds se voit encore sur cette roche[16]. Pour cette raison, certains, quand ils redoutent les larrons ou les ennemis sur la route, disent : « Mais Jésus, passant au milieu d'eux, s'en alla. » Ainsi, en souvenir de ce que Jésus passa parmi les Juifs cruels et leur échappa, on demande d'échapper en toute sécurité au péril des larrons. On dit ensuite ces deux vers du Psautier : « Que tombent sur eux la terreur et l'effroi à cause de la puissance de ton bras, Seigneur. Qu'ils deviennent immobiles comme des pierres jusqu'à ce que passe ton peuple, Seigneur, jusqu'à ce que passe ton peuple que tu as acquis[17]. » On répète cela trois fois et on passe sans encombre.

Sachez que Notre-Dame enfanta à quinze ans et demeura avec son enfant béni trente-trois ans et trois mois. Et, après la Passion de Notre Seigneur, elle vécut vingt-trois ans.

De Nazareth, on va au mont Thabor, distant seulement de quatre lieues. C'est une très belle et très haute montagne où il y avait une ville et plusieurs églises, mais elles sont toutes détruites. On voit encore un endroit appelé l'École de Dieu où il instruisait ses disciples et leur révélait les secrets du ciel[18]. Au pied du mont Thabor, Melchisédech, roi de Salem, appelée maintenant Jérusalem, et qui était prêtre, rencontra, sur la pente de la montagne, Abraham qui revenait de la bataille où il tua le roi Amalec[19].

Sur cette montagne, Notre Seigneur fut transfiguré

devant saint Pierre, saint Jean et saint Jacques et ils virent en esprit Moïse et le prophète Élie à ses côtés[20]. C'est pour cela que saint Pierre dit : « Seigneur, il nous est bon d'être ici. » Et c'est là qu'ils entendirent la voix du Père disant : « Celui-ci est mon Fils bien-aimé en qui je me complais. » Et Notre Seigneur leur défendit de parler à personne de cette vision jusqu'à ce qu'il se relevât de la mort à la vie.

En ce même endroit, sur cette montagne, le jour du Jugement, quatre anges sonneront de quatre trompettes et toutes les personnes qui sont mortes depuis la création du monde ressusciteront de la mort à la vie et viendront en corps et en âme pour être jugées en présence de Notre Seigneur au val de Josaphat. Ce Jugement se fera le jour de Pâques à l'heure où Notre Seigneur se releva vivant de la mort en sa Résurrection[21]. Et le Jugement a commencé à l'heure où Notre Seigneur descendit en Enfer et en fut vainqueur, car à cette heure il a été vainqueur du monde pour conduire ses amis dans la gloire et condamner les autres à des peines éternelles. Chacun aura alors sa récompense selon ce qu'il aura mérité, soit en bien, soit en mal, si la grande miséricorde de Dieu ne devance sa justice.

À une lieue du mont Thabor est le mont Hermon, où était la cité de Naïm. Devant la porte de cette cité, Notre Seigneur ressuscita le fils de la veuve qui n'avait plus d'enfant[22]. À trois lieues de Nazareth est le mont de Caïn ; au-dessous, il y a une source. À côté, Lameth, le père de Noé, tua Caïn d'une flèche[23]. Ce Caïn allait parmi les ronces et les broussailles comme une bête sauvage et avait vécu du temps d'Adam jusqu'à celui de Noé. Il vécut donc plus de deux mille ans. Et Lameth était aveugle en raison de sa vieillesse.

## CHAPITRE XIII

De Séphorie [24], on va à la mer de Galilée et à la cité de Tibériade, qui est sise sur cette mer. Bien qu'on l'appelle mer, ce n'est ni une mer, ni un bras de mer, ce n'est qu'un lac d'eau douce qui a cent stades de long et quarante de large. Dedans, il y a de très bons poissons. Le fleuve du Jourdain le traverse. Cette cité n'est pas très grande, mais il y a de bons bains[25]. À l'endroit où le fleuve du Jourdain quitte cette mer de Galilée, il y a un grand pont[26] par lequel on passe de la Terre promise à celle du roi de Bassan et à celle des Géraséniens, qui sont autour du fleuve du Jourdain et du début de la mer de Tibériade. De là, on peut aller en trois jours à Damas par la région de la Traconitide, qui s'étend du mont Hermon jusqu'à la mer de Galilée, ou mer de Tibériade, ou mer de Génésareth, c'est la même mer, c'est le lac dont je vous ai parlé, mais son nom change selon le nom des cités qui sont sur ses rives.

Notre Seigneur marcha sur cette mer à pied sec et il releva saint Pierre, qui se noyait presque dans la mer en lui disant : « Homme de peu de foi, pourquoi as-tu douté[27] ? » Après sa Résurrection, il apparut à ses disciples sur le rivage de cette mer, leur ordonna de pêcher et remplit tous leurs filets de grands poissons[28]. Notre Seigneur naviga bien souvent sur cette mer ; c'est là qu'il appela saint Pierre, saint André, saint Jacques et saint Jean, les fils de Zébédée[29].

Dans la cité de Tibériade est la table sur laquelle Notre Seigneur mangea avec ses disciples après sa Résurrection et ils le reconnurent quand il rompit le pain, comme le dit l'Évangile : « Ils le reconnurent à la fraction du pain[30]. » Près de la cité de Tibériade, se trouve la montagne où Notre Seigneur rassasia cinq mille personnes avec cinq pains d'orge et deux poissons[31]. En cette cité, on jeta sur Notre Seigneur, dans un mouvement de colère, un tison ardent, le haut tomba en terre, reverdit, grandit et devint un grand arbre, qui croît encore et dont l'écorce est toute brûlée[32].

À l'entrée de cette mer de Galilée, vers le nord, il y a un fort château, nommé Saphor, qui est assez près de Capharnaüm. Aucun château de la Terre promise n'est aussi fort. Au pied, il y a une très bonne ville, appelée aussi Saphor[33]. C'est dans ce château que sainte Anne, la mère de Notre-Dame, est née et, au-dessous, était la maison du centurion. Ce pays est appelé la Galilée des Gentils, il fut attribué aux tribus de Zabulon et de Nephtali[34].

En quittant ce château, à trente milles, est la cité de Dan, appelée aussi Belmas ou Césarée de Philippe. Elle est sise au pied de la montagne du Liban, à la naissance du fleuve du Jourdain. C'est là que commence la Terre promise et elle va jusqu'à Bersabée. Du nord vers le midi, elle a bien cent quatre-vingts milles de long et, de large, de Jéricho jusqu'à Jaffa, elle a bien quarante milles. Je compte en milles de Lombardie ou de notre pays, qui sont aussi petits, ce ne sont pas des lieues de Gascogne, de Provence ou d'Allemagne, qui sont de grandes lieues.

Sachez que la Terre promise est en Syrie, car le royaume de Syrie s'étend du midi vers le nord depuis les déserts d'Arabie jusqu'en Cilicie, c'est-à-dire en grande Arménie ; et de l'orient vers l'occident, il s'étend des grands déserts d'Arabie jusqu'à la mer d'Occident. Mais, dans ce royaume de Syrie, il y a le royaume de Judée et plusieurs autres provinces comme la Palestine, la Galilée, la Cilicie et bien d'autres.

## CHAPITRE XIII

Dans ce pays et dans plusieurs autres de par-delà, ils ont une coutume particulière. Quand il y a la guerre, que l'on fait le siège d'une cité ou d'un château et qu'ils n'osent envoyer des messagers vers un autre seigneur pour l'appeler à l'aide, ils font rédiger des lettres et les attachent au cou d'un pigeon qu'ils laissent s'envoler. On a appris aux pigeons à les porter tout droit là où on veut les envoyer. Car les pigeons sont élevés au lieu où ils les envoient ; ils les font chercher pour porter les lettres et les pigeons reviennent là où ils ont été élevés. Ils font cela régulièrement[35].

Sachez que parmi ces Sarrasins demeurent de part et d'autre beaucoup de Chrétiens de diverses sortes et de divers noms. Tous sont baptisés ; ils ont des lois et des coutumes diverses, mais tous croient en Dieu le Père, le Fils et le Saint-Esprit. Ils errent cependant sur quelques articles de la foi. Les uns sont appelés Jacobites, parce que saint Jacques les convertit et saint Jean les baptisa[36]. Ils disent que l'on doit se confesser seulement à Dieu, pas à un homme, car on doit se reconnaître coupable devant celui envers lequel on a mal agi. Et ni Dieu ni les prophètes n'ordonnèrent jamais ni ne prescrivirent par écrit que l'on se confessât à quelqu'un d'autre qu'à Dieu. C'est ce qu'ils disent et c'est ce que Moïse écrivit dans la Bible. C'est pour cela que David dit dans le Psautier : « Je me confesse à toi, Seigneur, de tout mon cœur. » Ou encore : « Je t'ai fait connaître ma faute, tu es mon Dieu et je me confesserai à toi, car l'esprit de l'homme se confesse à toi[37]. » Ils connaissent toute la Bible et le Psautier et les prennent ainsi à la lettre. Ils ne citent pas les autorités en latin, mais utilisent ouvertement leur langue. Ils affirment que David et les autres prophètes disent cela, de même que plusieurs saints évêques. Car Augustin dit : « Celui qui pense à ses crimes et se convertit obtiendra son pardon. » Et saint Grégoire : « Seigneur, regarde mon esprit plutôt que mes paroles. » Et saint Hilaire : « Les crimes de toute une vie disparaissent en un clin d'œil si le repentir naît dans le cœur[38]. » Ils disent que l'on doit donc regretter ses méfaits devant Dieu en se reconnaissant coupable, en le suppliant d'avoir pitié et en promettant de s'amender. C'est pourquoi, quand ils veulent se confesser, ils allument un feu à côté d'eux et jettent dedans de l'encens et, en ce feu, ils se confessent à Dieu en criant miséricorde. Il est vrai que c'est une confession naturelle et primitive, mais les saints papes qui sont venus ensuite ont ordonné de faire sa confession à un homme pour la bonne raison qu'aucune maladie ne peut être soignée ni aucun bon remède donné si on ne connaît la nature du mal. De même, on ne peut donner une pénitence convenable si on ne connaît la nature de l'acte, car un même péché est plus grave pour l'un que pour l'autre, en un lieu ou en un temps qu'en un autre. Il convient donc que l'on sache la nature de l'acte, avant de donner la pénitence[39].

Il y a d'autres Chrétiens appelés Syriens[40]. Ils ont des coutumes intermédiaires entre les nôtres et celles des Grecs. Tous portent la barbe, comme les Grecs, et ils célèbrent l'Eucharistie avec du pain levé. Quand ils parlent, ils utilisent la langue sarrasine mais, pour le culte à l'église, ils utilisent la langue grecque. Ils se confessent comme les Jacobites.

Il y a d'autres Chrétiens appelés Géorgiens, que saint Georges a convertis[41] ; ils l'honorent plus que nul autre saint du Paradis et l'appellent toujours à l'aide. Ils sont venus du royaume de Géorgie. Ils ont tous une tonsure en couronne, ronde pour les prêtres, carrée pour les laïcs. Ils ont la même loi que les Grecs, dont je vous ai parlé plus haut. Il y en a d'autres qu'on appelle Chrétiens de la ceinture, car ils portent une ceinture par-dessus leur vêtement[42]. Et il y en a d'autres qu'on appelle Nestoriens[43], d'autres Ariens[44], d'autres Nubiens, d'autres Grégeois, d'autres Indiens, qui sont de la Terre du Prêtre Jean[45]. Tous croient en quelques articles de notre foi, mais sont en désaccord sur d'autres. Ce serait trop long à raconter, je laisserai donc ce sujet sans plus en parler.

## Chapitre XIV

### La cité de Damas et les trois routes vers Jérusalem, une par terre et par mer, l'autre plus par terre que par mer et la troisième entièrement par terre

Puisque je vous ai parlé d'une partie des gens qui demeurent en ces régions, je reviens à mon chemin pour rentrer par-deçà. Donc, celui qui veut revenir de la terre de Galilée dont je vous ai parlé, revient, pour rentrer par-deçà, par Damas qui est une très belle cité, très noble et pleine de toutes sortes de marchandises. Elle est à trois journées de voyage de la mer et à cinq de Jérusalem. On mène jusque-là les marchandises sur des chameaux, des mules, des chevaux, des dromadaires ou d'autres bêtes. Les marchandises viennent par mer de l'Inde, de la Perse, de la Chaldée de la grande Arménie et de bien d'autres régions.

C'est Éliézer le Damascène qui fonda cette ville, il était valet et intendant d'Abraham avant la naissance d'Isaac et pensait être l'héritier d'Abraham[1]. Il nomma la ville, d'après son surnom, Damas. À cet endroit, Caïn tua son frère Abel[2]. Près de Damas est le mont Seyr. En cette cité, il y a une grande quantité de sources, dans la cité et au-dehors et beaucoup de beaux jardins avec des fruits variés. Aucune cité n'est comparable à celle-ci pour ses beaux jardins et ses beaux lieux de plaisance. La cité est grande, très peuplée et bien close de doubles murs. Il y a beaucoup de bons médecins. Saint Paul lui-même, avant de se convertir, fut médecin pour maintenir les corps en bonne santé ; après, il devint médecin des âmes. Et saint Luc l'Évangéliste fut son disciple pour apprendre la médecine[3].

Saint Paul fut converti près de Damas et, après sa conversion, il demeura trois jours dans la cité sans voir, sans manger ni boire. Durant ces trois jours, il fut ravi aux cieux et vit bien des secrets de Notre Seigneur[4].

Près de Damas, est le château d'Arques, qui est un château très fort.[5] De Damas, on revient par Notre-Dame-de-Seidnaya, qui est à cinq lieues de Damas, sur un rocher. C'est un très bel édifice qui semble un château, et en fait c'était un château. Il y a une assez belle église ; là demeurent des Moines noirs et des religieuses qui sont chrétiens. Sous l'église, il y a un espace voûté où demeurent aussi des Chrétiens. Ils ont abondance de bon vin. Dans l'église, derrière le

## CHAPITRE XIV

grand autel, il y a au mur un tableau de bois noirâtre où était jadis peinte l'image de Notre-Dame qui se changea en chair[6]. Maintenant, elle apparaît à peine mais, par la grâce de Dieu, de l'huile coule de ce tableau, semblable à de l'huile d'olive. Il y a un vase de marbre sous le tableau, bien attaché et lié avec des bandes de fer pour recevoir l'huile qui s'écoule et on donne de cette huile aux pèlerins qui viennent là, car cette huile coule par un miracle de Dieu et guérit de plusieurs maladies. Et l'on dit que, si on garde bien convenablement cette huile, elle devient chair et sang au bout de sept ans.

De Seidnaya, on va par le val de la Bekaa, une vallée très belle et très fertile. Cette vallée est au milieu des montagnes et on y trouve de belles rivières, des prés et de grands pâturages pour les bêtes. On passe par les montagnes du Liban qui s'étendent de la grande Arménie au nord jusqu'à Dan, vers le midi, à l'entrée de la Terre promise, comme je vous l'ai dit. Ces montagnes sont très fertiles, avec de nombreuses et belles sources, des cèdres, des cyprès et divers autres arbres. Il y a beaucoup de bonnes villes bien peuplées.

Au commencement de ces montagnes, entre la cité d'Arques et la cité de Raphanée[7], il y a une rivière que l'on appelle Sabataire, parce qu'elle court avec force et violence le samedi et, les six autres jours de la semaine, elle ne court que peu ou point. Il y a une autre rivière dans ces montagnes qui est toute gelée de nuit et, le jour, on n'y voit point de gelée[8].

En contournant ces montagnes, on trouve une grande et haute montagne, que l'on appelle la Grande Montagne[9] où se trouve une très belle cité appelée Tripoli. En cette cité, demeurent un grand nombre de bons Chrétiens, partageant notre foi. De là, on arrive à Beyrouth où saint Georges tua le dragon[10]. C'est une bonne ville avec un bon et fort château, comme je vous l'ai dit. Elle est à trois journées de voyage de Seidnaya. À côté de Beyrouth, à seize milles, en retournant sur ses pas, il y a la cité de Sidon. À Beyrouth, celui qui veut revenir à Chypre prend la mer, il va jusqu'au port de Sur ou de Tyr et de là arrive à Chypre en peu de temps. Et si on veut venir du port de Tyr plus directement sans aller à Chypre, on se dirige vers un des ports de Grèce. Puis on vient en nos régions par les chemins que je vous ai décrits plus haut.

Je vous ai parlé des chemins par lesquels on accomplit d'abord le voyage le plus lointain, comme celui de Babylone, du mont Sinaï et d'autres endroits dont je vous ai parlé plus haut ainsi que le chemin par lequel on revient de la Terre promise. Maintenant, je vais vous décrire le chemin le plus direct pour aller à la sainte cité de Jérusalem. Car beaucoup vont à Jérusalem sans avoir l'intention d'aller au-delà, parce qu'ils n'ont pas assez de ressources, ou qu'ils n'ont pas assez de compagnons, ou qu'ils ne peuvent supporter les difficultés, ou qu'ils craignent trop de traverser le désert, ou qu'ils ont trop de hâte de retrouver leur femme et leurs enfants, ou pour toute autre raison valable. Je vais donc vous dire par où on peut aller sans mettre trop de temps ni séjourner trop longtemps.

On part des régions d'occident, comme je vous l'ai dit, par la France, la Bourgogne, la Lombardie jusqu'au port de Venise, ou de Gênes ou à un autre port de ces régions. On va par mer jusqu'à l'île de Corfou, qui est aux Génois. Puis on arrive en Grèce au

## CHAPITRE XIV

port de Mavrovo, de Valona ou de Durazzo ou aux autres ports de ces régions. Puis on passe par la terre pour prendre le droit chemin et on retourne assez rapidement en mer et on va directement à Chypre, sans passer par Rhodes, qu'on laisse de côté si on le veut et on arrive au port de Famagouste, qui est le port principal de Chypre ou au port de Limassol. On entre de nouveau en mer, on dépasse le port de Tyr sans prendre terre et on va par mer, en longeant tous les ports de cette côte, jusqu'à la cité de Jaffa qui est le port le plus proche de Jérusalem ; de ce port, il n'y a qu'une journée et demie de voyage jusqu'à Jérusalem, c'est-à-dire seize lieues. On arrive à Jaffa et on va par terre à la cité de Ramla, qui est assez près de Jaffa ; c'est une cité très belle, très agréable et bien peuplée. En-dehors de Ramla, vers le midi, il y a une église Notre-Dame où Notre Seigneur lui apparut dans trois arbres qui représentaient la Trinité[11]. Assez près, est une autre cité appelée Diospolis et autrefois Lydda[12]. Elle est aussi bien peuplée et habitée. On y trouve une église Saint-Georges là où il fut décapité. De là, on va au château d'Emmaüs, puis au mont Joie où gît saint Samuel, le prophète. C'est de ce lieu que les pèlerins voient pour la première fois la sainte cité de Jérusalem, car elle n'est distante que de deux lieues. Tout près est le chemin de Ramatha et le mont Modin, d'où était originaire Mathathias, le père des Macchabées qui gisent là et on voit leurs tombes[13]. Au-delà de Ramatha est la ville de Tekoa, d'où était originaire le prophète Amos et où est sa tombe[14]. Quant aux saints pèlerinages que l'on accomplit à Jérusalem, je vous en ai déjà parlé, je passerai donc là-dessus, sans discourir plus longuement.

Je reviendrai donc à un autre chemin où on passe

plus par terre, pour ceux qui ne peuvent supporter le charroi de la mer et qui aiment mieux aller le plus possible par terre, bien que ce soit plus pénible. On va comme je vous l'ai dit à un des ports de Lombardie, ou à Gênes, ou à Venise et on arrive en Grèce au port de Mavrovo, de Valona ou de Durazzo ou à un autre port. Puis on va à Constantinople et l'on passe le Bras-Saint-Georges, qui est un bras de mer. De là, on va à Ruffinel où il y a un château fort, puis à Pulver, puis au château de Sinope[15]. De là, on va en Cappadoce, un grand pays où on trouve de grandes montagnes. Et on va par la Turquie au port de Civetot et à la cité de Nicée, qui est à sept lieues de Civetot. Cette cité de Nicée a été enlevée par les Turcs à l'empereur, c'est une cité très bien fortifiée de murs et de tours. De l'autre côté, il y a un lac grand et large et une rivière appelée Halys[16]. De là, on va par les alpes de la montagne Noire, par la vallée de Malebrune et par les défilés jusqu'à la ville de Dorylée ou par les villes sur le Rechay et le Scantone, qui sont de très bonnes rivières[17]. Puis on va à Antioche la Petite, sise sur le Rechay[18]. Il y a aux alentours beaucoup de très belles montagnes, de belles forêts, et quantité de bêtes sauvages à chasser pour son plaisir. Si on veut aller par un autre côté, on passe par les plaines de Romanie en longeant la mer de Romanie[19]. De ce côté-là, il y a une belle et forte tour appelée Fleurache et au-dessus, au milieu des montagnes, sont les cités de Tarse, Longimas, Asserre et Mamistra[20]. Et quand on est sorti des montagnes, on traverse la cité de Marath et Artèse où il y a un grand pont sur la rivière de Férue, qu'on appelle aussi Pharphar[21]. C'est une très grande rivière, portant navires, elle court avec grande force et vient des sources et des roches des environs de

## CHAPITRE XIV

Damas. Il y a, près de Damas, une autre grande rivière qui vient des montagnes du Liban et est nommée Abana. C'est dans cette rivière que saint Eustache perdit ses deux enfants après avoir perdu sa femme ; Eustache s'appelait autrefois Placidus[22]. Cette rivière passe par les plaines d'Archados et va jusqu'à la mer Rouge[23]. On va ensuite à la cité de Pheume où il y a des sources chaudes qui sont de bons bains. Puis on va à la cité de Ferue[24]. Entre Pheume et Ferue, il y a beaucoup de belles forêts. On va ensuite à Antioche qui est distante de dix lieues. Cette cité d'Antioche est une très belle cité, bien fortifiée de tours et de murs. Elle est très grande, mais elle l'était plus encore, elle avait deux lieues de long et une lieue et demie de large. La rivière de Ferue ou de Pharphar court à travers cette cité. Il y avait sur la muraille trois cent cinquante tours et, à chaque pile du pont, il y avait une tour. C'est la plus noble cité du royaume de Syrie. À dix milles de cette cité, il y a le port Saint-Siméon où la rivière du Pharphar se jette en mer[25]. D'Antioche, on va à Laouse, puis à Gibel et à Tortose ; à côté est la terre de La Chamelle où il y a un château fort appelé Malbek[26].

De Tortose, on va à Tripoli, sur la mer en passant par des défilés dans les rochers où est la cité de Gibel, puis c'est Beyrouth, sur la mer. On va ensuite à la cité d'Acre ; de là, il y a deux chemins pour aller à Jérusalem ; à gauche, on passe par Damas et par le fleuve du Jourdain ; à droite, on passe par le bord de mer, par la tour de Flaghame, que certains appellent le Château-Pèlerin, et on longe les montagnes jusqu'à la cité de Caïffa, dont Caïphe fut seigneur. De là jusqu'à Jérusalem, il y a bien trois journées de voyage. On passe par Césarée de Philippes, par Jaffa, par Ramla, par le château d'Emmaüs et puis on arrive à Jérusalem.

Je vous ai décrit quelques chemins par terre et par mer par lesquels on peut aller à la sainte Terre promise. Bien qu'il y ait plusieurs autres routes, selon les régions dont on part, les unes et les autres aboutissent toutes au même point. Il existe encore un autre chemin, sans passer par la mer par lequel on peut aller entièrement par terre jusqu'à Jérusalem à partir de la Flandre ou de la France. Mais ce chemin est long, périlleux, très pénible et peu de gens le prennent. Il faut aller par l'Allemagne et la Bohème jusqu'en Prusse. Et on arrive à Jérusalem par la Tartarie.

Cette Tartarie dépend du Grand Chan, dont je parlerai plus loin, car sa seigneurie s'étend jusque-là et tous les princes de cette Tartarie lui paient tribut. C'est une terre très pauvre, sablonneuse, peu fertile ; il n'y vient presque rien, ni blé, ni vin, ni fruit, ni pois, ni fèves. Mais il y a une grande quantité de bêtes, c'est pourquoi ils mangent presque uniquement de la viande sans pain, des brouets et boivent le lait de toutes les bêtes. Ils mangent des chiens, des renards, des loups, des chats et toutes sortes de bêtes sauvages et domestiques ainsi que des rats et des souris. Ils n'ont que fort peu de bois et c'est pour cela qu'ils ne se chauffent pas et font cuire leurs viandes avec les excréments des chevaux ou d'autres bêtes, puis les font sécher au soleil. Qu'ils soient princes ou autres, ils ne mangent qu'une fois par jour, et très peu. Ce sont des gens sales et mauvais.

En été, on voit souvent en ce pays se lever la tempête avec foudre et tonnerre qui, bien des fois, tuent les gens. Il y a soudainement de grandes chaleurs et, tout aussi soudainement, il fait très froid, si bien que c'est un méchant pays, déplaisant et pauvre[27].

## CHAPITRE XIV

Le prince qui gouverne le pays s'appelle Batu et demeure en la cité d'Orda[28]. En vérité, aucun prud'homme ne devrait vivre en ce pays où il n'est même pas digne d'enterrer les chiens. Ce serait un pays où il faudrait semer des fougères, des genêts, des épines et des ronces, car la terre n'est pas bonne à autre chose. Il y a quelques endroits où la terre est bonne, mais c'est rare. Je ne suis pas allé par ce chemin. Mais j'ai été dans les régions voisines, comme la terre de Russie, la terre de Niflan, le royaume de Cracovie et de Lettonie et le royaume d'Arasten[29] et en plusieurs autres lieux dans ces contrées. Mais je n'ai jamais pris la route de Jérusalem, si bien que je ne saurais bien la décrire. Si ce sujet convient à quelque vaillant homme qui a suivi ce chemin, il peut ajouter ici quelque chose, s'il le veut, afin que ceux qui voudraient faire le voyage par ces régions sachent quelle est la route. On ne peut pas commodément emprunter ce chemin en hiver, à cause des eaux trop rares ou des marais qui sont dans ces régions. On ne peut passer s'il ne gèle très fortement et s'il n'y a de grandes chutes de neige. Car, s'il n'y a pas de neige, on ne peut passer sur la glace, ni hommes, ni chevaux.

Il faut bien trois journées de voyage pour aller de la Prusse jusqu'à la terre habitable des Sarrasins. Il convient que les Chrétiens qui vont les combattre emportent avec eux leurs vivres, car ils ne trouveraient rien là-bas. Ils font transporter leurs vivres sur la glace sur des chariots sans roue appelés *scleves*[30]. Ils peuvent demeurer là tant que leurs vivres ne sont pas épuisés, mais après ils ne trouveraient personne qui leur vendît quoi que ce fût. Et quand les espions voient les Chrétiens approcher, ils courent vers les villes et les forteresses en criant : « *Kera, kera, kera*[31]. »

Et aussitôt, ils s'arment, ils sortent et se rassemblent. Sachez qu'il gèle plus fort en ces régions-là qu'ici, c'est pour cela que tous ont des étuves dans leur maison où ils mangent et font tout ce qu'il leur est possible de faire. Ces pays sont dans les parties septentrionales, du côté de la bise, où le froid est très vif, car le soleil ne s'en approche pas, ou très peu. Et donc, au septentrion, c'est-à-dire au nord, la région est si froide qu'on ne peut y demeurer ni y habiter. Au contraire, dans les terres du midi, il fait si chaud que nul homme ne peut habiter, car le soleil, quand il est au-dessus du midi, jette ses rayons tout droit sur ces régions.

## Chapitre XV

## Les coutumes des Sarrasins et leur religion, le jugement du Sultan sur les Chrétiens et les débuts de Mahomet

Puisque j'ai parlé des Sarrasins et de leur pays, si vous voulez connaître un peu leur religion et leur croyance, je vous les exposerai selon ce que dit leur livre, le Coran, que d'autres appellent Meshaf et d'autres Harme, selon les diverses langues parlées dans le pays. C'est Mahomet qui leur donna ce livre, dans lequel il est écrit, entre autres choses, car je l'ai souvent lu et regardé, que les bons vont au Paradis et

# CHAPITRE XV    101

les méchants en Enfer. Tous les Sarrasins croient cela. Et quand on leur demande quel est selon eux ce Paradis, ils disent que c'est un lieu de délices où on trouvera toutes sortes de fruits en toute saison et des rivières où couleront le lait, le vin, le miel, l'eau douce, que chacun selon ses mérites aura de belles et nobles demeures faites de pierres précieuses, d'or et d'argent, que chacun aura quatre-vingt-dix femmes, toutes pucelles, qu'ils auront chaque jour des rapports avec elles et les trouveront toujours pucelles[1].

Ils croient en la Vierge Marie et en l'Incarnation et en entendent parler volontiers. Ils disent que les anges instruisirent Marie et que saint Gabriel lui dit qu'elle était choisie dès le commencement du monde et lui annonça l'Incarnation de Jésus-Christ, qu'elle conçut et enfanta pucelle. De tout cela témoigne leur livre[2].

Ce livre dit que Jésus parla aussitôt sa naissance, que c'était un saint prophète, véritable en ses actes et ses paroles, miséricordieux et juste et sans aucun péché. Et ce livre dit que quand l'ange annonça à sainte Marie l'Incarnation, elle était jeune et eut grand-peur. Il y avait en effet dans le pays un enchanteur ou sorcier, nommé Takina, qui, par enchantement, se rendait semblable à un ange et allait souvent coucher avec les pucelles. Marie avait peur que l'ange ne fût Takina et ne voulût la tromper comme les autres. Elle le conjura de lui dire qui il était et l'ange lui répondit de ne pas craindre et qu'il était vrai messager de Dieu[3].

Ce livre dit que, quand elle eut enfanté sous un palmier, elle eut honte d'avoir enfanté et pleurait, disant qu'elle voudrait être morte. Aussitôt, l'enfant parla et lui dit : « Mère, ne te désole pas car Dieu a caché en toi son secret pour le salut du monde. » Et leur Coran dit en plusieurs endroits que Notre Seigneur parla dès sa naissance[4]. Ce livre dit aussi que Jésus fut envoyé par Dieu le Tout-Puissant pour être montré comme exemple et signe à tous les hommes[5]. Leur Coran parle aussi du jour du Jugement, comment Dieu viendra juger toutes les sortes de peuples, attirera les bons de son côté pour les conduire dans la gloire et condamnera les méchants à l'Enfer[6].

Entre tous les prophètes, Jésus est dit le plus excellent, le plus près de Dieu. Il fit les Évangiles en lesquels se trouvent la bonne doctrine, les directives pour le salut, la lumière, la vérité, qui enseignent la vérité à ceux qui croient en Dieu[7]. Il était un véritable prophète et plus qu'un prophète, sans péché ; il faisait voir les aveugles, guérissait les lépreux, ressuscitait les morts. Il monta vivant aux cieux. Et quand ils peuvent avoir le livre des Évangiles de Notre Seigneur, spécialement le livre où est écrit : « L'ange Gabriel fut envoyé de Dieu... », passage qu'ils disent souvent dans leurs prières, les lettrés le baisent et le vénèrent avec grande dévotion.

Ils jeûnent pendant un mois entier, ne mangeant que la nuit et se gardant d'approcher leurs femmes tous les jours de ce mois. Mais les malades ne sont pas contraints à jeûner.

Ce livre parle aussi des Juifs, disant qu'ils sont mauvais parce qu'ils ne veulent pas croire que Jésus fut envoyé par Dieu, qu'ils mentent à propos de Marie et de son Fils en disant qu'ils ont crucifié Jésus, le Fils de Marie. Selon eux, il ne fut pas crucifié, mais Dieu le fit monter vers lui sans subir la mort et les souffrances. Mais un autre fut transformé à sa ressemblance, ce fut Judas Iscarioth, que les Juifs cruci-

## CHAPITRE XV

fièrent, croyant que c'était Jésus. Mais Jésus monta vivant aux cieux et en redescendra vivant pour juger le monde[8].

Ils disent que les Chrétiens ignorent tout cela et croient à tort, avec légèreté, que Dieu a été crucifié. Ils disent que, s'il avait été crucifié, Dieu aurait agi à tort contre sa propre justice en acceptant que Jésus, qui était innocent et sans faute, fût mis à mort sans être coupable. Ils disent que nous sommes dans l'erreur et la faute en cet article de foi et que la grande justice de Dieu ne peut accepter que pareille chose soit accomplie à tort et sans raison. En ceci, leur foi est en défaut. Mais ils reconnaissent bien que les œuvres de Jésus-Christ sont bonnes, sa parole et ses Évangiles, véritables, sa doctrine et ses miracles, vrais, que les œuvres de la bienheureuse Vierge Marie sont bonnes, qu'elle était sainte et pucelle avant et après la naissance de Jésus, et ils pensent que ceux qui ont une foi parfaite en Dieu seront sauvés. Ils sont donc si proches de notre foi qu'il serait facile de les convertir à la foi chrétienne[9]. Si on leur prêche et explique clairement la loi de Jésus-Christ ou si on leur énonce les prophéties, ils reconnaissent, avec les prophètes, que la loi de Mahomet disparaîtra comme l'a fait la loi des Juifs et que la loi du peuple chrétien durera jusqu'à la fin du monde. Et si on leur demande ce qu'ils croient, ils répondent : « Nous croyons en Dieu qui créa le ciel et la terre et toutes autres choses et sans qui rien n'est fait. Nous croyons que le jour du Jugement, chacun recevra son dû, selon ses fautes. Nous croyons que tout ce que Notre Seigneur a dit par la bouche de ses saints prophètes est vérité. »

Comme je l'ai lu plusieurs fois dans son livre, le Coran, Mahomet ordonna à chacun d'avoir deux femmes, ou trois, ou quatre. Mais aujourd'hui, ils en prennent jusqu'à neuf et des concubines autant qu'ils le peuvent. Si quelqu'une de leurs femmes a mal agi envers son mari, il peut la chasser de leur maison, se séparer d'elle et prendre une autre femme, mais il doit lui donner une partie de ses biens[10].

Quand on leur parle du Père, du Fils et du Saint-Esprit, ils disent que ce sont trois personnes et non un seul Dieu. Car leur Coran ne parle pas de la Trinité. Mais ils disent que Dieu a la Parole, sinon, il serait muet et qu'ils savent bien que Dieu a l'Esprit, sinon il ne serait pas vivant.

Si on leur parle de l'Incarnation, quand Dieu, par la parole de l'ange, envoya sur terre sa Sagesse pour se cacher en la Vierge Marie, quand on leur dit que tous les morts seront ressuscités le jour du Jugement par la parole de Dieu, ils disent que c'est la vérité, que la parole de Dieu a grande puissance et que si on ne connaît pas la parole de Dieu, on ne connaît pas Dieu. Ils ajoutent que Jésus-Christ est la parole de Dieu. C'est ce que dit leur Coran au sujet de la visite de l'ange à Marie où il lui dit : « Marie, Dieu t'évangélisera par la parole de sa bouche, son nom sera Jésus-Christ[11]. »

Ils disent aussi qu'Abraham fut ami de Dieu et que Moïse fut prophète de Dieu et que Jésus-Christ fut la Parole et l'Esprit de Dieu et Mahomet, vrai messager de Dieu. Ils disent bien que, de ces quatre, Jésus fut le plus digne, le plus grand, le plus excellent. Ils ont donc plusieurs articles importants de notre foi et de notre croyance, bien que leur loi et leur foi ne soient pas parfaites aux yeux des Chrétiens. Tous ceux qui connaissent et comprennent l'Écriture et les prophéties seront facilement convertis. Ils ont les Évangiles,

les prophéties et la Bible, traduits dans leur langue. Ils connaissent une grande partie de l'Écriture sainte, mais ils ne la comprennent qu'à la lettre, comme le font les Juifs, qui ne comprennent pas l'Écriture spirituellement, mais à la lettre. C'est pour cela qu'ils sont les persécuteurs des véritables sages qui la comprennent spirituellement, comme le dit saint Paul : « La lettre tue, mais l'Esprit donne vie[12]. »

Les Sarrasins disent que les Juifs sont mauvais, car ils violent la loi que Dieu leur donna et envoya par Moïse ; et ils disent que les Chrétiens sont mauvais, parce qu'ils ne respectent pas les préceptes que Jésus-Christ leur donna dans les Évangiles. À ce propos, je vais vous raconter ce que le Sultan m'a dit en sa chambre, un jour où il fit quitter sa chambre à toutes sortes de gens, seigneurs et autres, car il voulait me conseiller[13]. Il me demanda comment se conduisaient les Chrétiens dans notre pays. Je répondis : « Bien, grâce à Dieu. » Il me répondit : « Ce n'est pas vrai. Vos flamines n'ont aucun souci de servir Dieu. Ils devraient donner l'exemple du bien aux gens du peuple et ils donnent l'exemple du mal. Aussi, les jours de fête, les gens du peuple, alors qu'ils devraient aller au temple rendre hommage à Dieu, vont aux tavernes pour y passer le jour et la nuit comme des gloutons. Ils mangent et boivent comme des bêtes qui ne savent pas quand elles sont repues. D'autre part, tous les Chrétiens s'efforcent de toutes les façons possibles et imaginables de se voler et de se tromper l'un l'autre. Avec cela, ils sont si orgueilleux qu'ils ne savent comment se vêtir, tantôt long, tantôt court, tantôt étroit, tantôt large, tantôt brodé, tantôt découpé, avec toutes sortes d'ornements et de ceintures et d'autres choses. Ils devraient être simples et humbles, charitables et bienfaisants, comme le fut Jésus-Christ en qui ils croient. Mais ils sont tout autres et enclins au mal. Ils sont si envieux que, pour un peu d'argent, ils vendent leurs filles, leurs sœurs et leur propre femme, les exposant à la luxure et ils prennent la femme d'autrui. Et nul ne tient sa parole envers l'autre, mais ils violent la loi que Jésus-Christ leur avait donnée et expliquée pour leur salut. Ainsi, à cause de leurs péchés, ils ont perdu toute cette terre que nous possédons, car votre Dieu la mit en nos mains, non en raison de notre force, mais de leurs péchés. Car nous savons avec certitude que, quand vous servez bien votre Dieu et qu'il veut venir à votre aide, nul ne peut vous résister. Et nous savons, par les prophéties, que les Chrétiens regagneront cette terre quand ils serviront plus dévotement leur Dieu. Mais tant que leur vie est aussi détestable que maintenant, nous n'avons pas peur d'eux, car Dieu ne leur viendra pas en aide. »

Je lui demandai alors comment il connaissait ainsi ce qu'il en était des Chrétiens. Il me répondit qu'il connaissait très bien l'état des cours des princes des Chrétiens et l'état du peuple par des messagers qu'il envoie dans tous les pays, déguisés en marchands de pierres précieuses, de baume ou d'autres marchandises pour connaître les mœurs de chaque pays. Il me dit alors de rappeler les seigneurs qu'il avait fait sortir de sa chambre ; il m'en montra quatre, grands seigneurs en son pays, qui me décrivirent notre pays et les autres pays de la chrétienté, comme s'ils étaient originaires du pays même. Ils parlaient un très bon français, et le Sultan aussi, ce dont je m'étonnai grandement.

Hélas, quel grand scandale pour notre loi et notre

## CHAPITRE XV

foi, que des gens sans foi ni loi nous reprennent ainsi ! Et ceux qui devraient, devant notre bon exemple et notre vie convenable être convertis à la loi de Jésus-Christ, sont éloignés et écartés de la sainte et vraie croyance par nos fautes et nos erreurs. Ce n'est pas étonnant qu'ils nous traitent de mauvais, ils disent vrai. Et ils disent que les Sarrasins sont bons et loyaux, car ils suivent entièrement les commandements du livre, le Coran, que Dieu leur a envoyé par son saint messager, le prophète Mahomet dont ils disent que le saint ange Gabriel lui parla souvent et lui expliqua la volonté divine.

Sachez que Mahomet naquit en Arabie et fut un pauvre valet qui gardait les chameaux en suivant les marchands[14]. Et il arriva qu'il vint une fois avec les marchands en Égypte ; ils étaient alors Chrétiens en ce pays et, dans le désert d'Arabie, il y avait une chapelle avec un ermite. Quand il entra dans la chapelle, qui était bien petite, avec une toute petite porte basse, la porte devint aussi grande que celle d'un palais. C'est le premier miracle que le Sarrasin fit pendant sa jeunesse. Mahomet commença alors à devenir sage et riche. Il fut gouverneur de la terre du prince de Corodonne et la gouverna si sagement que, à la mort du prince, il épousa sa femme, nommée Gadriache. Mahomet tombait souvent du haut mal, c'est-à-dire l'épilepsie, si bien que la dame fut très courroucée de l'avoir épousé. Mais Mahomet lui fit croire que, chaque fois qu'il tombait, saint Gabriel venait lui parler, qu'il ne pouvait tenir debout, à cause de la grande clarté qui entourait l'ange et qu'il ne pouvait s'empêcher de tomber. C'est pour cela que les Sarrasins disent que l'ange Gabriel venait souvent lui parler.

Mahomet régna en Arabie l'an de grâce six cent neuf[15]. Il était de la lignée d'Ismaël, le fils qu'Abraham engendra en sa servante Agar. C'est pour cela que certains Sarrasins sont appelés Ismaëlites, d'autres les appellent Agarènes, d'après Agar. D'autres sont appelés Moabites et Ammonites, d'après Moab et Amon, les deux fils que Loth engendra en ses deux filles et qui devinrent de grands princes terriens.

Mahomet aimait beaucoup un digne ermite qui demeurait au désert à une lieue du mont Sinaï sur le chemin par lequel on va d'Arabie en Chaldée et en Judée, à une journée de la mer, en un lieu où les marchands viennent souvent faire du commerce. Mahomet était si souvent auprès de ce prud'homme que ses valets en étaient très courroucés, car il écoutait volontiers ce prud'homme prêcher et faisait veiller ses valets avec lui toute la nuit. Les valets pensèrent donc qu'ils tueraient ce prud'homme. Et il arriva une nuit que Mahomet était complètement ivre tant il avait bu de vin. Les valets prirent l'épée de Mahomet et, tandis qu'il dormait, tuèrent ce prud'homme, puis remirent l'épée toute sanglante au fourreau. La matin, quand Mahomet trouva le prud'homme mort, il fut très courroucé et voulut faire justice des meurtriers. Mais tous ses valets s'accordèrent pour lui dire qu'il l'avait tué lui-même quand il était ivre et lui montrèrent son épée toute sanglante. Quand il la vit, il les crut et maudit le vin et tous ceux qui en vendraient ou en boiraient. C'est à cause de cette malédiction que les Sarrasins dévots ne boivent pas de vin. Il y en a plusieurs qui en boivent volontiers en secret mais, si on l'apprenait, ils seraient sévèrement punis. Ils boivent une très bonne boisson, douce et nourrissante, appelée galamel. Elle est faite avec du sucre, qui est une épice très bonne, de très bon goût qui fortifie les poumons.

Il arrive souvent que des Chrétiens se font Sarrasins par sottise, par pauvreté ou par malice. Quand il les reçoit, l'archiflamine ou le flamine dit : « *La ellec ella sila Mahomet roroes alla hec*[16]. » C'est-à-dire en roman : « Il n'y a qu'un seul Dieu et Mahomet est son messager. » Et puisque je vous ai parlé d'une partie de leur Loi et de leurs coutumes, je vous montrerai, s'il vous plaît, quelles lettres ils ont avec les noms qu'ils leur donnent. [Suit l'alphabet arabe.]

Et ils ont encore en plus ces quatre lettres, car leur langue est particulière et ils parlent de la gorge. De même, nous avons en Angleterre deux lettres de plus que dans leur alphabet, ce sont le p et le z, qui sont appelés *thorn* et *zogh*[17].

## Chapitre XVI

### Les terres d'Albanie et d'Ibérie, les souhaits faits à la gardienne d'un épervier et l'arche de Noé

Puisque j'ai traité et parlé ci-dessus de la Terre sainte, des pays qui l'entourent et des divers chemins pour aller en cette terre, au mont Sinaï, à Babylone la Mineure et aux autres lieux dont je vous ai parlé plus haut, maintenant le moment est venu, s'il vous plaît, de parler des régions lointaines, des îles et des différentes bêtes et des différentes gens qui sont dans ces régions. Car en ces terres de par-delà il y a bien des pays et des régions qui sont séparés par les quatre fleuves qui viennent du Paradis terrestre. La Mésopotamie et le royaume de Chaldée sont entre les deux rivières du Tigre et de l'Euphrate ; les royaumes de Médie et de Perse sont entre les rivières du Nil et du Tigre ; le royaume de Syrie dont je vous ai parlé ci-dessus, la Palestine et la Phénicie sont entre l'Euphrate et la mer Méditerranée. Cette mer Méditerranée s'étend en longueur du Maroc, sur la mer d'Espagne jusqu'à la Grande Mer, de sorte qu'elle s'étend, à partir de Constantinople sur trois mille quarante lieues lombardes.

Et vers la mer Océane, en Inde, est le royaume de Scythie, qui est tout enclos entre les montagnes. Au-dessous de la Scythie et de la mer Caspienne jusqu'au fleuve de Tanaïs[1] est l'Amazonie, c'est la Terre de Féminie où il n'y a nul homme, rien que des femmes. Et puis on trouve l'Albanie, un très grand royaume, appelé Albanie parce que les gens y sont bien plus blancs que dans les autres régions environnantes. Il y a en ce pays des chiens si grands et si forts qu'ils assaillent et tuent les lions. Après viennent l'Hircanie, la Bactriane, l'Ibérie et bien d'autres régions[2].

Et entre la mer Rouge et la mer Océane, vers le midi, est la région d'Éthiopie et de Libye la Supérieure. La terre de Libye la Basse commence sur la mer d'Espagne, là où se trouvent les Colonnes d'Hercule et s'étend jusqu'à l'Égypte et l'Éthiopie. En ce pays de Libye, la mer est plus haute que la terre et il

## CHAPITRE XVI

semble qu'elle va recouvrir la terre, mais elle ne dépasse pas ses limites³. En ce pays, on voit le mont Atlas, que l'on ne peut approcher. En cette terre de Libye, si un homme se tourne vers l'orient, l'ombre de son corps est à droite, alors qu'en nos pays, l'ombre est à gauche⁴. En la mer de Libye, il n'y a aucun poisson, car ils ne pourraient vivre ni subsister à cause de la grande chaleur du soleil, car l'eau est toujours bouillante en raison de la grande chaleur.

Il y a bien d'autres terres qu'il serait trop long de nommer toutes mais, plus loin, je vous parlerai plus complètement de certaines régions.

Celui qui veut aller vers la Tartarie, la Perse, la Chaldée ou l'Inde, prend la mer à Gênes, à Venise, ou à un des autres ports dont je vous ai parlé plus haut. On traverse la mer et on arrive à Trapézonde, une bonne cité, appelée jadis le port de Pons, qui est le port des Persans, des Mèdes et des autres régions par-delà⁵. En cette cité, gît saint Athanase, qui fut évêque d'Alexandrie et composa l'hymne : « Quiconque veut être sauvé...⁶ ». Cet évêque était docteur en théologie et, alors qu'il prêchait et parlait avec profondeur de la divinité et de la Trinité, il fut accusé d'hérésie auprès du pape de Rome. Le pape l'envoya chercher pour le mettre en prison. En sa prison, il composa cet hymne : « Quiconque veut... » et l'envoya au pape en lui disant que, s'il était hérétique, les articles de cet hymne n'étaient ni vrais ni bons, car c'était ce qu'il croyait. Quand le pape lut cet hymne, il dit qu'il exposait toute notre loi et notre croyance et ordonna qu'on le chantât tous les jours à Prime. Il considéra l'évêque comme un homme droit et un vrai Chrétien et le fit sortir de prison. Mais celui-ci ne voulut pas revenir dans son évêché, parce qu'on l'avait accusé d'hérésie par jalousie.

Trapésonde appartenait à l'empereur de Constantinople, mais un homme riche que l'empereur avait envoyé pour défendre le pays contre les Turcs a usurpé la terre et le pays et les tient si bien en son pouvoir qu'il se fait appeler empereur[7]. De Trapésonde, on peut aller si on le veut en petite Arménie. En ce pays, il y a un château ancien sis sur un rocher que l'on appelle le château de l'Épervier. Il est au-delà de la cité de Layas, près de la ville de Persippée, qui appartient au seigneur de Cruk, un homme riche et bon chrétien[8]. En ce château on voit, sur un perchoir, un épervier très beau, très plaisant, et une belle dame fée qui le garde. Si quelqu'un veille auprès de cet épervier sept jours et sept nuits, certains disent trois jours et trois nuits, seul, sans compagnie, sans dormir, même pas un peu, cette belle dame viendra vers lui au bout de sept jours, ou trois, et lui accordera le premier vœu qu'il fera à propos de choses terrestres[9]. Cela a été souvent prouvé. Un roi d'Arménie, qui était un très vaillant prince, y veilla jadis. Au bout de sept jours, la dame vint vers lui et lui dit de faire un vœu, car il avait accompli son devoir. Et le roi répondit qu'il se trouvait assez puissant prince, en paix, avec assez de richesses et qu'il ne souhaitait rien d'autre que d'avoir à sa disposition le corps de la dame. Elle lui répondit qu'il ne savait ce qu'il demandait, qu'il était fou et ne pourrait l'avoir, car il ne devait demander que des choses terrestres et elle n'appartenait pas à la terre, étant un esprit. Et le roi dit qu'il ne voulait rien d'autre. La dame répondit : « Puisque vous ne voulez pas renoncer à votre folle ambition, je vais vous faire, à vous et à tous vos descendants, un don que vous n'avez pas souhaité ; vous aurez la guerre, sans paix durable et vous serez

# CHAPITRE XVI

les sujets de vos ennemis pendant neuf générations et vous manquerez toujours de tout. » À partir de ce jour, le roi d'Arménie ne fut jamais vraiment en paix, ne posséda pas de grands biens et il a été depuis ce temps soumis aux Sarrasins[10].

Le fils d'un pauvre homme veilla aussi une fois et fit le vœu d'être bien pourvu et heureux dans son commerce. La dame le lui octroya et il devint le marchand le plus riche et le plus renommé sur terre et sur mer. Il était si riche qu'il ne connaissait pas la millième partie de sa fortune. Il fut plus avisé dans son vœu que le roi.

Une autre fois, un chevalier du Temple veilla aussi et souhaita une bourse toujours pleine d'or et la dame la lui octroya, mais elle lui dit qu'il avait demandé la destruction de leur Ordre à cause de la confiance qu'ils mettraient en cette bourse et du grand orgueil qu'ils en tireraient et c'est ce qui arriva[11].

En tous cas, que celui qui veille prenne bien garde, car, s'il s'endort, il est perdu, on ne le reverra jamais. Ce n'est pas le chemin direct pour aller vers les pays que j'ai nommés mais, si on veut voir cette merveille, on peut le prendre.

Celui qui veut prendre le chemin direct de Trapésonde vers la grande Arménie, trouve une cité nommée Artiron[12]. Cette cité était belle et riche, mais les Turcs l'ont complètement dévastée. Tout autour, il ne vient pas de vin ou de fruit, ou très peu. La terre est très élevée et très froide et il y a beaucoup de bonnes eaux et de belles sources qui viennent par-dessous la terre du fleuve du Paradis nommé Euphrate qui est à une journée de voyage de cette cité. Cette rivière vient de l'Inde, par-dessous la terre, elle ressort en la terre d'Altazar et passe par cette Arménie, puis se jette dans la mer de Perse[13].

De la cité d'Artiron, on arrive à une montagne appelée Sabissacolle[14] et, à côté, il y a une autre montagne appelée Ararat, mais les Juifs l'appellent Chanez[15]. Noé s'y arrêta après le Déluge, l'arche est encore sur la montagne et on la voit quand le temps est clair. La montagne a bien sept lieues de haut. Certains disent qu'ils y sont montés et ont vu et touché l'arche et mis leurs doigts dans les trous par lesquels sortit le démon quand Noé dit : « *Benedicite.* » Mais ceux qui parlent ainsi disent seulement ce qu'ils voudraient faire, car on ne peut monter sur cette montagne en raison de la grande quantité de neige qui est toujours au-dessus, été comme hiver, de sorte que personne ne peut y monter ni n'est monté depuis le temps de Noé, sauf un moine, aidé par la grâce de Dieu, qui rapporta une des planches que l'on voit encore dans une église au pied de la montagne.

À côté est la cité de Ayne, que Noé fonda et assez près est la cité d'Ani où il y avait mille églises[16]. Quant au moine, il avait grand désir de monter sur cette montagne et il essaya un jour de monter. Arrivé au tiers de la montagne, il était si fatigué qu'il ne put plus avancer ; il se reposa et s'endormit sur place. Mais, quand il se réveilla, il se retrouva au pied de la montagne. Alors, il pria dévotement Notre Seigneur de consentir à ce qu'il montât et un ange vint lui dire qu'il pouvait monter, mais une fois seulement. C'est ce qu'il fit, il rapporta cette planche et n'y remonta plus jamais. C'est pourquoi on ne doit pas croire ce que disent les autres[17].

De cette montagne, on va à la cité de Tabriz, appelée autrefois Faxis, une belle et grande cité, une des meilleures du monde pour le commerce. Tous les marchands y vont pour commercer et acheter. Elle est

## CHAPITRE XVI

dans la terre de l'empereur de Perse et on dit que l'empereur tire de cette cité une plus grande rente sur les marchandises que ne le fait le plus riche roi chrétien du monde, car il prélève ce qu'il veut de toutes les marchandises, sans faire d'estimation.

Près de la cité, il y a une montagne de sel, dont chacun prend ce qu'il veut pour tout saler. Beaucoup de Chrétiens y demeurent, payant tribut aux Sarrasins.

De cette cité, en allant vers l'Inde, on passe par bien des villes et bien des châteaux et on arrive à une cité nommée Sadonia[18], qui est à dix journées de voyage de Tabriz. C'est une cité très grande et très noble où demeure l'empereur des Persans en été, car la région est assez froide et il y a de bonnes rivières portant navires.

Puis on suit le chemin vers l'Inde durant de nombreuses journées de voyage en traversant bien des pays jusqu'à une cité appelée Cassath[19], très noble et très riche de blés, de vins et de toutes sortes de biens. C'est la cité où les trois rois se rencontrèrent et se réunirent par la grâce de Dieu pour aller à Bethléem voir Notre Seigneur, l'adorer et lui offrir leurs présents d'or, d'encens et de myrrhe. De cette cité jusqu'à Bethléem, il y a cinquante-quatre journées de voyage.

De cette cité, on va à une autre cité nommée Geth[20], à une journée de voyage de la mer Aréneuse. C'est la cité la meilleure de toute la terre de l'empereur de Perse, on y appelle la chair *dabago* et le vin *vapa*[21]. Les païens disent que les Chrétiens ne peuvent demeurer en cette cité, ni y rester, ni y vivre ; ils meurent rapidement, on ne sait pour quelle raison.

Puis on traverse bien des cités et bien des villes qu'il

serait trop long de nommer et de décrire jusqu'à la cité de Cornaa[22], qui était si grande que les murs avaient bien vingt-cinq lieues de tour. On voit encore les murs, mais elle n'est plus entièrement habitée. De Cornaa, on va, en passant par bien des terres et bien des villes, jusqu'à la Terre de Job, qui est à l'extrémité des terres de l'empereur de Perse. Et si vous voulez savoir les lettres des Persans et quels sont leurs noms, sachez qu'elles sont ainsi. [Suit l'alphabet persan.]

## Chapitre XVII

### La Terre de Job, les gens de Chaldée, la terre où les femmes demeurent sans compagnie d'hommes, la croissance et les vertus du vrai diamant

En quittant la cité de Persépolis, on entre dans la Terre de Job qui est un très beau pays abondant en toutes sortes de biens. On appelle cette terre Suèze, elle renferme la cité de Theman[1]. Job était païen, fils d'Ara et de Gosra et gouvernait cette terre en qualité de prince[2]. Il était si riche qu'il ne connaissait pas la centième partie de son avoir. Mais, bien que païen, il servait bien Notre Seigneur, selon sa loi, et Notre Seigneur agréait ce service. Quant il tomba dans la misère, il avait soixante-dix-huit ans. Puis, quand Notre Seigneur eut vu combien sa patience était

## CHAPITRE XVII

grande, il lui rendit ses richesses et son rang. Il devint roi d'Idumée après le roi Ofa et, une fois roi, il fut appelé Jubal. Il vécut cent soixante-dix ans en ce royaume et ainsi, à sa mort, il avait deux cent quarante-huit ans. Dans cette Terre de Job, il ne manque rien de ce qui est nécessaire à la subsistance de l'homme. Il y a des montagnes où on trouve grande quantité de manne, plus abondante et meilleure qu'autre part. On appelle cette manne pain des anges, elle est blanche, très douce et délicieuse, plus douce que le miel et le sucre. Elle vient de la rosée du ciel et tombe sur les herbes de ce pays, elle se coagule et devient blanche et douce. On l'utilise comme médicament pour lâcher le ventre et expurger le sang des riches, car elle expurge le mauvais sang et enlève la mélancolie.

Cette Terre de Job est voisine du royaume de Chaldée, un très grand pays dont la langue est la plus parlée de toutes les langues par-delà la mer. Si on veut y aller, on passe par la Tour de Babel, c'est Babylone la Grande dont je vous parlé plus haut où les langages furent pour la première fois transformés. Elle est à trois journées de voyage du royaume de Chaldée, en allant par-deçà. Dans le royaume de Chaldée, les hommes sont beaux et s'avancent très dignement, parés de couvre-chefs dorés et de draps d'or, noblement brodés d'or et de pierres précieuses. Mais les femmes sont très laides, mal vêtues et vont nu-pieds. Elles portent de méchantes robes larges et courtes s'arrêtant aux genoux, avec des manches longues et larges comme celles d'un froc de moine qui leur pendent jusqu'aux pieds. Elles ont les cheveux noirs répandus sur les épaules. Elles sont très noires, laides et hideuses ; certes elles ne sont ni belles ni gracieuses.

Dans ce royaume de Chaldée est une cité nommée Ur où demeurait Tharès, père du patriarche Abraham et où naquit Abraham[3]. C'était au temps où le père de Ninus était roi de Babylone, d'Arabie et d'Égypte. Ce Ninus construisit la cité de Ninive, que Noé avait commencé à édifier et, parce que Ninus l'avait achevée, il l'appela de son nom, Ninive[4]. C'est là que gît Tobie dont parle la Sainte Écriture[5]. C'est d'Ur que partit Abraham sur l'ordre de Dieu après la mort de son père. Il emmena avec lui Saraï, sa femme et Loth, le fils de son frère, car ils n'avaient pas d'enfant. Il demeura en la terre de Canaan en un lieu nommé Sychem[6]. C'est ce Loth qui fut sauvé quand Sodome, Gomorrhe et les autres cités furent brûlées et s'effondrèrent dans l'abîme, là où se trouve la mer Morte, comme je vous l'ai dit plus haut[7]. Dans cette terre de Chaldée, ils ont un langage à eux et des lettres qui sont celles-ci. [Suit l'alphabet chaldéen.]

Au-delà de la terre de Chaldée, est l'Amazonie, c'est la Terre de Féminie, un royaume où il n'y a que des femmes, car les hommes ne pourraient vivre en ce pays aux dires de certains[8]. Ce n'est pas la vraie raison ; elles veulent que les hommes n'aient aucune seigneurie sur elles. Car, jadis, il y avait un roi en ce pays et les hommes mariés y habitaient comme ailleurs. Or une guerre advint entre ce roi, nommé Colopeus, et la Scythie, et le roi fut tué dans la bataille avec tous les nobles de son royaume. Quand la reine et les autres dames nobles du pays se virent toutes veuves et tous les nobles disparus, dans leur désespoir elles s'armèrent et tuèrent tous les autres hommes qui étaient demeurés dans le pays, car elles voulaient que toutes les femmes soient veuves comme elles. Depuis lors, elles ne voulurent jamais qu'un homme demeu-

## CHAPITRE XVII

rât parmi elles plus de sept jours, ni qu'un enfant mâle fût élevé parmi elles. Quand elles recherchent la compagnie des hommes, elles vont dans les terres voisines, leurs amis leur rendent visite et elles demeurent avec eux huit ou dix jours, puis elles rentrent. Si elles ont un enfant mâle, elles l'envoient à son père quand il sait marcher et manger tout seul, ou bien elles le tuent. Si c'est une fille, elles lui enlèvent un sein au fer chaud. Si c'est une fille de noble lignée, on lui enlève le sein gauche, pour qu'elle porte plus facilement le bouclier ; si c'est une « piétonne », on lui enlève le sein droit, pour qu'il ne l'empêche pas de tirer à l'arc turc, car elles tirent très bien à l'arc.

Il y a en cette terre une reine qui gouverne très bien le pays et toutes lui sont soumises. Elles choisissent toujours leur reine par élection, celle qui est la plus vaillante aux armes. Elles sont de bonnes guerrières, courageuses, sages et vaillantes. Elles louent souvent leur aide aux autres rois pour gagner de l'argent et se conduisent avec grande valeur.

Cette terre d'Amazonie est une île tout entourée d'eau, sauf en deux endroits où il y a deux entrées. Au-delà de cette eau demeurent les hommes qui sont leurs amis auprès desquels elles vont prendre leur plaisir quand elles le veulent. Au-delà de l'Amazonie, se trouve la terre de Termegire, un pays très beau, très bon et très agréable, si bon que le roi Alexandre y fit construire la première des douze cités qu'il appela Alexandrie. Cette cité s'appelle maintenant Celsite[9].

De l'autre côté de la Chaldée est l'Éthiopie, un grand pays, qui s'étend jusqu'à l'extrémité de l'Égypte. L'Éthiopie est divisée en deux régions principales, la région orientale et la région méridionale. La région méridionale est appelée Mauritanie et les gens y sont plus noirs que dans les autres pays. Dans cette région, il y a une source dont l'eau est si froide de jour que nul ne peut en boire et, de nuit, elle est si chaude qu'on ne supporte pas d'y plonger la main[10].

Au-delà, vers le midi, en passant par la grande mer Océane, il y a une grande terre et un grand pays, mais on ne pourrait y habiter en raison de la grande ardeur du soleil, qui rend très chaude cette terre [11]. En Éthiopie, toutes les rivières et toutes les eaux sont troubles et un peu salées à cause de la grande chaleur qui y règne. Les gens de ce pays s'enivrent facilement et n'ont pas grand appétit, ils souffrent communément de flux de ventre et ne vivent pas longtemps.

Il y a en Éthiopie bien des gens différents ; on appelle l'Éthiopie, Cusys[12]. Il y a de ces gens qui n'ont qu'un pied, qui courent si vite que c'est merveille et ce pied est si large qu'il peut abriter tout leur corps du soleil quand ils se couchent à la renverse. En ce pays, quand les enfants sont petits, ils sont tout chenus et, quand ils grandissent, leurs cheveux deviennent noirs[13]. En Éthiopie est la cité de Saba et la terre où régnait un des trois rois qui vinrent adorer Notre Seigneur à Bethléem[14].

D'Éthiopie, on va en Inde par bien des pays variés. On appelle la Haute Inde, Évilath[15]. L'Inde est divisée en trois parties principales, l'Inde Majeure, qui est un pays très chaud, l'Inde Mineure, qui est un pays tempéré, contigu à la terre de Médie et la troisième partie, vers le septentrion, qui est un pays très froid. De sorte que, par le froid persistant et la gelée continuelle, l'eau se transforme en cristaux. Et sur ces roches de cristal croissent les bons diamants dont la couleur ressemble à du cristal trouble. Les très bons diamants sont de la couleur de l'huile, ils sont si

## CHAPITRE XVII

durs qu'on ne peut les polir et on les appelle en ce pays *hamese*[16]. On trouve d'autres diamants en Arabie, ils ne sont pas bons, ils sont plus bruns et plus tendres. On en trouve d'autres dans l'île de Chypre, ils sont encore plus tendres et on peut bien les polir. On en trouve aussi en Macédoine, mais les meilleurs, ceux qui ont le plus de vertu, sont en Inde. On trouve beaucoup de diamants froids et durs dans la masse qui est tirée des mines d'or quand on la brise en éléments plus petits. Il arrive parfois qu'on trouve un diamant aussi gros qu'un pois, parfois un plus petit. Ils sont aussi durs que ceux de l'Inde et taillent facilement l'acier et le verre. Bien qu'on trouve de bons diamants en Inde sur les roches de cristal, on les trouve plus généralement sur les roches de diamant en mer et dans les mines d'or. Ils croissent à plusieurs, l'un petit, l'autre grand et certains sont bien de la grosseur d'une fève, d'autres de la grosseur d'une noix de galle. Tous sont carrés et pointus dessus et dessous naturellement, sans aucun arrangement fait de main d'homme. Ils croissent ensemble, mâles et femelles et se nourrissent de la rosée du ciel ; ils conçoivent et engendrent et font des petits à côté d'eux qui se multiplient et grandissent chaque année. Je l'ai souvent expérimenté, car si on les garde avec un peu de la roche, qu'on ne les arrache pas à leur racine et qu'on les humecte souvent avec la rosée de mai, ils grandissent visiblement chaque année et les petits deviennent bien gros ou bien grands, selon leur nature. De même en effet que la perle naît et grossit de par la rosée du ciel, de même fait le vrai diamant et, de même que la perle s'arrondit, selon sa nature, le diamant, par sa vertu propre, devient carré[17].

On doit porter les diamants au côté gauche où leur

vertu est plus grande qu'au côté droit car la force de leur naissance vient du septentrion, qui est la partie gauche du monde et est à la gauche de l'homme quand il tourne son visage vers l'orient. Si vous voulez connaître la vertu du diamant, bien que certains la connaissent par le lapidaire de ces régions, comme tout le monde ne la connaît pas, je vais la décrire selon les dires et les affirmations de ceux d'outre-mer, dont sont venues toute science et toute philosophie. Le diamant donne à celui qui le porte hardiesse et vaillance, il garde les membres de notre corps dans leur intégrité, il donne la victoire sur les ennemis en justice et à la guerre si la cause est juste. Il maintient celui qui le porte dans son bon sens, le préserve des injures et des querelles, des mauvais songes, et des visions et illusions dues aux mauvais esprits. Et si quelque méchant voulait contraindre ou ensorceler celui qui porte le diamant, la sorcellerie ou l'enchantement se retournerait, par la vertu de cette pierre, contre celui qui cherche à nuire. De même, aucune bête sauvage n'ose attaquer celui qui porte un diamant.

Le diamant doit être donné, sans qu'il y ait recherche de gain ou achat, il est alors de plus grande vertu et rend l'homme plus fort et plus ferme contre ses ennemis. Il guérit tous les lunatiques et ceux que le démon poursuit et tenaille. Si on porte du venin ou quelque mauvais poison en présence du diamant, celui-ci devient humide et commence à transpirer. Il y a en Inde des diamants qui sont violâtres, plus foncés que les violettes, très durs et très précieux. Certains ne les prisent pas autant que les autres, mais je les aime autant, et à bon droit, car je les ai vu mettre à l'épreuve. Il y en a aussi d'autres, blancs comme du

## CHAPITRE XVII

cristal, mais un peu plus troubles, ils sont bons et leur vertu est grande. Tous sont par nature carrés, avec des pointes, certains ont six côtés, d'autres quatre, d'autres trois, selon la forme que la nature leur a donnée. Comme les grands seigneurs et les jeunes gens qui cherchent l'honneur des armes les portent volontiers, je parlerai un peu plus des diamants, bien que je m'éloigne de mon sujet, afin qu'ils ne soient pas trompés par les menteurs qui parcourent les pays pour vendre des diamants. Si on veut acheter des diamants, il est nécessaire de les connaître, car on les imite avec du cristal jaune, du saphir citrin, du saphir loupe et bien d'autres pierres. Cependant, les faux diamants ne sont pas aussi durs, les pointes se brisent facilement et on peut aisément les polir. Mais, par malice, certains ouvriers ne les polissent pas pour que les gens croient qu'on ne peut pas les polir. On peut les éprouver ainsi : premièrement, on les essaie pour tailler des saphirs ou d'autres pierres précieuses, couper du cristal ou de l'acier. Puis on prend une pierre d'aimant, c'est la pierre des mariniers qui attire à elle l'aiguille, on met le diamant sur l'aimant et on lui présente l'aiguille. Si le diamant est véritable et possède sa vertu, l'aimant n'attirera pas à lui l'aiguille tant que le diamant sera là. C'est l'épreuve que pratiquent les gens d'outre-mer. Mais il arrive parfois que de bons diamants perdent leur vertu, par la faute de ceux qui les portent ; il faut alors faire retrouver sa vertu à la pierre, sinon, elle serait moins puissante et de moindre prix.

## Chapitre XVIII

## Les coutumes des îles qui entourent l'Inde, la différence entre idole et simulacre, les trois sortes de poivre et la fontaine qui change de couleur à chaque heure du jour

Il y a en Inde bien des pays différents et bien des contrées diverses. Elle est appelée Inde à cause d'un fleuve qui court à travers le pays et qui est nommé Inde. En ce fleuve, on trouve des anguilles de trente pieds de long et plus[1]. Les gens qui habitent auprès de cette rivière sont d'une couleur maladive, verte et jaune, comme s'ils avaient la jaunisse. En Inde et autour de l'Inde, il y a plus de cinq mille îles habitables, bonnes et grandes, sans compter celles qui sont inhabitables et sans compter plusieurs autres petites qu'on ne peut mentionner[2]. En chaque île, il y a une foule de cités, de villes et des gens innombrables, car les Indiens sont ainsi faits qu'ils ne sortent pas de leur pays et, pour cette raison, il y a une grande multitude de gens. Ils ne sont pas mobiles, car ils vivent dans le premier climat, qui est celui de Saturne et Saturne est lent, peu mobile, car il prend trente ans pour accomplir son tour par les douze signes du zodiaque, alors que la lune passe par les douze signes en un mois. Et, Saturne ayant un mouvement si lent, les gens de son climat, de par leur nature et de par leur volonté, ne cherchent pas à aller d'un pays à l'autre. Pour notre pays, c'est tout le contraire, car nous sommes dans le climat de la lune et la lune a

## CHAPITRE XVIII

un mouvement rapide et est une planète qui avance. Elle nous donne donc, par nature et par volonté, de nous déplacer rapidement, de cheminer par diverses voies, de rechercher ce qui est étrange et différent dans le monde, car elle fait le tour de la terre plus rapidement que toute autre planète[3].

On va à travers l'Inde par bien des contrées diverses jusqu'à la mer Océane et on trouve une île nommée Ormuz où les marchands de Venise, de Gênes et d'autres contrées vont souvent pour acheter diverses marchandises. Mais il fait une si grande chaleur en cette île que cette chaleur entraîne un grand trouble et les perpendelles de l'homme, c'est-à-dire ses testicules, sortent de leur place et pendent le long des jambes, tant le corps est relâché. Mais les gens du pays et ceux qui connaissent les raisons de cela se font attacher bien fermement les testicules et se font oindre d'un onguent raffermissant et refroidissant pour les retenir, sinon, ils ne pourraient vivre ni subsister[4].

En ce pays et en Éthiopie et dans bien d'autres pays, les gens passent tout le jour nus, couchés sur le bord de l'eau, hommes et femmes ensemble, de l'heure de tierce jusqu'à la fin de l'heure de none. Ils sont entièrement dans l'eau, sauf le visage, car la chaleur est si grande qu'on peut à peine la supporter. Les femmes n'ont pas honte devant les hommes, mais sont étendues, sans se cacher, côte à côte avec eux jusqu'à ce que la chaleur ait diminué. Ainsi, on peut voir beaucoup de laides formes rassemblées, surtout près des bonnes villes. En Inde, tous les navires sont faits de bois, sans bandes et sans clous de fer, à cause des roches d'aimant, si nombreuses dans la mer aux alentours que c'est merveille. Si un navire avec des clous et des bandes de fer passait dans ces zones, il périrait rapidement car, par nature, l'aimant attire à lui le fer, il attirerait donc à lui, à cause de ce fer, le navire qui jamais ne pourrait s'échapper[5].

De cette île, on va à une autre île appelée Tana, où l'on trouve quantité de blé, de vin et d'autres vivres[6]. Il y avait jadis une grande île avec un très grand port, mais la mer est maintenant bien ensablée et a bien diminué. Le roi de cette île était si puissant qu'il guerroya contre le roi Alexandre. Les gens de cette terre ont des cultes très divers. Les uns adorent le soleil, d'autres, le feu, d'autres, les arbres, d'autres, des serpents ou la première chose qu'ils rencontrent le matin. Les uns adorent des simulacres, d'autres, des idoles. Il y a une différence entre les simulacres et les idoles. Les simulacres sont des représentations faites à l'image de choses naturelles, à la ressemblance d'hommes, de femmes, de bêtes ou d'autres choses de la nature. L'idole est une représentation due à la folle volonté de l'homme et qu'on ne peut trouver parmi les choses naturelles, par exemple une statue à quatre têtes, ou un homme à tête de cheval ou de bœuf ou de quelque autre bête que l'on n'a jamais vue dans la nature. Sachez que ceux qui adorent les simulacres honorent en eux de vaillants hommes qui vécurent jadis, comme Hercule et beaucoup d'autres qui ont accompli en leur temps maintes merveilles. Mais ils savent bien, disent-ils, que ce ne sont pas des dieux, car il y a un Dieu de nature qui fit toutes choses et est aux cieux. Ils savent bien que ces héros ne pourraient avoir accompli de telles merveilles sans une grâce particulière de Dieu et c'est pour cela qu'ils les adorent. Du soleil, qui commande le temps et donne chaleur et nourriture à toutes choses sur terre, ils

## CHAPITRE XVIII

disent que sa vertu est si grande qu'il est impossible que Dieu ne l'aime pas plus que les autres choses. C'est pour cela qu'il lui a donné, disent-ils, une plus grande vertu dans le monde et qu'il est bien juste qu'on l'honore et le révère. Ils donnent les mêmes raisons pour les autres planètes ainsi que pour le feu parce qu'il est très utile.

Quant aux idoles, ils disent que le bœuf est la bête la plus sainte qui soit sur terre et plus utile que toutes les autres bêtes, car il fait beaucoup de bien et aucun mal. Et ils savent bien, disent-ils, que ce ne peut être sans une grâce spéciale de Dieu. C'est pour cela qu'ils font leur dieu moitié bœuf et moitié de la forme d'un homme, parce que l'homme est la plus noble créature qui soit sur terre. Et parce qu'il a la seigneurie sur toutes les autres bêtes, ils font la moitié de leurs idoles comme un homme et l'autre moitié comme un bœuf.

Pour les serpents et les autres choses qu'ils rencontrent les premières le matin, ils disent qu'ils adorent particulièrement tout ce qui est de bonne rencontre, qu'il leur arrive du bonheur dans la journée s'ils les rencontrent et qu'ils l'ont expérimenté depuis longtemps. Ils disent donc qu'une bonne rencontre ne peut survenir que par la grâce de Dieu. Ils font faire des représentations ressemblantes pour les regarder et les adorer dès le matin avant de rencontrer des choses contraires. Bien des Chrétiens disent que certaines bêtes sont de bonne rencontre et d'autres de mauvaise rencontre, par exemple on dit qu'il a été prouvé plus d'une fois que le lièvre et les porcs et plusieurs autres bêtes sont de mauvaise rencontre. Et on dit d'un épervier ou d'un autre oiseau de proie que s'il commence à poursuivre sa proie devant des gens armés et la prend, c'est bon signe, mais s'il échoue, c'est mauvais signe. Et il y a des gens qui disent que le corbeau est de mauvaise rencontre. Pas mal de gens croient tout ceci et d'autres choses encore, car cela leur est souvent arrivé, mais pas mal de gens n'y croient pas. Et puisque les Chrétiens qui sont nourris de la sainte doctrine ont de telles croyances, ce n'est pas étonnant que les païens, qui n'ont pas appris la bonne doctrine, sinon celle de la nature, y croient plus largement dans leur ignorance. En vérité, j'ai vu des païens et des Sarrasins, appelés augures, qui, quand nous chevauchions en armes quelque part à la rencontre de l'ennemi nous annonçaient, en observant le vol des oiseaux, tout ce que nous trouverions après. Ils le faisaient à plusieurs reprises, s'engageant, sur leur tête, à ce qu'il en fût ainsi. On ne doit pas ajouter foi à de telles choses, mais avoir toujours une foi ferme en Notre Seigneur.

Les Sarrasins ont conquis cette île de Tana et la gouvernent[7]. Il y a en cette île beaucoup de lions et de bêtes sauvages. Les rats de cette île sont aussi grands qu'un chien par ici et on les attrape avec de grands mâtins, car les chats ne pourraient les attraper. On n'enterre pas les morts en cette île, car la chaleur est si grande qu'en peu de temps le corps est consumé jusqu'aux os.

De là, on va par mer vers l'Inde Majeure à une cité nommée Zarchee, très belle, très bonne. Il y demeure beaucoup de bons Chrétiens, fidèles à la foi et il y a beaucoup de religieux, spécialement des Mendiants[8]. Puis on va par mer à la terre de Lombe[9]. Le poivre croît en cette terre dans une forêt nommée Combar et il ne croît, que je sache, nulle part ailleurs dans le monde sinon dans cette forêt qui a bien dix-huit journées de voyage de long. Il y a dans cette forêt

## CHAPITRE XVIII

deux bonnes cités, nommées l'une Flandrine, l'autre Zinglanz[10] et, dans chacune d'elles demeurent un grand nombre de Chrétiens et de Juifs, car c'est un bon pays, mais il y fait une très grande chaleur.

Sachez que le poivre croît comme une vigne sauvage, plantée près des arbres du bois pour être soutenue, comme on le fait pour la vigne. Le fruit pend à la façon du raisin et l'arbre est si lourdement chargé qu'il semble qu'il va se briser. Quand le fruit est mûr, il est tout vert comme les baies de lierre, que nous appelons *ivy*. On le vendange alors, comme une vigne et puis on le fait sécher au soleil jusqu'à ce qu'il soit tout noir et ridé. Il y a trois sortes de poivre sur un arbre, le poivre long, le poivre blanc et le poivre noir. Le poivre long est appelé *sorbetim*, le noir, *fulful*, et le blanc, *bano*[11]. Le poivre long vient le premier, en même temps que la feuille et ressemble à peu près à la fleur du coudrier, qui pousse avant la feuille et pend vers le bas. Puis vient le noir, en même temps que la feuille, comme des grappes de raisin bien vert. Quand on l'a cueilli, vient le blanc, qui est bien meilleur que le noir. On n'en apporte pas en nos pays, ils le gardent pour eux, car il est meilleur et plus doux que le noir et il n'y a pas autant de blanc que de noir.

Il y a en ce pays bien des sortes de serpents et d'autres bêtes venimeuses en raison de la grande chaleur et de la terre et du poivre. Certains disent que, quand ils veulent cueillir le poivre, ils font un feu au pied de l'arbre pour faire fuir les serpents et les crocodiles. Mais, n'en déplaise à ceux qui disent cela, s'ils brûlaient le tour des arbres qui portent le poivre, ils les brûleraient et les dessécheraient comme tout le reste ; ils en auraient de grands ennuis et ils n'y mettent donc jamais le feu. Mais ils oignent leurs pieds et leurs mains de jus de citron ou d'autres plantes dont les serpents redoutent l'odeur. Les serpents s'enfuient devant eux à cause de cette odeur, alors ils vont vendanger le poivre en toute sécurité, car ils n'ont pas à se garder de l'approche des bêtes venimeuses.

Au début de cette forêt se trouve la cité de Polumbus et, au-dessus, il y a une grande montagne nommée Polumbe dont la cité a pris le nom. Au pied de cette montagne, il y a une belle source abondante qui a l'odeur et la saveur de toutes sortes d'épices et change d'odeur et de saveur à chaque heure. Quiconque boit, à jeun, trois fois de cette source est guéri de sa maladie quelle qu'elle soit. Et ceux qui habitent là et en boivent souvent n'ont jamais aucune maladie et semblent toujours jeunes. J'en ai bu trois ou quatre fois et il me semble que je m'en porte mieux. Certains l'appellent la Fontaine de Jouvence, parce que celui qui en boit souvent semble toujours jeune et passe sa vie sans maladie. On dit que cette source vient du Paradis terrestre, tant elle a de vertu[12].

Dans tout ce pays, pousse du très bon gingembre et les marchands de nombreux pays y viennent chercher des épices. Les gens de ce pays adorent un bœuf pour son humilité, sa bonté, son utilité et ils disent que c'est la plus sainte bête qui vive sur terre, car il leur paraît humble, débonnaire, patient et utile. Ils le considèrent comme saint, car il leur semble qu'il a toutes les vertus. Le roi du pays a toujours un bœuf auprès de lui et ceux qui le gardent recueillent chaque jour les excréments et l'urine dans deux bassins d'or, puis on les donne à leur prélat, qu'ils appellent *archiprotopapaton*[13]. Ce prélat les porte devant le roi et le roi, avec grande dévotion, mouille ses doigts avec l'urine, qu'ils appellent *gaul*, et mouille son front et sa poitrine avec grand respect, afin d'être rempli de ces vertus qui sont celles du bœuf. Et il leur semble qu'ils sont sanctifiés par cette chose qui n'a aucune valeur. Les grands seigneurs font de même à la suite du roi et, après les seigneurs, les autres ministres.

En ce pays, les idoles sont moitié homme, moitié bœuf et le mauvais esprit leur parle par ces idoles et répond à toutes leurs demandes. Ils tuent souvent leurs enfants devant ces idoles et aspergent les idoles de leur sang, c'est ainsi qu'ils font leurs sacrifices.

Quand un homme meurt dans le pays, ils brûlent son corps en guise de pénitence, afin qu'il ne souffre plus de maux en terre quand les vers le mangeront. Si sa femme est sans enfant, ils la brûlent avec lui et disent qu'elle doit lui tenir compagnie en l'autre monde comme elle l'a fait en celui-ci. Si elle a des enfants de lui, on la laisse vivre pour élever ses enfants, si elle le veut. Mais si elle aime mieux vivre avec ses enfants que mourir et être brûlée avec son mari, on la juge infidèle et mauvaise, elle ne sera jamais plus considérée et aucun homme ne se fiera à elle. Si la femme meurt avant son mari, l'homme se fait brûler avec elle, s'il le veut, mais s'il ne veut pas le faire, on ne le contraint pas et il pourra se marier à nouveau sans être blâmé.

Il y a en ce pays de très bons vins, que les hommes ne boivent pas, mais les femmes en boivent volontiers. Et les femmes font raser leur barbe et les hommes ne la rasent pas.

## Chapitre XIX

## Les jugements rendus par la main de saint Thomas l'Apôtre en la cité de Calamie, le culte rendu aux idoles, les sacrifices et les processions faites autour de la cité

De ce pays, on va, en traversant plusieurs régions, vers un pays à dix journées de voyage appelé Mabaron[1]. C'est un très grand royaume avec beaucoup de belles cités et de belles villes. En ce royaume gît le corps de l'apôtre saint Thomas, en chair et en os, dans une belle tombe, dans la cité de Calamie où il fut martyrisé et enseveli[2]. Mais les Assyriens firent jadis porter son corps en Mésopotamie en la cité d'Édesse, puis il fut ramené à Calamie avec les bras et les mains qu'il mit dans les plaies de Notre Seigneur quand celui-ci lui apparut après sa Résurrection et lui dit : « Ne sois pas incrédule, mais croyant[3]. » Sa main est hors de la châsse et, dans le pays, on cherche à savoir à l'aide de cette main qui a tort ou raison dans les procès. Quand il y a une dissension entre deux parties et que chacun affirme qu'il a raison, ils mettent par écrit la cause de chaque partie, puis ils placent ces écrits dans la main de saint Thomas et la main rejette le fautif et retient celui qui a pour lui le droit et la vérité. On vient de bien loin pour obtenir un jugement sur les causes douteuses[4].

L'église où gît saint Thomas est une très grande et belle église, toute remplie de grands simulacres, ce sont des statues qu'ils appellent leurs dieux. Le plus

## CHAPITRE XIX

petit est deux fois plus grand qu'un homme. Parmi ces statues, il y en a une plus grande que les autres, toute couverte d'or, de pierres précieuses et de perles. C'est une statue faite par des Chrétiens renégats ; elle est assise très noblement sur une grande chaire, elle porte autour du cou de larges colliers en or et en perles. À l'intérieur, l'église est toute dorée et très noblement décorée. On vient en pèlerinage devant cette idole en aussi grand nombre et avec autant de dévotion que les chrétiens à Saint-Jacques en Galice. Beaucoup viennent devant cette idole depuis des terres lointaines et, dans leur grande dévotion, ils regardent toujours à terre, n'osant lever la tête pour regarder autour d'eux, de peur de voir quelque chose qui les distrairait de leur dévotion. D'autres vont en pèlerinage en portant des couteaux en leur main et ils se font des plaies aux bras, aux jambes et aux cuisses et répandent leur sang pour l'amour de cette idole. Ils disent que celui qui meurt pour l'amour de son dieu est bienheureux. Il y en a d'autres qui conduisent leurs enfants pour les tuer et sacrifier devant cette idole, puis ils aspergent l'idole du sang de leurs enfants. D'autres y vont en s'agenouillant tous les trois pas depuis le moment où ils sont partis de leur maison jusqu'à ce qu'ils arrivent devant l'idole et, quand ils sont arrivés, ils encensent l'idole avec de l'encens ou d'autres plantes aromatiques, comme si c'était le corps de Notre Seigneur. On vient ainsi de plus de cent lieues adorer cette idole. À l'intérieur du couvent de cette idole, il y a une sorte de vivier ou de lac plein d'eau et, en ce vivier, les pèlerins jettent en offrande de l'or, de l'argent, des pierres précieuses innombrables. Quand les ministres de l'idole ont besoin de construire quelque chose dans l'église, ils vont aussitôt au vivier et prennent ce dont ils ont besoin pour réparer l'église, si bien que rien ne manque qui ne soit aussitôt réparé.

Quand arrivent les grandes fêtes de cette idole, comme la dédicace de l'église ou l'intronisation de l'idole, les gens de tous les pays alentour se rassemblent et placent avec grand respect l'idole sur un char orné de drap d'or et de soie damassée et la conduisent très solennellement tout autour de la cité. Par-devant le char viennent d'abord en procession toutes les pucelles du pays, bien en ordre, deux par deux. Après les pucelles viennent les pèlerins arrivés des régions lointaines. Certains se laissent tomber sous les roues du char et laissent le char passer sur eux si bien que quelques-uns meurent, d'autres ont les bras, les jambes ou les côtes brisés. Ils font cela avec grande dévotion pour l'amour de leur dieu et pensent que plus ils souffriront de peines et de tribulations pour l'amour de cette idole, plus ils seront près de Dieu et auront de joie en l'autre monde. En bref, pour l'amour de leur idole, ils accomplissent des pénitences et font souffrir à leur corps un martyre tel qu'aucun chrétien n'oserait en faire le dixième pour l'amour de Jésus-Christ son Seigneur. Tout proches de l'avant du char vont les ménestrels du pays, eux aussi en grand nombre, et ils jouent de longues mélodies sur leurs divers instruments. Quand ils ont fait le tour de la cité, ils reviennent à l'église et remettent l'idole à sa place. Et ce jour-là, par amour pour cette idole et par respect pour cette fête, deux cents ou trois cents personnes se tuent avec des couteaux tranchants ; on prend leur corps et on les met devant l'idole et on les déclare saints puisqu'ils se sont tués volontairement pour l'amour de leur dieu[5].

De même qu'un lignage par-deçà se dirait honoré

## CHAPITRE XIX

par un ou deux saints hommes qui seraient de ce lignage et ferait mettre par écrit les bienfaits et les miracles qu'ils auraient accomplis pour les faire canoniser, ainsi, par-delà, ils se jugent honorés par ceux qui se tuent pour l'amour de leur dieu, mettent leur nom par écrit dans leurs litanies et se vantent en disant l'un à l'autre : « J'ai plus de saints en mon lignage que vous dans le vôtre. » Quand ils ont l'intention de se tuer pour leur dieu, voici la coutume qu'ils observent : ils font venir tous leurs amis et beaucoup de ménestrels et ils vont en grande fête devant l'idole. Celui qui doit se tuer a un couteau bien tranchant dans la main, il se coupe un morceau de chair et le jette devant l'idole en disant ses prières et en se recommandant à ce dieu. Puis il se frappe et se blesse tellement de tous les côtés qu'il tombe mort. Alors ses amis présentent son corps à l'idole en chantant : « Regardez, Dieu, ce qu'a fait pour vous votre ami et serviteur fidèle. Il a abandonné femme et enfants, richesses et tous biens de ce monde pour vous, et sa propre vie pour vous, et par amour pour vous, et vous a offert en sacrifice sa chair et son sang. Veuillez le placer auprès de vous parmi vos amis les plus chers en la gloire du Paradis, car il l'a bien méritée. » Puis ils font un grand feu ardent et brûlent le corps ; ils prennent les cendres qu'ils gardent comme des reliques et disent qu'elles sont très saintes et qu'ils ne craignent nul péril s'ils ont de ces cendres sur eux.

## Chapitre XX

## L'île de Lamory et comment la terre et la mer sont de ronde forme par la preuve de l'étoile Antarctique

De ce pays, on va par la mer Océane par bien des îles diverses et bien des pays qu'il serait trop long de nommer et de décrire. Et, à trois journées de voyage de cette terre dont j'ai parlé, il y a une terre bien grande nommée Lamory[1]. En cette terre la chaleur est très grande et la coutume est que les hommes et les femmes aillent tous nus et ils se moquent quand ils voient quelque étranger vêtu, disant que Dieu qui créa Adam et Ève était nu et qu'Adam et Ève furent créés nus et que l'homme ne doit pas avoir honte de se montrer tel que Dieu l'a fait, car rien n'est laid de ce qui est de nature[2]. Et ils disent que les gens qui sont vêtus sont des gens d'un autre siècle ou des gens qui ne croient pas en Dieu qui créa le monde et fit Adam et Ève et toutes les autres choses.

Aucune femme n'est épousée, mais toutes les femmes du pays sont en commun et ne se refusent à aucun. Elles disent qu'elles pécheraient si elles se refusaient aux hommes et que Dieu l'ordonna ainsi à Adam et Ève et à ceux qui descendraient d'eux quand il dit : « Croissez et multipliez-vous et remplissez la terre[3]. » C'est pour cela que nul en ce pays ne peut dire : « C'est ma femme » et nulle femme ne peut dire : « C'est mon mari. » Et quand elles ont des enfants, elles les donnent comme elles le veulent à l'un de ceux qui a eu des relations avec elles.

## CHAPITRE XX

La terre aussi est tout entière mise en commun ; un la possède un an, l'autre, un autre et chacun prend la part qu'il veut. Les biens du pays aussi sont mis en commun, le blé et les autres choses, car rien n'est enclos, rien enfermé et chacun prend ce qu'il lui plaît sans empêchement. Ainsi l'un est aussi riche que l'autre. Mais ils ont une mauvaise coutume, car ils mangent plus volontiers la chair humaine qu'aucune autre chair. Et le pays abonde en blé, viande, poisson, or et argent et autres biens. Les marchands vont là pour vendre des enfants aux gens du pays, qui les achètent. S'ils sont gras, ils les mangent aussitôt, s'ils sont maigres, ils les font engraisser et disent que c'est la chair la meilleure et la plus douce du monde.

En cette terre, comme en plusieurs autres de par-delà, on ne voit pas l'étoile Tramontane, c'est l'étoile de mer, qui est vers le nord et ne bouge pas. Mais on en voit une autre, qui est à l'opposé de celle-ci, vers le midi et que l'on appelle Antarctique. Et de même que les mariniers d'ici prennent leur direction et se dirigent grâce à l'étoile vers le nord, de même les mariniers de là-bas le font grâce à cette étoile vers le midi, qui ne nous apparaît pas et celle vers le nord ne leur apparaît pas. C'est par cela que l'on peut s'apercevoir que la terre et la mer sont de forme ronde, car la partie du firmament qui apparaît dans un pays n'apparaît pas dans l'autre. Et on peut bien prouver par l'expérience et par de subtiles indications que, si l'on pouvait s'embarquer sur un navire et trouver des gens qui veuillent aller à la découverte du monde, l'on pourrait aller sur ce navire tout autour du monde, et dessus, et dessous.

Je vais prouver cela par ce que j'ai vu. Car je suis allé vers la région du Brabant et j'ai regardé à l'astrolabe[4] que la Tramontane était à cinquante-quatre degrés de hauteur ; et plus avant, en Allemagne et vers la Bohème, elle est à cinquante-huit degrés ; et plus avant vers les régions septentrionales, elle est à soixante degrés et quelques minutes de hauteur, je l'ai mesuré moi-même à l'astrolabe. Or, vous devez savoir que, à l'opposé de cette Tramontane, est l'autre étoile appelée Antarctique, comme je vous l'ai dit. Ces deux étoiles sont immobiles et tout le firmament tourne autour d'elles, comme une roue autour de son axe de sorte que ces deux étoiles partagent le firmament en deux parties égales et qu'il y a autant par-dessous que par-dessus. Puis je suis allé vers les régions méridionales, c'est-à-dire vers le midi et j'ai trouvé qu'en Libye l'on voit pour la première fois l'étoile Antarctique. Et plus j'allais avant en ces régions, plus je trouvais cette étoile haute, si bien que, vers la Haute Libye, elle a, de hauteur, dix-huit degrés et quelques minutes, dont soixante font un degré. Puis, en allant par mer et par terre vers les régions dont j'ai parlé et vers les autres îles et terres au-delà de ce pays, j'ai trouvé l'Antarctique à trente-trois degrés et plusieurs minutes de hauteur. Et si j'avais trouvé des compagnons et un navire pour aller plus avant, je crois être certain que nous aurions vu toute la rondeur du firmament autour du monde. Car, comme je vous l'ai dit plus haut, la moitié du firmament est entre les deux étoiles et j'ai vu toute cette moitié ; et, de l'autre moitié, j'ai vu, vers le nord, en dessous de la Tramontane, soixante-deux degrés et dix minutes et, vers les régions méridionales, j'ai vu, au-dessous de l'Antarctique, trente-trois degrés et seize minutes. Or, la moitié du firmament ne mesure en tout que cent quatre-vingts degrés

## CHAPITRE XX

et, de ces cent quatre-vingts degrés, j'ai vu soixante-deux degrés d'une part et trente-trois de l'autre, c'est-à-dire quatre-vingt-quinze degrés et près de la moitié d'un degré. Il ne me manque donc pour avoir vu tout le firmament que quatre-vingt-quatre degrés et presque un demi-degré. Ce n'est même pas le quart du firmament, car le quart de la rondeur du firmament est de quatre-vingt-dix degrés ; il manque cinq degrés et demi au quart. J'ai donc vu les trois quarts de toute la rondeur du firmament, plus cinq degrés et demi[5]. C'est pour cela que je dis avec certitude qu'un homme pourrait faire le tour de toute la terre du monde, aussi bien par-dessus que par-dessous et revenir en son pays s'il trouvait des compagnons et un navire pour le conduire et il trouverait toujours des hommes, des terres et des îles tout comme en nos pays.

Vous savez que ceux qui sont du côté de l'Antarctique sont exactement pieds contre pieds de ceux qui demeurent sous la Tramontane, de même que nous et ceux qui demeurent au-dessous de nous sommes pieds contre pieds[6], car toutes les parties de la terre et de la mer ont leurs opposés habitables et franchissables et deçà et delà. Et sachez que, selon ce que je puis percevoir et comprendre, les terres du Prêtre Jean, empereur des Indes, sont au-dessous de nous. Car en allant d'Écosse ou d'Angleterre vers Jérusalem, l'on monte toujours, puisque notre terre est dans la basse partie de la terre vers l'occident, comme la terre du Prêtre Jean est dans la basse partie vers l'orient. Ils ont là le jour quand nous avons la nuit et, au contraire, ils ont la nuit quand nous avons le jour. Car la terre et la mer sont de forme ronde, comme je vous l'ai dit et, ce qu'on monte d'un côté, on le descend de l'autre. Or, vous avez entendu dire que Jérusalem est au milieu du monde et on peut le montrer par-delà avec une lance fichée en terre à l'heure de midi à l'équinoxe, qui ne fait d'ombre d'aucun côté[7]. Et David témoigne dans le Psautier qu'elle est au milieu du monde quand il dit : « Dieu a opéré le salut au milieu de la terre[8]. » Donc, ceux qui partent des régions d'occident pour aller vers Jérusalem, autant de journées de voyage mettent-ils pour monter jusque-là, autant de journées de voyage mettraient-ils pour aller de Jérusalem jusqu'aux extrémités de la terre par-delà. Et quand un homme va au-delà vers l'Inde et vers les îles lointaines, c'est en faisant le tour de la terre et de la mer par-dessous nos pays de par-deçà.

C'est pour cela qu'il m'est souvenu maintes fois d'une chose que j'ai entendu raconter quand j'étais jeune, disant qu'un vaillant homme partit de notre pays pour aller explorer le monde ; il passa par l'Inde et les îles au-delà de l'Inde qui sont plus de cinq mille ; il alla tant par terre et par mer pendant plusieurs saisons qu'il trouva une île où il entendit parler sa langue et mener les bœufs avec les mêmes mots que dans son pays, ce qui l'émerveilla grandement, car il ne savait comment cela pouvait se faire. Mais je dis qu'il avait tant erré par terre et par mer qu'il avait fait tout le tour de la terre et qu'il était revenu, en tournant, jusqu'aux environs de chez lui ; et s'il avait voulu avancer encore, il aurait trouvé son pays et ses connaissances. Mais il s'en retourna par où il était venu et perdit ainsi sa peine, comme il le disait lui-même, un long moment après son retour. Car il arriva une fois, tandis qu'il allait en Norvège, que la tempête le prit en mer et il aborda à une île et, quand il fut dans cette île, il reconnut que c'était l'île où il avait entendu parler sa langue en menant les bœufs à la charrue. Et ce fut bien possible, bien qu'il semble aux gens simples que l'on ne pourrait aller au-dessous de la terre et que l'on devrait tomber vers le ciel au-dessous de nous quand on serait au-dessous de la terre. Mais cela ne peut être, pas plus que nous ne devons tomber vers le ciel de la terre où nous sommes. Car, en quelque partie de la terre que l'homme demeure, dessus ou dessous, il semble toujours aux habitants qu'ils vont plus droit que les autres gens. Et comme il nous semble qu'ils sont au-dessous de nous, il leur semble que nous sommes au-dessous d'eux. Car si un homme pouvait tomber de la terre jusqu'au firmament, à plus forte raison la terre et la mer, qui sont si grandes et si pesantes, devraient tomber jusqu'au firmament. Mais ce n'est pas possible et c'est pour cela que Notre Seigneur a dit : « Ne crains pas, j'ai suspendu la terre dans le vide[9]. »

Mais bien qu'il soit possible de pouvoir ainsi faire le tour du monde, néanmoins, sur mille personnes, il n'y en aurait pas une qui tiendrait son chemin assez droit pour revenir. Car, en raison de la grandeur de la terre et de la mer, on pourrait aller par mille chemins différents qui ne ramèneraient pas parfaitement vers les régions dont on serait parti si ce n'est par hasard ou par la grâce de Dieu. Car la terre est très large et très grande, sa rondeur et son tour, par-dessus et par-dessous, sont de vingt mille quatre cent vingt-cinq milles[10] selon l'opinion des anciens sages, dont je ne contredis pas les dires, mais, ne leur en déplaise, il me semble selon mon petit raisonnement que c'est plus. Pour mieux comprendre ce que je veux dire, imaginons une figure dessinant un grand cercle et un autre petit cercle, divisé en plusieurs parties par des lignes qui toutes se réunissent au centre. Vous savez que le grand cercle sera divisé en autant de parties que le petit qui est autour du centre bien que les intervalles soient plus petits. Le grand cercle représentera le firmament et le petit, la terre. Les astronomes divisent le firmament en douze signes, chacun comportant trente degrés, le firmament a trois cent soixante degrés de tour. Si on divise la terre en autant de parties que le firmament, chaque partie correspondra à un degré du firmament. Selon les astronomes, six cents stades sur terre correspondent à un degré du firmament, soit quatre-vingt-sept mille quatre stades ; si on les multiplie par trois cent soixante, on aura trente et un mille cinq cents milles, chacun de huit stades, selon les milles de notre pays. C'est la mesure de la rondeur de la terre tout autour selon mon opinion et mon raisonnement[11].

Et sachez que, selon l'opinion des anciens sages, philosophes et astronomes, ni notre pays, ni l'Irlande, ni le Pays de Galles, ni l'Écosse, ni la Norvège, ni les autres îles qui les bordent ne sont de la superficie calculée sur la terre, comme on le voit dans tous les livres d'astronomie. Car la superficie de la terre est divisée en sept parties par les sept planètes et ces parties sont appelées climats. Et nos régions ne sont pas dans les sept climats, car elles descendent vers l'occident en tournant autour de la rondeur du monde. Et les îles d'Inde sont en face de nous, qui sommes dans cette basse partie. Et les sept climats s'étendent tout autour du monde.

## Chapitre XXI

## Le palais du roi de l'île de Java, les arbres qui portent farine, miel, vin et venin, les autres merveilles et coutumes des îles voisines

Près de cette île de Lamory dont je vous ai parlé plus haut, il y a vers le midi une autre île appelée Sinnobor[1]. C'est une grande île dont le roi est très puissant. Les gens de cette île se font toujours marquer au visage d'un fer chaud, hommes et femmes, en signe de noblesse et pour être reconnus des autres gens, car ils se jugent plus nobles et plus vaillants que les gens du monde entier. Ils sont toujours en guerre contre les gens dont je vous ai parlé qui vont tout nus. Assez près, il y a une autre île, appelée Botemga[2], une très bonne île, très fertile. Il y a tout autour beaucoup d'autres îles où habitent bien des peuples divers, dont il serait trop long de parler complètement. Mais, en passant par la mer, on trouve près de cette île une grande île et un grand pays appelé Java, qui a près de deux mille lieues de tour. Le roi de ce pays est un très grand seigneur, riche et puissant, qui domine sept rois de sept îles alentour[3]. Cette île est très bien habitée et très bien peuplée de gens. Il y pousse toutes sortes d'épices, en plus grande abondance qu'ailleurs, comme le gingembre, la cannelle, les clous de girofle, les noix muscades, le cédoar et le macis[4]. Et sachez que la noix muscade porte le macis, car il en est de même pour la noix muscade et le macis que pour la noisette qui a une coquille extérieure qui l'enveloppe jusqu'à ce qu'elle soit mûre et tombe au-dehors. Il pousse en cette île quantité d'autres épices et d'autres biens, car il y a abondance de tous biens, sauf de vin. Il y a aussi de l'or et de l'argent en grande quantité. Le roi a un palais très noble et merveilleux, plus riche qu'aucun autre au monde. Toutes les marches par lesquelles on monte aux salles et aux chambres ont un carreau d'or et l'autre d'argent, de même que le pavement des salles et des chambres est fait d'or et d'argent. Tous les murs sont recouverts d'or et d'argent en grandes plaques sur lesquelles sont dessinées des histoires et des batailles de chevaliers, qui ont tous des cercles de pierres précieuses et de grosses perles autour de la tête. Les salles et les chambres du palais ont à l'intérieur des plafonds d'or et d'argent, de sorte que nul ne peut imaginer la noblesse et la richesse de ce palais s'il ne les a vues.

Sachez que le roi de ce pays est si puisssant qu'il a souvent vaincu à la guerre le Grand Chan de Cathay, le plus puissant empereur dessous le firmament deçà la mer et delà. Ils ont souvent guerroyé l'un contre l'autre, car le Grand Chan voulait lui faire prêter hommage pour sa terre, mais l'autre s'est toujours bien défendu[5].

Au-delà de cette île, en allant par mer, on trouve une autre île grande et bonne appelée Thalamasse, que d'autres appellent Panthey[6]. C'est un royaume dont le roi a en sa terre beaucoup de belles cités et de belles villes. Dans ce pays, croissent des arbres qui portent de la farine dont on fait du bon pain blanc de bonne saveur ; il semble fait de froment, mais il n'a pas la même saveur. Il y a d'autres arbres qui portent du miel bon et doux, d'autres qui portent du vin, d'autres, du venin. Il n'y a qu'un seul remède contre ce venin, il faut prendre de ses propres excréments, les dissoudre dans l'eau et boire aussitôt, sinon celui qui a pris de ce venin meurt rapidement et le triacle ou d'autres remèdes ne servent à rien. Les Juifs avaient envoyé chercher de ce venin il y a quelques années pour empoisonner toute la chrétienté, comme je les ai entendus dire quand ils se confessaient en mourant. Mais, grâce à Dieu, ils échouèrent dans leur projet. Il y eut cependant de grandes mortalités[7].

S'il vous plaît de savoir comment on fait la farine à partir de ces arbres, je vais vous le dire. On frappe l'arbre avec une hachette tout autour du pied, jusqu'à ce que l'écorce soit enlevée en plusieurs endroits. Il en sort une liqueur épaisse qu'ils font sécher au soleil et elle devient de la farine belle et blanche. On tire de la même manière des autres arbres le vin, le miel et le venin et on les met dans des bassins pour les conserver.

Il y a dans cette île une mer Morte, c'est un lac sans fond et si on y entrait, on tomberait en ce lac sans pouvoir revenir. En ce lac croissent des arondines, ce sont des roseaux qu'ils appellent *chabin*[8], qui ont bien trente toises de long ou plus. Avec ces roseaux, on fait de belles et bonnes maisons. Il y a d'autres roseaux qui ne sont pas aussi longs, qui croissent près de la terre et ils ont de si longues racines qu'elles s'étendent sur plus de quatre arpents. Au fond de ces racines, on trouve des pierres précieuses qui ont une très grande vertu[9]. Ni le fer ni l'acier ne peuvent blesser qui en porte une sur lui, ni lui faire des plaies, ni faire couler son sang. C'est parce qu'ils ont toujours ces pierres sur eux qu'ils combattent si hardiment sur mer et sur terre, car on ne peut leur causer aucun mal par une quelconque arme. Aussi, ceux qui savent comment se battre avec eux tirent contre eux des flèches et des carreaux d'arbalète sans fer, et ainsi ils les blessent et les tuent. Avec ces roseaux, ils font des maisons, des navires et d'autres constructions, comme nous faisons en nos régions avec les grands chênes et les autres arbres. Et ne croyez pas que je dise des mensonges, car j'ai vu de mes yeux plusieurs roseaux couchés sur le rivage de ce lac et mes compagnons ne pouvaient pas en porter un ni le soulever de terre.

De cette île, on va par mer à une autre île nommée Calanoc[10], une belle terre avec beaucoup de biens. Le roi de ce pays a autant de femmes qu'il le veut, car il fait chercher les plus belles demoiselles de son pays et de tout le pays alentour, les fait amener devant lui, une nuit, il en prend une, une autre nuit, une autre et ainsi de suite, si bien qu'il a mille femmes et plus. Et il ne couchera qu'une fois avec une femme si elle ne lui plaît pas plus que les autres. De ces femmes, le roi a un grand nombre d'enfants, de certaines, il en a cent, de certaines, deux cents, de certaines, plus.

Le roi possède bien treize mille éléphants qu'il fait élever par ses vilains dans tout le pays. Car, au cas où il serait en guerre avec quelque roi de ses voisins, il ferait monter des gens dans des châteaux sur ces éléphants pour combattre ses adversaires. Les rois du pays font de même, car la manière de guerroyer par-delà n'est pas semblable à l'ordonnance de par-deçà. On appelle ces éléphants *warkes*[11].

Il y a encore dans cette île une grande merveille que l'on ne trouve nulle part ailleurs. Toutes les sortes de poissons qui sont en mer viennent une fois l'an, une espèce après l'autre, et se jettent sur la rive de cette île, si bien qu'on ne voit sur la mer que des poissons. Ils demeurent là l'espace de trois jours et tous ceux du pays en prennent autant qu'ils veulent. Et puis cette espèce de poissons part et une autre espèce arrive et fait comme l'autre, jusqu'à ce que toutes les espèces de poissons soient toutes venues. Et toutes ces espèces viennent, en ordre, l'une après l'autre pendant trois jours entiers jusqu'à ce que chaque habitant du pays ait pris autant qu'il le voulait de chaque espèce. On ne sait pas la cause de cela, mais ceux du pays disent que c'est pour honorer leur roi, qui est le plus digne qui soit, disent-ils, parce qu'il accomplit l'ordre donné par Dieu à Adam : « Croissez et multipliez-vous et remplissez la terre. » Et puisqu'il fait se multiplier ainsi tous ses enfants dans le monde, Dieu lui envoie les poissons de la mer entière afin qu'il en prenne à sa volonté pour lui et tout le pays. Ainsi les poissons de la mer viennent là lui rendre hommage, comme au plus excellent et au mieux aimé de Dieu, disent-ils. Je ne sais la raison de ce fait, Dieu la sait bien, lui qui sait tout, mais cette chose me semble la plus grande merveille de toutes les choses que j'aie jamais vues dans le monde. Car la nature fait beaucoup de choses diverses et merveilleuses, mais cette merveille n'est pas naturelle ; il est tout à fait contre nature que les poissons, qui peuvent faire le tour du monde entier, viennent se rendre à la mort de leur propre volonté et sans nulle contrainte. C'est pourquoi, je suis tout à fait certain que cela doit avoir une grande signification.

Il y a aussi dans ce pays de grands escargots, qui sont si grands que plusieurs personnes pourraient se loger sous leur coquille comme dans une petite maison[12]. Il y a d'autres escargots qui sont bien moins grands que les premiers et de gros vers blancs à tête noire qui sont aussi gros que la cuisse d'un homme. Il y en a d'autres plus petits, de la taille des vers qui sont dans le bois pourri, et on fait avec ceux-là des plats de nourriture royale pour le roi et pour les grands seigneurs. Et si un homme marié meurt dans ce pays, on ensevelit sa femme avec lui, vivante. On dit qu'il est raisonnable qu'elle lui tienne compagnie dans l'autre monde comme elle l'a fait en celui-ci.

De ce pays, on va par la mer Océane à une île appelée Caffoles[13]. Quand leurs amis sont malades, les gens de cette île les pendent à un arbre et disent qu'il vaut mieux qu'ils soient mangés par les oiseaux, qui sont des anges de dieu, plutôt qu'en terre par les vers qui sont sales.

De cette île, on passe par une autre île où les gens sont de très mauvaise nature, car ils élèvent de grands chiens et les dressent à étrangler leurs amis quand ils sont malades, car ils ne veulent pas qu'ils meurent de mort naturelle parce qu'ils endureraient, disent-ils, trop de souffrances. Et quand ils sont ainsi étranglés, ils les mangent au lieu de gibier.

Puis on va par bien des îles de la mer jusqu'à une île appelée Milke[14]. Il y a là de très mauvaises gens, auxquels rien ne plaît tant que combattre et tuer les gens. Car ils boivent volontiers le sang de l'homme et appellent ce sang dieu. Et celui qui pourra en tuer le plus sera le plus honoré parmi eux. Si deux personnes qui se haïssent sont réconciliées par des amis ou que certains concluent des alliances entre eux, il faut que chacun boive du sang de l'autre, sinon l'accord ou l'alliance serait sans valeur et il n'y aurait ni reproche ni réprobation si quelqu'un agissait contre cet accord ou cette alliance.

De cette île, on va par mer d'île en île jusqu'à une île nommée Tracorde où il y a des gens tous bestiaux, comme dépourvus de raison. Ils demeurent dans des cavernes qu'ils creusent en terre, car ils n'ont pas l'idée de faire de maison et quand ils voient quelqu'un passer par leur terre, ils se terrent en leurs cavernes. Ils mangent la chair des serpents et ils ne parlent pas, mais sifflent l'un vers l'autre comme des serpents. Ils ne se soucient d'aucune richesse, sauf d'une pierre précieuse qui a soixante couleurs et qui se nomme, d'après l'île, tracodice. Ils ne savent quelle vertu elle a, mais ils l'estiment seulement pour sa beauté.

De cette île, on va par la mer Océane par bien des îles jusqu'à une île appelée Nacameran[15], qui est une très grande île, bonne et belle, d'environ mille lieues de tour. Tous les hommes et les femmes de cette île ont des têtes de chien et on les appelle Cynocéphales[16]. Ce sont des gens pourvus de raison et d'une bonne intelligence. Ils adorent un bœuf comme dieu et chacun d'eux porte sur le front un bœuf d'or et d'argent, pour signifier qu'ils aiment bien leur dieu. Ils vont tout nus, vêtus seulement d'un petit morceau de drap dont ils se couvrent les genoux et le membre secret. Ce sont des gens grands, forts et de bons combattants. Ils portent un grand bouclier qui leur couvre tout le corps et tiennent en main une lance. S'ils prennent un homme au cours d'une bataille, ils le mangent.

Le roi de cette île est très riche, très puissant, et très pieux, selon leur religion, et a toujours pendues autour du cou trois cents très grosses perles d'Orient enfilées comme les chapelets d'ambre. Et de la même manière que nous disons Pater Noster et Ave Maria en comptant les grains d'ambre, de même ce roi dit chaque jour trois cents prières à son dieu avant de manger. Il porte aussi autour du cou un rubis d'Orient fin, noble, qui a près d'un pied de long et cinq doigts de large. Quand ils élisent leur roi, ils lui mettent ce rubis en main et l'emmènent ainsi à cheval tout autour de la cité. Et, à partir de ce moment, tous lui obéissent. Il portera toujours ce rubis au cou, sinon on ne le considérerait pas comme le roi. Le Grand Chan de Cathay a beaucoup convoité ce rubis, mais il n'a jamais pu l'avoir, ni par guerre, ni à aucun prix. Ce roi est très juste, selon sa loi, et rend très bonne justice, aussi on peut aller en sécurité à travers tout le pays et porter tout ce que l'on veut sans que personne ait la hardiesse de rien détourner ou dérober, car le roi en ferait aussitôt justice.

De cette terre, on va à une autre île, appelée Silha[17], qui a bien huit cents lieues de tour. Il y a en cette île beaucoup d'endroits et de terres infertiles et il y a tant de serpents, de dragons et de crocodiles qu'on n'ose y demeurer. Ces crocodiles sont des serpents rayés de jaune, ils ont quatre pieds, de courtes jambes et de grands ongles. Il y en a qui ont cinq toises de long, ou six, ou huit, ou dix. Quand ils vont dans un lieu sablonneux, il semble que l'on a traîné sur le sable un grand arbre. Il y a aussi beaucoup de bêtes sauvages, spécialement des éléphants.

Il y a dans cette île une haute montagne et, au milieu de cette montagne, il y a un grand lac dans une belle plaine avec une grande quantité d'eau. Et les gens du pays disent qu'Adam et Ève pleurèrent cent ans sur cette montagne quand ils furent chassés du Paradis. Et ils disent que ce lac fut formé de leurs larmes, car ils pleurèrent tant sur cette montagne que ce lac se forma ainsi[18]. On trouve au fond de ce lac beaucoup de pierres précieuses et de grosses perles. Dans ce lac poussent beaucoup d'arondines et de grands glaïeuls. Il y a dans ce lac des crocodiles et

## CHAPITRE XXI 151

plusieurs autres serpents et beaucoup de grosses sangsues. Le roi de ce pays donne une fois par an la permission aux pauvres gens d'entrer dans ce lac et de ramasser ces pierres et ces perles pour l'amour de Dieu et d'Adam, et ils en trouvent assez chaque année. Mais, à cause de la vermine qui est dans l'eau, ils oignent leurs bras et leurs jambes de jus de limon, c'est une sorte de fruit semblable à une petite pêche. Ils ne craignent alors ni les crocodiles ni la vermine.

Cette eau court et descend sur un côté de la montagne et, dans ce ruisseau, on trouve beaucoup de pierres et de perles. Tout le monde dit en cet endroit que les serpents ou les autres bêtes sauvages du pays ne feraient nul mal à un étranger qui entrerait dans le pays et n'attaquent que ceux qui sont nés dans le pays.

Dans ce pays et dans d'autres alentour, il y a des oies sauvages qui ont deux têtes et des lions tout blancs, aussi grands que des bœufs et beaucoup d'autres bêtes diverses[19]. Il y a plusieurs oiseaux qui ne sont pas par-deçà la mer. Et sachez que dans ce pays et dans les autres îles alentour, la mer est si haute qu'il semble qu'elle est suspendue aux nuages et qu'elle va recouvrir toute la terre. Je ne sais comment elle peut tenir ainsi, sinon par la grâce de Dieu qui la soutient ainsi. C'est pourquoi David dit dans le Psautier :

« Merveilleuses sont les vagues de la mer[20]. »

## Chapitre XXII

## Comment l'idole fait savoir si le malade mourra ou non, les gens d'apparence diverse et défigurés et les moines qui donnent la nourriture aux singes

De cette île, en allant par mer vers le midi, il y a une autre île grande et large nommée Dondia[1]. Il y a dans cette île des gens d'une étrange nature, car le père mange son fils et le fils, son père, le mari, sa femme et la femme, son mari. Et s'il advient que le père ou la mère ou quelque ami soit malade, le fils va aussitôt trouver un prêtre de leur religion et le prie de bien vouloir aller demander à leur idole si son père mourra de cette maladie ou non. Le prêtre et le fils vont alors ensemble devant l'idole, s'agenouillent très dévotement et font leur demande. Et l'idole répond, par le diable qui est en elle, et dit qu'il ne mourra pas cette fois-ci et leur indique comment le guérir. Le fils revient alors vers son père et fait tout ce que l'idole a indiqué jusqu'à ce qu'il soit guéri. Les femmes font de même pour leur mari et les maris pour leur femme et les amis l'un pour l'autre. Et si l'idole dit qu'il va mourir, alors le prêtre va avec le fils ou la femme du malade et lui met un drap sur la bouche pour l'empêcher de respirer et ainsi il l'étouffe et le tue.

Ils découpent ensuite le corps en morceaux et invitent tous leurs amis à venir manger de ce mort. Ils font venir tous les ménestrels qu'ils peuvent trouver et mangent ce corps en faisant une grande fête et une grande solennité. Quand ils ont mangé la chair, ils prennent les os et les enterrent en chantant avec de grandes mélodies. Et tous les parents et les amis qui n'ont pas été à cette fête subissent des reproches et on leur fait honte et ils sont très profondément tristes, car on ne les considérera jamais plus comme des amis. Ils disent que les amis mangent la chair pour éviter au mort des souffrances, car si les vers le mangeaient en terre, son âme souffrirait, disent-ils, d'une trop grande douleur. Si la chair est trop maigre, les amis disent qu'ils ont très grandement péché en l'ayant tant laissé languir et tant supporter de souffrances sans raison. Et quand ils trouvent la chair grasse, ils disent qu'ils ont très bien agi en l'envoyant très rapidement en Paradis et ne l'ont pas laissé supporter de trop grandes souffrances.

Le roi de cette île est un très grand sire, très puissant car il a soixante-quatre très grandes îles qui dépendent de lui et chacune de ces îles a un roi couronné. Tous ces rois lui sont soumis. Il y a en ces îles bien des gens différents[2]. Dans l'une des îles demeurent des gens de haute stature, comme des géants, hideux à voir ; ils n'ont qu'un œil au milieu du front et ne mangent que de la viande et du poisson crus. Dans une autre île, vers le midi, demeurent des gens dont la forme est laide et la nature mauvaise, qui n'ont pas de tête et ont les yeux aux épaules et, au milieu de la poitrine, la bouche tordue comme un fer à cheval. Et dans une autre île, il y a des gens sans tête qui ont les yeux et la bouche par-derrière les épaules. Et dans une autre île, il y a des gens qui ont la figure toute plate, unie, sans nez, sans yeux et ils n'ont que deux petits trous ronds à la place des yeux et une bouche plate, comme une fente, sans lèvres. Et dans une autre île, il y a des gens mal façonnés qui ont la lèvre inférieure si grande que, quand ils veulent dormir au soleil, ils couvrent toute leur figure de cette lèvre inférieure. Et dans une autre île, il y a des gens aussi petits que des nains, mais toutefois plus grands que les Pygmées ; ils ont un petit trou au lieu de bouche, aussi ils doivent prendre ce qu'ils mangent et boivent avec un tuyau de plomb ou d'autre métal. Ils n'ont pas de langue, ils ne parlent donc pas, mais ils se font des signes l'un à l'autre, comme les moines ou les muets et comprennent ainsi ce que l'autre veut dire. Et dans une autre île, il y a des gens avec de grandes oreilles pendant jusqu'aux genoux. Et dans une autre île, il y a des gens qui ont des pieds de cheval, ils sont forts, vigoureux et courent vite, car ils attrapent à la course les bêtes sauvages et les mangent. Et il y a une autre sorte de gens qui marchent sur les mains et les pieds, comme des bêtes, ils sont tout velus et grimpent facilement sur les arbres aussi rapidement qu'un singe. Et dans une autre île, il y a des gens qui sont à la fois homme et femme, ils ont un sein d'un côté, de l'autre n'en ont pas et ils ont les organes de génération d'homme et de femme et s'en servent comme ils le veulent, tantôt de l'un, tantôt de l'autre ; ils engendrent des enfants quand ils agissent en mâles et, quand ils agissent en femmes, ils les conçoivent et les portent. Dans une autre île, il y a des gens qui marchent toujours sur les genoux de façon étonnante, car il semble qu'ils vont tomber à chaque pas et ils ont huit orteils à chaque pied. Il y a plusieurs autres sortes de gens dans les autres îles environnantes dont on pourrait longuement parler, mais cela allongerait trop mon propos, aussi je m'en dispenserai, pour être bref.

## CHAPITRE XXII

De ces îles, en allant vers l'orient par la mer Océane, pendant de nombreuses journées de voyage, on trouve un grand pays et un grand royaume appelé Mancy, qui est en Inde Majeure[3]. C'est la meilleure terre, le plus beau pays, le plus agréable, le plus riche de tous biens que l'homme puisse posséder. Beaucoup de Chrétiens et de Sarrasins demeurent en cette terre, car le pays est bon et grand. Il y a plus de deux mille cités, sans compter les autres villes. La population est très nombreuse en ce pays, plus que dans toutes les autres îles, à cause de la qualité de ce pays. En ce pays, nul ne demande du pain pour l'amour de Dieu car, dans tout le pays, il n'y a nul pauvre.

Les gens sont très beaux, mais ils sont très pâles. Les hommes ont des barbes bien peu fournies, avec peu de poils et bien longues. Un homme a à peine cinquante poils dans sa barbe, à part un poil de ci, de là, comme la barbe d'un léopard ou d'un chat. Il y a en ce pays de très belles femmes, plus qu'en nul autre pays de par-delà la mer. Et certains appellent cette terre Albane, parce que les gens y sont blancs[4].

La principale cité de ce pays, qui est à une lieue de la mer, s'appelle Latorii ; elle est bien plus grande que Paris[5]. Il y a dans cette cité un fleuve portant navires qui va jusqu'à la mer. Aucune cité du monde n'a autant de navires que celle-ci. Tous les gens de la cité adorent les idoles.

En ce pays, tous les oiseaux sont deux fois plus grands que par ici. On trouve des oies dont le cou est entouré de blanc et de rouge qui ont une grosse bosse sur la tête et sont deux fois plus grandes que par-deçà[6]. Tous les marchés abondent de vivres. Et il y a une grande quantité de serpents, que l'on fête grandement et on les mange aux grandes solennités. Si quelqu'un donne une grande fête et offre toute la nourriture que l'on peut imaginer, il n'a rien fait s'il n'a servi ces serpents en entremets, car on n'appréciera rien de ce qu'il aura fait.

Il y a dans ce pays plus d'une bonne cité, avec des marchés riches de toutes sortes de vivres. Il y a beaucoup d'églises et de religieux de leur religion. Dans ces églises, il y a des idoles grandes comme des géants auxquelles ils donnent à manger aux jours de fête de la manière suivante : ils portent devant elles de la nourriture toute cuite, aussi chaude que si elle sortait du feu et font monter la fumée vers les idoles. Ils disent alors que l'idole a mangé ; ensuite, les religieux mangent la nourriture.

Ils ont dans ce pays des poules blanches sans plume, mais avec de la laine blanche, comme des brebis[7]. Les femmes mariées de ce pays portent une sorte de corne sur la tête pour être distinguées des non-mariées. Il y a dans ce pays une bête qu'on appelle loutre, qui va dans l'eau et mange les poissons. On jette cette bête dans les viviers, les étangs ou les rivières profondes et elle rapporte aussitôt autant de gros poissons que l'on veut.

En traversant ce pays, il y a plusieurs journées de voyage de cette cité jusqu'à une autre que l'on appelle Cassaie, c'est-à-dire Cité du ciel[8]. Cette cité a cinquante lieues de tour et est si densément habitée que l'on trouve dix habitations par maison. Il y a douze portes principales en cette cité et trois lieues entre chaque porte et, à quatre lieues de distance, il y a une autre bien grande cité. Cette cité est sise sur une lagune comme Venise et il y a en cette cité plus de douze mille ponts. Sur chaque pont, il y a une forte tour où demeurent des gardes pour garder la cité

## CHAPITRE XXII

contre le Grand Chan, car cette terre est voisine de celle du Grand Chan[9].

D'un côté de la cité, court une grande rivière, un grand fleuve, tout le long de la cité. Là demeurent beaucoup de Chrétiens, beaucoup de marchands et beaucoup de gens de diverses nations, parce que le pays est bon et riche. Il produit beaucoup de bon vin, appelé *bigon*[10], très fort et très agréable à boire. C'est une cité royale où le roi de Mancy avait l'habitude de demeurer. Beaucoup de religieux chrétiens y demeurent, spécialement des Mendiants[11].

De cette cité, on va sur l'eau en se divertissant et en jouant jusqu'à une grande abbaye de moines, assez proche, où il y a beaucoup de religieux de leur religion. Dans cette abbaye, il y a un très beau et grand jardin avec beaucoup d'arbres fruitiers de diverses espèces. Dans ce jardin, il y a une montagne toute pleine d'arbres. Toutes sortes de bêtes différentes vivent dans cette montagne et ce jardin, babouins, singes, marmottes et diverses autres bêtes. Quand la communauté du couvent a mangé, l'aumônier fait porter les restes au jardin et fait tinter une clochette d'argent qu'il tient en main. Aussitôt, toutes les bêtes dont j'ai parlé descendent de la montagne, environ trois ou quatre cents, elles se rangent comme des pauvres et on leur donne les restes du couvent dans de beaux bassins d'argent doré. Quand les bêtes ont mangé, on sonne à nouveau la clochette et elles retournent à l'endroit d'où elles sont venues. Ces religieux disent que ce sont les âmes des nobles hommes qui sont entrées en ces nobles bêtes et c'est pour cela qu'ils leur donnent à manger pour l'amour de Dieu. Et ils disent que les âmes des vilains entrent après leur mort dans les bêtes viles. C'est ce qu'ils croient et on ne peut les faire changer d'opinion. Ils font capturer ces bêtes quand elles sont jeunes et les nourrissent ainsi d'aumônes, selon ce qu'ils peuvent trouver. Je leur demandai s'il ne vaudrait pas mieux donner ces restes aux pauvres gens. Mais ils me répondirent que non et qu'il n'y avait pas de pauvre dans le pays. Et même s'il y avait des pauvres, il leur semblerait que l'aumône est mieux employée pour ces âmes qui font pénitence et ne peuvent ni ne savent rien gagner, ni travailler, tandis que les pauvres gens sont forts et ont la capacité et le pouvoir de gagner leur vie.

Il y a plusieurs autres merveilles dans cette cité et dans tout le pays, mais je n'ai pas l'intention de tout raconter.

De cette cité, on va à travers le pays et, à six journées de voyage, on trouve une très noble cité appelée Chilenfo[12], dont les murs ont vingt lieues de tour. Il y a en cette cité soixante ponts de pierre, les plus beaux que j'aie jamais vus. Cette cité fut la première résidence du roi de Mancy, car elle a grande abondance de tous biens. Puis on traverse une très grande rivière nommée Dalay[13]. C'est la plus grande rivière d'eau douce du monde car, aux points les plus étroits, elle a plus de quatre lieues de largeur.

De là, on va dans la terre du Grand Chan. La rivière de Dalay va par la terre des Pygmées. Ce sont des gens de petite taille qui n'ont que deux empans de long, mais ce sont des hommes et des femmes gracieux en proportion de leur petitesse. Ils se marient à six mois, engendrent des enfants à deux ans ou trois et ne vivent que six ou sept ans. Qui vit huit ans se tient pour vraiment vieux. Ces petites gens sont les meilleurs et les plus subtils ouvriers de soie et de coton du monde. Ils font souvent la guerre aux oiseaux du pays qui les prennent et les mangent[14].

Ces petites gens ne travaillent pas la terre ou la vigne, mais il y a au milieu d'eux des gens aussi grands que nous qui cultivent et travaillent les terres de ce pays quand c'est nécessaire. Et les petites gens se moquent de ces grandes gens et les raillent, comme nous le ferions pour des géants s'ils vivaient parmi nous. Au milieu des autres cités, il y a une cité où demeure une grande quantité de petites gens, c'est une cité très grande et très belle. Et quand les grands hommes qui sont parmi eux engendrent des enfants, ils sont aussi petits que les Pygmées, car la nature de la terre le veut ainsi. Le Grand Chan fait très bien garder cette cité, car elle lui appartient. Et bien que les Pygmées soient de petites gens, ils ont la raison qui convient à leur âge et ont beaucoup de bon sens et de malice.

De cette cité, on va à travers le pays par de nombreuses cités et plusieurs villes jusqu'à une cité nommée Jamchay[15], une cité très noble, très riche et bien prospère. C'est là que l'on va chercher le plus de marchandises. Cette cité rapporte beaucoup au seigneur du pays qui reçoit tous les ans de cette cité, dit-on, cinquante mille tumans de florins d'or. Ils comptent tous par tumans et le tuman vaut dix mille florins d'or. On peut donc calculer quelle somme cela fait.

Le roi de ce pays est très puissant et très riche, mais il est soumis au Grand Chan. Le Grand Chan a ainsi en sa possession douze provinces semblables[16]. Il y a dans ce pays beaucoup de bonnes villes et il y a une bonne coutume : qui veut donner une fête pour lui ou pour un de ses amis trouve dans chaque ville des hôtels où on va dire à l'hôtelier : « Faites-moi préparer un repas demain pour tant de personnes. » On lui donne le nombre et on commande les plats. Et puis l'on dit : « Je veux dépenser tant et pas plus. » Aussitôt, l'hôtelier fera que tout soit si beau et si bien préparé qu'il ne manquera rien ; ce sera mieux, plus rapide et moins coûteux que dans votre propre maison.

À cinq lieues de cette cité, vers le début de cette rivière Dalay, il y a une autre cité appelée Menke[17]. Dans cette cité, il y a vraiment beaucoup de navires et tous ces navires sont blancs comme neige en raison de la nature même du bois ; ils sont très beaux, très grands, bien organisés avec des salles, des chambres et d'autres constructions, comme des maisons à terre.

Puis on va à travers le pays par bien des terres et bien des cités jusqu'à une cité appelée Lanteryn[18], située à huit journées de voyage de la cité de Menke. Cette cité est sise sur une grande et large rivière appelée Caramoran[19]. Cette rivière traverse le Cathay et cause de grands dommages quand elle est en crue.

## *Chapitre XXIII*

### Le Grand Chan de Cathay, la noblesse de son palais, ses repas et le grand nombre de ceux qui le servent

Cathay est un grand pays, bel et bon et bien commerçant[1]. Là, les marchands vont tous les ans chercher les épices et les autres marchandises, plus souvent qu'ailleurs. Sachez que les marchands qui viennent de Gênes, de Venise, de Lombardie ou de Romanie et vont par terre et par mer mettent bien onze mois ou plus avant de pouvoir atteindre l'île de Cathay. C'est la principale région de tous les pays de par-delà et elle appartient au Grand Chan.

Du Cathay, on va vers l'orient pendant plus d'une journée de voyage et, parmi les autres, on trouve une bonne cité que l'on appelle Sugarmago[2]. C'est une des cités les mieux fournies du monde en soie et en plusieurs autres marchandises. Puis on va encore vers l'orient à une autre ancienne cité qui est dans la province de Cathay ; à côté de cette cité, les Tartares en ont fait construire une autre, nommée Caydou[3]. Elle a douze portes et il y a une grande lieue entre chaque porte, de sorte que les deux cités, la vieille et la nouvelle, ont plus de vingt lieues de tour.

En cette cité est le siège du Grand Chan en un très beau et grand palais dont les murs ont plus de deux lieues de tour. À l'intérieur de ces murs, il y a plusieurs autres palais et dans le jardin de ce grand palais, il y a une montagne sur laquelle il y a un autre palais, le plus beau et le plus riche que l'on puisse imaginer. Tout autour de ce palais et de cette montagne, il y a beaucoup d'arbres variés portant beaucoup de fruits divers. Et tout autour de cette montagnette, il y a de grands fossés pleins d'eau avec, à côté, de part et d'autre, de grands viviers. On passe par-dessus les fossés sur un beau pont et dans ces viviers il y a tant d'oies sauvages, de canards, de cygnes et de hérons qu'on ne peut les compter. Tout autour de ces fossés et de ces viviers, il y a un grand jardin plein de bêtes sauvages et quand le Grand Chan veut se récréer ou prendre des bêtes ou des oiseaux sauvages, il peut les chasser et les prendre depuis les fenêtres de ses chambres, sans sortir de sa demeure[4].

Ce palais où réside le Chan est très grand et très beau. À l'intérieur de ce palais, il y a une salle soutenue par vingt-quatre colonnes d'or fin et les murs sont entièrement couverts de cuir rouge provenant de bêtes appelées *pacies*[5]. Ce sont de belles bêtes, à la bonne odeur si bien que, grâce à l'odeur de ces peaux, aucun mauvais air ne peut pénétrer dans le palais. Ces cuirs sont rouge sang et si brillants au soleil qu'on peut à peine les regarder. Plusieurs gens de ces régions adorent ces bêtes quand ils les voient à cause de leur bonne odeur et ils prisent ces peaux autant ou plus que des plaques d'or.

Au milieu du palais, il y a une sorte de tour pour le Grand Chan, tout ornée d'or, de pierres précieuses et de grosses perles. Aux quatre angles de cette tour, il y a quatre serpents d'or et, tout autour, il y a de larges filets faits de soie et d'or qui pendent tout autour. Au-dessous de la tour, il y a des conduits pour les boissons que l'on boit à la cour de l'empereur avec, à côté du conduit, un grand nombre de vases d'or dans lesquels les gens de la maison puisent pour boire dans le conduit.

La salle du palais est ornée de façon merveilleuse et très solennelle, très bien parée de tout ce qui peut parer une salle. Tout d'abord, au début de la salle, est le très haut trône de l'empereur où il s'assied sur un siège de fines pierres précieuses bordé tout autour d'or fin. Et cette bordure est pleine de pierres précieuses et de grosses perles. Les degrés pour monter au trône sont de diverses pierres précieuses bordées d'or. À gauche du siège de l'empereur est le siège de sa première épouse, un degré plus bas que celui de l'empereur; il est de jaspe bordé d'or et de pierres précieuses. Le siège de sa deuxième épouse est encore un degré plus bas et est aussi de jaspe bordé d'or comme l'autre. Et le siège de la troisième épouse est encore un degré plus bas que celui de la deuxième. Car il a toujours trois femmes avec lui où qu'il soit. Après ses épouses, du même côté, sont assises les dames et demoiselles de son lignage, encore plus bas selon leur rang[6].

Toutes celles qui sont mariées ont, sur leur tête, un pied d'homme déformé, d'une coudée de long, tout ouvragé de grosses perles d'Orient et par-dessous il est orné de plumes très brillantes de paon, de coq et de grue comme un cimier ou le haut d'un heaume. Elles portent un pied d'homme en signe de leur dépendance, comme soumises sous le pied d'un homme; celles qui ne sont pas mariées n'en portent pas.

De l'autre côté, à la droite de l'empereur est assis d'abord son fils aîné qui régnera après lui. Il est assis un degré plus bas que l'empereur sur la même sorte de siège que les impératrices. Puis viennent les personnes de son lignage, selon leur rang.

L'empereur a devant lui une table d'or, de pierres précieuses ou de cristal blanc ou jaune bordé d'or et de pierres précieuses ou d'améthyste, ou de bois d'aloès qui vient du Paradis, ou d'ivoire à bandes et bordure d'or. Et chacune de ses femmes a sa table ainsi que son fils aîné et les autres grands seigneurs qui siègent au-dessous de son fils. Et il n'y a pas de table qui ne vaille un grand trésor. Au-dessous de la table de l'empereur, sont assis à ses pieds quatre clercs qui mettent par écrit tout ce que dit le roi, que ce soit bon ou mauvais. Il convient en effet que tout ce qu'il dit soit retenu, car il ne peut revenir sur sa parole ni la modifier. Et, lors des grandes fêtes, on apporte devant la table de l'empereur des tables d'or portant des paons d'or et toutes sortes d'oiseaux d'or et d'émail, magnifiquement travaillés. On les fait chanter et danser en battant des ailes et on fait beaucoup de figures, par des sortes d'artifices ou de magie noire. Je ne sais d'où cela vient, mais c'est très beau à voir et c'est une merveille aussi grande que possible[7].

Je puis bien vous dire que ce sont les gens les plus subtils qui soient au monde dans toutes les sciences qu'ils pratiquent et dans toutes sortes d'artifices. Car ils surpassent tous les gens du monde en subtilité, en malice et en ruse, et ils le disent bien. Ils disent qu'ils voient des deux yeux et que les Chrétiens ne voient que d'un œil, parce qu'ils sont les plus subtils après eux, mais ils disent que toutes les autres nations sont aveugles dans la connaissance et le travail. J'ai beaucoup peiné à essayer de savoir pourquoi, mais le maître me dit qu'il avait juré à son dieu de n'apprendre son secret à personne d'autre qu'à son fils aîné.

Au-dessus de la table de l'empereur et des autres tables voisines et d'une partie de la salle, il y a une vigne faite d'or fin qui s'étend tout autour. Elle porte plusieurs grappes de raisins blancs, jaunes, rouges, verts et noirs qui sont tous faits de pierres précieuses. Les blancs sont de cristal, d'aigue marine et d'iris, les jaunes, de topaze, les rouges, de rubis, de grenat et d'allandine, les verts sont d'émeraude, de péride et de chrysolithe et les noirs d'onicle et de géranthe[8]. Ils sont si bien faits que l'on dirait de vrais raisins. Devant la table, sont les grands barons et les autres qui servent, mais nul n'est assez hardi pour dire un mot si l'empereur ne s'adresse à lui, sinon les ménestrels qui récitent des chansons de geste et d'autres contes pour délasser l'empereur. Et toute la vaisselle dont on se sert dans les salles et les chambres, spécialement aux grandes tables, est de pierres précieuses, de jaspe, de cristal, d'améthyste ou d'or fin. Et les hanaps sont d'émeraude, de saphir, de topaze, de péride et de plusieurs autres pierres précieuses. Tout est travaillé à l'or fin, car il n'y a pas de vaisselle d'argent ; ils n'estiment pas assez l'argent pour en faire de la vaisselle, ils en font les pavements, les colonnes et les marches dans les salles et les chambres.

Devant la porte de la salle, il y a un grand nombre de barons qui surveillent que nul n'entre à l'intérieur sinon sur ordre de l'empereur ou s'il s'agit de servants ou de ménestrels de l'hôtel. Personne d'autre n'a la hardiesse d'approcher de la porte de la salle. Et sachez que mes compagnons et moi-même, avec nos valets, nous l'avons servi comme soldats pendant quinze mois quand il était en guerre contre le roi de Mancy[9]. C'est parce que nous avions un très grand désir de voir la noblesse et l'état de sa cour et l'organisation de son gouvernement et si tout était comme nous l'avions entendu dire. Et, en vérité, nous trouvâmes à cette cour bien plus d'organisation, de noblesse, d'excellence, de richesses et de merveilles qu'on ne nous l'avait dit et nous ne l'aurions jamais cru si nous ne l'eussions vu. Si on ne les a pas vues, on ne peut croire quelle noblesse, quelle richesse, quelle multitude de gens sont dans sa cour. Il n'en est pas comme par-deçà. Les grands seigneurs de par-deçà ont le moins de gens qu'ils peuvent, alors que ceux que le Grand Chan a tous les jours à ses dépens sont sans nombre. Mais l'ordonnance et le prix des plats, la qualité et la propreté ne sont pas à comparer avec ceux de par-deçà. Car les gens du peuple mangent sans nappe, sur leur giron ; ils mangent toutes sortes de viandes et peu de pain ; après avoir mangé, ils s'essuient les mains sur les genoux et ils ne mangent qu'une fois par jour. Mais les seigneurs sont de condition très élevée, ils sont très riches et très nobles.

Bien que certaines personnes ne veuillent pas croire celui qui leur dira la noblesse de sa personne, de sa condition et de sa cour, la grande multitude de gens qu'il commande, et tiennent tout cela pour des fables, je parlerai un peu de lui et de ses gens, en disant uniquement ce que j'ai vu des manières et de l'organisation, en partie, mais plusieurs fois. Me croira qui voudra si cela lui plaît et qui ne voudra pas, il le laissera. Mais je sais que si quelqu'un a été dans ce pays par-delà, même s'il n'a pas été jusqu'au lieu où le Grand Chan demeure, il aura tant entendu parler de lui et de sa condition qu'il me croira facilement. Et ceux qui auront été en ce pays et en sa demeure me croiront et sauront bien que je dis vrai. Je ne me refuserai pas, à cause de ceux qui ne savent rien et ne croient rien s'ils ne le voient, de parler en partie de lui et de la manière dont il va d'un pays à l'autre ou dont il célèbre les fêtes solennelles.

## Chapitre XXIV

## Pourquoi le Grand Chan est appelé ainsi, le style de ses lettres et l'écrit qui entoure ses sceaux, le grand et le petit

Je vais vous dire d'abord pourquoi on l'appelle le Grand Chan. Vous devez savoir qu'au grand déluge qui eut lieu jadis, le monde entier fut détruit par les flots de Noé, sauf Noé, sa femme et leurs enfants. Noé avait trois fils, Sem, Cham et Japhet. Ce Cham fut celui qui vit le dos de son père qui dormait découvert et se moqua de lui et le montra du doigt, et son père le maudit pour cela[1]. Mais Japhet détourna son visage et le couvrit. Ces trois frères se saisirent de toute la terre. Cham, dans sa grande cruauté, prit la partie orientale, la plus grande et la meilleure, qui est appelée Asie ; Sem prit l'Afrique et Japhet prit l'Europe[2]. Et c'est en raison de ces trois frères que la terre est divisée en trois parties. Cham fut le plus grand et le plus puissant et de lui descendirent plus de générations que des deux autres. D'un de ses fils, Chus, naquit Nemrod le géant, le premier roi qui fut au monde, celui qui commença à construire la Tour de Babel. Et les ennemis issus de l'Enfer venaient souvent coucher avec les femmes de sa génération et engendrèrent diverses gens défigurés, les uns sans tête, les autres avec de grandes oreilles, d'autres avec un seul œil, d'autres géants, d'autres avec un pied de cheval, d'autres avec plusieurs membres défigurés et déformés. De cette génération de Cham sont venus les peuples païens et les gens divers qui sont dans les îles de la mer à travers toute l'Inde. Comme il était le plus puissant et que nul ne pouvait rien contre lui, il se faisait appeler fils de Dieu et souverain du monde entier. C'est à cause de ce Cham que tous les empereurs se sont fait appeler depuis Grand Cham et souverains de tous.

De la génération de Sem sont venus les Sarrasins et de la génération de Japhet est venu le peuple d'Israël et nous qui demeurons en Europe. Telle est l'opinion des Syriens et des Samaritains, qu'ils m'avaient donnée à entendre avant que j'aille vers l'Inde. Mais depuis j'ai découvert qu'il en était autrement. Il est néanmoins vrai que les Tartares et ceux qui demeurent dans la grande Asie descendent de Cham, mais les empereurs du Cathay ne s'appellent pas Cham, mais Chan.

Je veux vous dire en vérité que, il n'y a pas plus de cent soixante ans, toute la Tartarie était soumise aux autres nations environnantes dont elle était tributaire[3]. C'étaient des gens bestiaux qui ne savaient que garder le bétail et le mener au pâturage. Mais il y avait parmi eux sept nations principales, qui les dominaient tous. La première nation ou lignage s'appelle Tartar, ce sont les plus nobles et les plus estimés ; le deuxième lignage est appelé Tanghot, le troisième, Eurach, le quatrième, Valair, le cinquième, Semoch, le sixième, Mengly et le septième, Cobooth[4].

Il advint que, dans le premier lignage, il y avait un vieux prud'homme qui n'était pas riche et se nommait Changuys[5]. Une nuit que ce Changuys était couché dans son lit, il eut en dormant une vision, il lui sembla voir devant lui un chevalier tout blanc, avec une armure toute blanche, monté sur un cheval blanc qui lui disait : « Changuys, dors-tu ? Le Dieu immortel m'envoie vers toi et sa volonté est que tu dises aux sept lignages que tu seras leur empereur. Tu conquerras les pays qui t'entourent et toutes les régions voisines te seront soumises, comme vous leur avez été soumis. Telle est la volonté du Dieu immortel. » Quand arriva le matin, Changuys se leva et alla dire aux sept lignages ce qui lui était advenu ; ils se moquèrent de lui et lui dirent qu'il radotait, si bien qu'il partit tout honteux. Mais la nuit suivante, le chevalier blanc vint trouver les sept lignages et leur ordonna, de par le Dieu immortel, de faire de Chan leur empereur et qu'ils seraient délivrés de la servitude et se soumettraient les autres royaumes des alentours. Donc, le lendemain, ils élirent Changuys empereur, ils l'assirent sur une pièce de feutre noir et l'élevèrent très solennellement sur ce feutre, le placèrent sur une chaire et lui firent hommage et l'appelèrent Chan, du nom que lui avait donné le chevalier blanc[6].

Quand il eut été ainsi élu, il voulut voir s'il pouvait se fier à eux et s'ils voudraient lui obéir. Il fit donc plusieurs statuts et ordonnances qu'il voulut que l'on appelât *Ysachan*[7]. Le premier statut ordonne que tous croient en un Dieu immortel et tout-puissant et lui obéissent ; qu'il veuille les délivrer de la servitude et qu'ils l'appellent toujours à leur aide en toutes leurs entreprises. L'autre statut ordonna de dénombrer tous les hommes du pays pouvant porter les armes et que l'on donnât à tous les groupes de dix un maître, à tous les groupes de cent, un maître, à tous les groupes de mille, un maître, à tous les groupes de dix mille, un maître[8]. Puis il ordonna à tous les grands des sept lignages de renoncer à tout ce qu'ils avaient comme héritage et de se contenter désormais de ce qu'il voudrait leur en rendre dans sa bonté et ils le firent aussitôt. Il demanda ensuite à tous ces grands de faire venir devant eux chacun son fils aîné et, sans délai, de couper chacun la tête de son enfant de ses propres mains. Cet ordre fut aussitôt exécuté. Et quand le Chan vit qu'il ne s'opposeraient en rien à ce qu'il commanderait, il pensa qu'il pouvait bien se fier à eux. Il leur ordonna alors de se préparer et de s'armer et de venir tous sous sa bannière. Puis, par leur force, ils soumirent toutes les terres environnantes. Il arriva, un jour que le Chan chevauchait avec quelques compagnons pour voir la puissance du pays qu'il avait conquis, qu'ils se trouvèrent devant une grande multitude d'ennemis. Pour donner courage et bon exemple à ses gens, il se jeta le premier au milieu des ennemis, fut jeté à bas de son cheval et le cheval fut tué. Quand ses gens le virent, ils furent ébahis et, croyant qu'il était mort, ils se mirent à fuir; les ennemis les poursuivirent, car ils ne savaient pas que l'empereur était resté là. Quand les ennemis se furent éloignés à la poursuite des autres, l'empereur alla se cacher en un épais buisson. Quand les ennemis furent revenus de leur poursuite, ils partirent chercher dans le bois s'il n'y avait personne de caché. Ils en trouvèrent plusieurs et les mirent à mort. Et alors qu'ils étaient en recherche près du lieu où se trouvait l'empereur, il virent un oiseau appelé *bubo* [grand-duc] posé sur un arbre au-dessus d'eux. Ils se dirent entre eux qu'il n'y avait personne là puisque cet oiseau était tranquille sur cet arbre. Ils partirent ailleurs et l'empereur fut sauvé de la mort. Il quitta cet endroit et revint de nuit trouver ses gens qui furent très joyeux de son retour et rendirent grâces au Dieu immortel et à cet oiseau par lequel leur seigneur avait été sauvé. Ils estiment et honorent cet oiseau plus que tous les oiseaux du monde ; qui peut avoir de ses plumes les garde très précieusement comme des reliques et les porte sur la tête avec grand respect. Ceux qui les portent sur eux croient être préservés de tout péril et c'est pour cela qu'ils portent ces plumes sur la tête[9].

Puis le Chan rassembla tous ses gens, leur ordonna d'attaquer ceux qui les avaient assaillis ; ils les vainquirent et les réduisirent en servitude. Quand le Chan eut conquis et soumis toutes les terres et tous les pays en deçà du mont Belean[10], le chevalier blanc revint le trouver dans son sommeil et lui dit que le Dieu immortel et tout-puissant lui ordonnait de s'en aller, de passer au-delà du mont Belean et que, là, il conquerrait la terre et soumettrait plusieurs nations. Il lui dit : « On ne trouve pas de bon passage pour aller vers ces pays, donc va vers le mont Belean qui est sur la mer et agenouille-toi neuf fois vers l'orient en l'honneur du Dieu immortel et demande-lui de te montrer le chemin par lequel tu pourras passer. » Et le Chan fit ainsi et aussitôt, la mer qui touchait la montagne de se retirer et de dégager une belle route de neuf pieds de large. Il passa ainsi avec ses gens et ils gagnèrent la terre du Cathay, qui est le plus grand royaume du monde. À cause de ces neuf agenouillements et de ces neuf pieds du chemin, le Chan et tous les Tartares ont eu depuis un grand respect pour le nombre neuf. C'est pour cela que qui veut faire un présent de chevaux, d'oiseaux, d'arcs, de flèches, de fruits ou d'autres choses les envoie toujours au nombre de neuf et le présent est reçu avec plus de bienveillance que s'il y en avait cent ou deux cents, car il leur semble que ce nombre est sanctifié parce que le messager du Dieu immortel le prescrivit.

Quand le Chan eut conquis le pays de Cathay et plusieurs autres aux environs, il tomba malade et il sentit bien qu'il allait mourir. Il dit à ses douze fils d'apporter chacun une de ses flèches et ils le firent aussitôt. Puis il dit de les attacher ensemble avec trois liens et les donna à l'aîné de ses fils en lui disant de les briser toutes à la fois. Le fils s'y efforça, mais ne put les briser. Puis le Chan dit au second fils de les briser, puis aux autres l'un après l'autre, mais aucun d'eux ne put les briser. Alors le Chan dit au plus jeune : « Délie-les et brise chacune séparément. » Et il le fit. Puis le Chan dit à son fils aîné et aux autres : « Pourquoi ne les avez-vous pas brisées ? » Ils répondirent qu'ils ne le pouvaient pas parce qu'elles étaient liées ensemble. « Et pourquoi, dit-il, votre petit frère les a-t-il brisées ? — Parce que, dirent-ils, elles sont déliées. » Alors le Chan dit : « Mes enfants, il en est ainsi pour vous. Tant que vous serez liés ensemble des trois liens d'amour, de loyauté et de concorde, nul ne pourra vous faire de mal. Mais si vous desserrez ces liens et que l'un n'aide pas l'autre, vous serez détruits et réduits à néant. Souvenez-vous-en et aimez-vous l'un l'autre, alors vous serez seigneurs et souverains de tous[11]. » Et quand il eut donné ces ordres, il mourut.

Après lui, régna Eccocha Chan[12], son fils aîné et ses autres frères allèrent à la conquête de bien des terres jusqu'à la terre de Prusse et de Russie et se firent appeler aussi Chan. Mais ils obéissaient tous à leur frère aîné et c'est pour cela qu'on l'appelait le Grand Chan[13] et on les appela depuis toujours ainsi. Après Eccocha Chan, régna Guyo Chan et puis Mango

Chan, un bon Chrétien, baptisé, qui donna des lettres de paix perpétuelle à tous les Chrétiens[14]. Il envoya Halaoun son frère avec une multitude de gens pour conquérir la Terre sainte et la remettre aux mains des Chrétiens, pour détruire la religion de Mahomet et prendre le Calife de Bagdad qui était empereur et seigneur de tous les Sarrasins[15]. Et quand ce Calife eut été pris, on trouva tant de trésors qu'il devrait à peine s'en trouver autant dans tout le reste du monde. Halaoun le fit venir devant lui et lui demanda pourquoi il n'avait pas pris de gens à sa solde avec une partie de son trésor pour défendre son pays. Le Calife lui répondit qu'il croyait avoir assez avec ses propres soldats. Alors Halaoun lui dit : « Tu as été comme le dieu des Sarrasins et les dieux des Sarrasins ne doivent pas prendre de nourriture périssable. Tu ne mangeras donc que les pierres précieuses et les perles que tu avais amassées et que tu aimais tant. » Il le fit donc mettre en prison avec tout son trésor à côté de lui, et, à côté du trésor, il mourut de faim et de soif. Et Halaoun aurait conquis et remis aux Chrétiens toute la Terre promise, mais à ce moment-là le Grand Chan mourut et toute l'entreprise fut arrêtée.

Après Mango Chan, régna Cobilacam[16], qui était aussi chrétien et régna quarante-trois ans. Il fonda la grande cité de Jong qui est au Cathay et est plus grande que Rome[17]. L'autre Grand Chan qui lui succéda se fit païen et les autres après lui aussi.

Comme le royaume de Cathay est le plus grand royaume du monde, le Grand Chan est l'empereur le plus puissant qui soit sous le ciel. Dans ses lettres, il se nomme ainsi : « Chan, très excellent fils de Dieu, très haut empereur de tous les habitants de la terre et seigneur de tous les seigneurs. » Autour de son petit sceau, il y a cette inscription : « Force de Dieu. Sceau de l'empereur de tous les hommes. » Et autour de son grand sceau, il y a cette inscription : « Dieu au ciel et le Chan sur terre, force de Dieu. Sceau de l'empereur de tous les hommes[18]. » Et bien que maintenant ils ne soient plus chrétiens, les empereurs et tous les Tartares croient en Dieu immortel et tout-puissant. Et quand ils veulent menacer quelqu'un, ils disent : « Dieu sait bien que je te ferai telle chose. »

Vous avez donc appris pourquoi il s'appelle le Grand Chan.

## Chapitre XXV

### L'organisation de la cour du Chan, ses fêtes solennelles, ses philosophes et son équipage quand il chevauche à travers le pays

Maintenant je vais vous dire l'organisation de sa cour quand il fait des fêtes solennelles, c'est principalement quatre fois par an. La première est pour sa naissance, l'autre pour sa présentation en leur *meseache*[1], c'est en leur temple, où ils ont une sorte de circoncision et les deux autres fêtes sont pour leur idole, la première pour le jour où leur idole fut installée en son tabernacle et intronisée, l'autre quand l'idole commença à parler et à faire des miracles. Il ne fait pas d'autre fête solennelle, sauf s'il marie ses enfants[2].

## CHAPITRE XXV

Sachez qu'à chacune de ces fêtes, il y a beaucoup de gens, bien en ordre, bien rangés par milliers, centaines et dizaines. Chacun sait quel service est le sien et chacun connaît si bien ce qu'il doit faire qu'il n'y a aucun manquement. Il y a d'abord quatre mille barons riches et nobles pour régir, organiser et ordonner la fête et pour servir l'empereur. Toutes ces fêtes solennelles sont faites en-dehors de la ville sous des tentes de drap d'or, de drap brodé ou de soie damassée, magnifiquement travaillés. Et tous les barons portent sur la tête des couronnes d'or fin très belles, enrichies de pierres précieuses et de grosses perles d'Orient. Tous sont vêtus de drap d'or, de drap brodé ou de soie damassée, le plus magnifiquement du monde. Et ces robes sont très richement brochées et brodées de pierres et de perles. Ils peuvent bien le faire, car les draps d'or et de soie sont bien meilleur marché que ne sont ici les draps de laine.

Ces quatre mille barons sont regroupés en quatre compagnies, chaque millier est vêtu d'une sorte de drap d'une couleur différente, si bien et si richement confectionné que c'est une merveille à voir. Le premier millier comprend les ducs, les comtes, les marquis et les amiraux ; tous sont vêtus de drap vert tissé d'or et de soie à bordure d'or et de pierres précieuses, comme je vous l'ai expliqué. Le deuxième millier est vêtu d'un drap de soie diaprée et vermeille ouvragé et broché d'or et merveilleusement travaillé de grosses perles. Le troisième millier a un drap de soie pourpre ou bleu. Le quatrième millier est vêtu de drap jaune magnifiquement orné d'or. Tous ces vêtements sont si nobles, si noblement travaillés avec de l'or, des pierres précieuses et de grosses perles d'Orient que, si un homme de notre pays avait une seule de leurs robes, il pourrait bien dire qu'il ne serait pas du tout pauvre, car l'or, les pierres et les perles vaudraient un grand trésor par-deçà, beaucoup plus qu'il ne vaut par-delà.

Ainsi parés, ils passent devant l'empereur, rangés deux par deux, sans mot dire, en s'inclinant seulement devant lui. Chacun porte devant lui une tablette de jaspe, d'ivoire ou de cristal et les ménestrels vont devant eux en jouant de divers instruments. Quand le premier millier est ainsi passé en revue, il se retire sur le côté et le deuxième millier passe pour sa revue, puis le troisième et de même le quatrième, et ils ne disent pas un seul mot.

À côté de la table de l'empereur siègent plusieurs philosophes, savants en plusieurs sciences, comme l'astronomie, la nécromancie, la géomancie, la pyromancie, l'hydromancie, la science augurale et plusieurs autres sciences. Certains ont devant eux des astrolabes ou des sphères d'or, certains une tête de mort, certains des vases d'or remplis de sable, certains des vases pleins de charbons ardents, certains des vases d'or remplis d'eau et de vin, certains des horloges très bien travaillées et toutes sortes d'autres objets selon leur science. À certaines heures, quand il leur semble que le temps est venu, ils disent aux valets qui sont devant eux avec le désir d'exécuter leurs ordres : « Paix. » Alors, les valets disent : « Paix, écoutez. » Alors les philosophes disent que l'heure est venue où chacun doit s'incliner devant l'empereur, qui est fils de Dieu et souverain de tous les habitants du monde. Chacun incline alors sa tête vers la terre. Puis un autre philosophe dit : « Relevez-vous. » À un autre moment, un philosophe dira : « Mettez votre main devant la bouche » et ils le feront. Et un autre

## CHAPITRE XXV

philosophe dira : « Mettez votre petit doigt dans votre oreille » et ils le feront aussitôt. Puis on leur dit de roter et ils le font. Ainsi d'heure en heure ils font et disent diverses choses et ils disent que tout cela est un grand mystère. Je leur ai demandé quel mystère et quelle signification avaient toutes ces choses, ils me répondirent que baisser la tête à telle heure avait pour sens mystérieux que tous ceux qui avaient baissé la tête seraient désormais toujours loyaux envers l'empereur, ne se laisseraient corrompre ni par dons ni par promesses, ni inciter à la trahison par quelque richesse. Le doigt mis en l'oreille signifie qu'aucun d'eux ne pourrait entendre dire ou prononcer une chose qui soit opposée à l'empereur sans aller aussitôt la lui rapporter, même si c'était son père ou son frère qui l'avait dite. Et de chaque chose qu'ils disent ou qu'ils font, ils tirent divers mystères. Soyez certains qu'on ne s'occupe de rien qui concerne l'empereur, drap, pain, bain ou toute autre chose sinon aux heures que les philosophes ordonnent. Et si quelque part commence une guerre contre l'empereur ou qu'un homme quelque part sur l'étendue de sa terre fasse quelque chose contre lui, ces philosophes le voient aussitôt et disent à l'empereur et à son conseil : « Sire, l'on fait maintenant telle chose sur votre terre et en telle région. » Aussitôt, l'empereur envoie ses gens en cette région.

Quand les philosophes ont ainsi donné leurs ordres, les ménestrels commencent à jouer chacun de son instrument, les uns après les autres et c'est une grande mélodie. Quand ils ont joué de leurs instruments, l'un des ménestrels de l'empereur monte en haut d'une estrade très joliment ornée et crie à très haute voix : « Paix. » Alors, chacun se tait. Là sont les gens de la parenté de l'empereur, très noblement parés de drap d'or, chacun accompagné de chevaux autant qu'il a pu en payer. Alors le sénéchal de la cour appelle tel et tel, en nommant d'abord le plus noble du lignage de l'empereur et dit : « Soyez accompagné de tel nombre de chevaux blancs pour servir le souverain empereur, votre seigneur. » Et tel autre doit être accompagné de tant, tel autre, de tant et il nomme ainsi tous ceux de la parenté de l'empereur l'un après l'autre. Quand il les a tous nommés, ils viennent l'un après l'autre devant l'empereur, ils lui présentent leurs chevaux blancs et s'éloignent. Puis chacun des autres barons lui donne un présent, joyaux ou autres choses selon son rang. Puis chacun des prélats, religieux ou autres dignitaires de leur religion lui donne quelque chose. Quand ils ont tous fait leur offrande, les plus grands prélats de leur religion lui donnent leur bénédiction en disant une oraison de leur religion. Puis les ménestrels recommencent à jouer de leurs instruments.

Quand ils ont sonné un moment, on les fait taire et on fait venir devant l'empereur des lions domestiques et d'autres bêtes, des aigles, des vautours et d'autres espèces variées d'oiseaux et de serpents pour lui rendre hommage, car ils disent que toute créature vivante doit lui obéir et lui rendre hommage.

Puis viennent des jongleurs et des magiciens qui accomplissent de grandes merveilles, car ils font apparaître dans l'air l'image du soleil et de la lune pour lui rendre hommage. Elles donnent une si grande clarté qu'à peine se voit-on l'un l'autre. Puis ils font venir la nuit et on n'y voit goutte ; puis ils font revenir le jour. Ils font venir pour danser de belles demoiselles et il semble aux gens que ce sont les plus belles du monde. Puis ils font venir d'autres demoiselles portant des coupes d'or remplies de lait de jument qu'elles donnent à boire aux seigneurs et aux dames. Puis ils font venir des chevaliers joutant très bellement de leurs armes, avec tout le harnois et l'armement qui conviennent pour la joute ; ils heurtent bien rudement leurs lances de sorte que les tronçons volent à travers toutes les tables. Puis ils font venir la chasse avec des cerfs, des sangliers, des chiens courants et toutes sortes d'autres bêtes. C'est admirable à voir. Et ils font d'autres jeux jusqu'à soulever des tables.

Ce Grand Chan a beaucoup de gens pour le servir, comme je vous l'ai dit. Il a quantité de ménestrels, qui sont tous à lui, au nombre de treize tumans, mais ils ne demeurent pas tous avec lui. Il fait retenir en sa demeure tous les ménestrels qui viennent devant lui, de quelque nation qu'ils soient et les fait inscrire. Et même s'ils vont dans toutes les terres, ils se réclament de lui et c'est pour cela qu'ils sont si nombreux. Cet empereur a un très grand nombre de valets qui gardent les oiseaux, comme les autours, les faucons, les gerfauts, les éperviers, les faucons laniers, les perroquets parlant et les oiseaux chantant ainsi que plusieurs bêtes sauvages que ces valets gardent. Il a bien dix éléphants domestiques et d'autres bêtes, babouins, singes, marmottes et d'autres encore, et il y a quinze tumans de valets. Il a bien deux cents physiciens chrétiens et deux cent dix médecins chrétiens et vingt sarrasins car il se fie plus aux Chrétiens qu'aux Sarrasins. Et il y a toute une famille innombrable de serviteurs. Il y a à la cour de l'empereur plusieurs barons et plusieurs serviteurs qui sont chrétiens, convertis à la vraie foi par la prédication des bons religieux chrétiens qui demeurent là, mais plusieurs ne veulent pas qu'on sache qu'ils sont chrétiens.

Cet empereur peut dépenser ce qu'il veut, sans compter, car il ne dépense ni or ni argent et ne frappe pas de monnaie si ce n'est de cuir scellé ou de papier[3]. La monnaie a une valeur plus grande ou plus petite selon le sceau qui y est mis. Quand cette monnaie a tant couru que l'empreinte est abîmée, on la rapporte au trésorier de l'empereur et on donne de la nouvelle monnaie en remplacement de l'ancienne. Cette monnaie a cours dans tout son pays et dans toutes ses provinces car, par-delà, il ne faut pas de monnaie d'or ni d'argent, ainsi il peut beaucoup dépenser. Il fait toujours travailler dans son palais l'or et l'argent qu'on porte dans son pays, pour en faire diverses choses et les changer ou transformer comme il lui plaît. Il y a, dans un des piliers d'or qui sont dans sa chambre, un rubis comme une escarboucle d'un pied de long qui, de nuit, éclaire toute la chambre. Il y a dans les piliers d'or de sa chambre bien d'autres pierres précieuses et d'autres rubis, mais celui-ci est le plus grand et le plus précieux.

En été, cet empereur demeure dans une cité qui est vers le nord, appelée Saduz, où il fait assez froid. En hiver, il demeure en la cité de Cambaleth, qui est dans un pays riche et chaud. Mais le pays où il demeure le plus souvent c'est Caydo ou Jong[4], qui sont dans un bon pays, assez tempéré pour les pays de par-delà, mais qui semblerait trop chaud à ceux de notre pays. Quand l'empereur chevauche d'un pays à l'autre, il fait préparer quatre osts de ses gens[5]. Le premier va devant lui et part un jour avant le départ de l'empereur, car ce premier ost couche la nuit là où l'empereur doit coucher le lendemain. Dans ce premier ost, il y a cinquante tumans, à pied et à cheval, chaque tuman représentant dix mille personnes, comme je vous l'ai déjà dit. Un autre ost va sur la droite à une demi-journée de voyage et un autre sur la gauche. Et il y a dans chaque ost autant de gens que dans le premier. Le dernier ost est plus important que les autres et le suit par-derrière à un trait d'arc. Tous les osts ont, pour chaque journée de voyage, certains endroits préparés où ils doivent passer la nuit et où ils trouvent tout ce dont ils ont besoin. Et s'il arrive que quelqu'un de l'ost meure, on remet aussitôt un autre à sa place, de sorte qu'ils sont toujours au complet. Sachez que l'empereur ne chevauche pas en personne, non plus que les grands seigneurs de par-delà, si ce n'est quand ils veulent se rendre privément quelque part avec peu de gens, pour n'être pas reconnus.

Il a un chariot à quatre roues sur lequel est une belle chambre faite d'une sorte de bois qui vient du Paradis terrestre et qu'on appelle bois d'aloès. Les fleuves du Paradis l'amènent quand la saison en est venue comme je vous l'ai déjà dit. Cette chambre a une très bonne odeur à cause de ce bois ; à l'intérieur, elle est toute couverte de plaques d'or avec des pierres précieuses et beaucoup de grosses perles. Ce chariot est tiré par quatre éléphants et quatre destriers tout blancs couverts de riches couvertures. Avec le chariot, vont quatre ou cinq ou six des plus grands seigneurs, à cheval, très noblement vêtus, de sorte que nul n'approche le chariot sauf ces grands seigneurs si l'empereur appelle quelqu'un pour lui parler. Au-dessus de la chambre de ce chariot quatre ou cinq ou six gerfauts sont posés sur une perche afin que, si l'empereur voit un oiseau sauvage qu'il veuille capturer ou qu'il veuille voir pour son plaisir, il laisse s'envoler un de ces gerfauts, puis un autre s'il lui plaît et il prend ainsi son plaisir en traversant le pays.

Personne de sa suite ne chevauche en avant de lui, tous viennent à sa suite et nul n'ose s'approcher du chariot à plus d'un trait d'arc, sauf les grands seigneurs qui l'entourent. Et tout l'ost vient derrière lui, en belle ordonnance, avec une multitude de gens. Avec ce chariot et cet ost ainsi rangé, va chacune des impératrices avec chacune quatre osts, comme l'empereur, mais avec moins de gens. Et son fils aîné va par un autre chemin sur un autre chariot de la même façon. Il y a avec eux tant de gens que c'est une merveille de les voir, nul ne peut croire quel est leur nombre s'il ne les voit pas. Parfois, s'ils ne vont pas loin, l'empereur, les impératrices et les enfants vont ensemble, tous leurs gens étant mêlés, mais toujours divisés en quatre parties.

L'empire de ce Grand Chan est divisé en douze provinces[6], dans chacune de ces provinces il y a plus de deux mille cités et des villes innombrables. Ce pays est très grand, il a douze principaux rois et chacun de ces douze rois a plusieurs autres rois sous son autorité. Et tous ces rois sont soumis au Grand Chan. Sa terre et sa seigneurie ont une telle étendue que l'on n'arriverait pas à aller d'un bout à l'autre par mer et par terre en plus de sept ans.

Parmi les déserts où on ne trouve aucune ville, il y a des hôtels placés selon les journées de voyage où les voyageurs trouvent tout le nécessaire pour voyager dans le pays. Il y a dans le pays une coutume merveilleuse et bénéfique[7]. Quand survient un contretemps ou quand arrive une nouvelle concernant l'empereur, l'empereur apprend en un jour la nouvelle qui vient de trois journées ou plus de voyage. Car les ambassadeurs montent aussitôt sur des dromadaires ou des chevaux et chevauchent aussi vite que s'ils s'enfuyaient jusqu'à l'un de ces hôtels. Quand ils approchent de ces hôtels, ils sonnent du cor et aussitôt ceux de l'hôtel comprennent bien que des nouvelles arrivent et un autre ambassadeur se prépare qui prend aussitôt les lettres et court les porter plus loin à un autre hôtel comme le premier a couru jusque-là. Et le premier demeure là et se restaure ainsi que sa bête. Ils vont ainsi d'hôtel en hôtel jusqu'à ce qu'ils arrivent à l'empereur et ainsi il reçoit aussitôt les nouvelles du pays. Et quand l'empereur envoie des courriers rapides dans le pays, chacun a une large courroie garnie de clochettes et, quand il approche des hôtels des autres courriers, qui sont aussi placés selon les journées de voyage, il fait sonner ses clochettes et aussitôt les autres courriers se préparent et courent jusqu'à un autre hôtel. Ils courent ainsi de l'un à l'autre très rapidement. On appelle ces courriers dans leur langue *chydydo*, c'est-à-dire, messagers[8].

Quand l'empereur va d'un pays à l'autre, comme je vous l'ai dit plus haut, et qu'il passe par les cités et par les villes, chacun fait un feu devant sa maison et y met de la poudre et d'autres choses de bonne odeur pour offrir cette bonne odeur à son seigneur. Les gens s'agenouillent devant lui tout le long des rues, l'honorent et lui témoignent un grand respect. Là où demeurent des religieux chrétiens, comme cela arrive dans plusieurs cités de sa terre, ils vont au-devant de lui en procession avec la croix et l'eau bénite et s'avancent en chantant à haute voix Veni Creator Spiritus[9]. Quand l'empereur les entend, il commande aux grands seigneurs qui sont auprès de lui de faire venir ces religieux. Quand ils approchent et qu'il voit la croix, il ôte son *galahoth*, une sorte de chapeau de feutre qu'il porte sur la tête, fait d'or, de pierres précieuses et de grosses perles. Ce chapeau est si riche qu'il vaudrait bien un royaume dans notre pays. Puis il s'incline devant la croix et le prélat de ces religieux dit devant lui des oraisons et lui donne la bénédiction avec cette croix et il s'incline très dévotement pendant la bénédiction. Puis le prélat lui offre quelques fruits, au nombre de neuf, sur un plateau d'argent, des poires, des pommes ou d'autres fruits. Il en prend un puis en donne aux autres seigneurs qui l'entourent, car la coutume veut que nul étranger ne vienne devant lui sans lui offrir quelque chose, selon l'Ancienne Loi qui dit : « Que l'on n'arrive pas les mains vides en ma présence[10]. » Puis l'empereur dit aux religieux de se retirer, afin de ne pas être foulés aux pieds des gens et des chevaux qui le suivent en grande multitude.

Ceux qui demeurent là où passent les impératrices font tous de même et on fait de même pour son fils aîné et on offre à chacun des fruits. Sachez que tous ces gens qui l'entourent dans l'ost ne demeurent pas continuellement avec lui mais, quand cela lui plaît, il les mande, puis ils retournent à leurs demeures, sauf ceux qui habitent dans son palais pour le servir, lui, ses femmes et ses enfants, et s'occuper de sa cour. Après le départ des autres, il reste à demeurer continuellement avec lui à la cour bien cinquante mille hommes à cheval et deux cent mille piétons sans compter les ménestrels ni ceux qui gardent les oiseaux et les bêtes sauvages dont je vous ai donné le nombre plus haut.

Il n'y a pas sous le firmament de seigneur si grand et si puissant que le Grand Chan, ni au-dessus, ni au-dessous sur terre. Car ni le Prêtre Jean, empereur de la Haute Inde, ni le Sultan de Babylone, ni l'empereur de Perse réunis ne peuvent lui être comparés en puissance, en richesse et en noblesse. En tout cela, il surpasse tous les princes terriens du monde. C'est donc bien dommage qu'il ne croie pas fermement en Dieu. Il entend bien volontiers parler de Dieu, il veut que tous les Chrétiens vivent bien et en paix dans tout son pays, car, dans les pays par-delà, on ne défend à personne de suivre la religion qu'il veut. L'un a cent femmes, l'autre quarante, l'un plus, l'autre moins. Ils prennent d'abord leurs femmes parmi leurs parentes si elles ne sont pas leurs mères, leurs sœurs ou leurs sœurs par leur mère. Mais ils peuvent prendre leurs sœurs par leur père, filles d'une autre femme et les femmes de leurs frères après leur mort et leurs marâtres.

## Chapitre XXVI

## La religion et les coutumes des Tartares demeurant au Cathay, ce que l'on fait à la mort du Chan et comment il est élu

Les gens de ce pays portent tous de larges draps non façonnés et sont vêtus de pourpre, de drap brodé, de drap d'or. Leur drap est fendu sur le côté et fermé avec un lacet de soie. Ils se vêtent de pelisses avec la fourrure dehors et ne portent ni ne revêtent des capuches ni des chaperons. Les hommes sont vêtus de la même manière que les femmes, de sorte qu'on ne distingue pas les uns des autres, sauf les femmes mariées qui portent un signe sur la tête. Mais les femmes ne demeurent pas avec leur mari, chacun vit de son côté et va coucher avec la femme qui lui plaît. Homme et femme ont chacun sa maison et toutes leurs maisons sont rondes, faites avec des bâtons ; au-dessus, est une fenêtre ronde qui leur donne de la clarté et par où sort la fumée. La couverture de la maison, les parois et la porte sont de feutre et quand ils vont en guerre, ils font porter avec eux leur maison sur des chariots comme on le fait pour les tentes et les pavillons. Ils font le feu au milieu de leur maison[1].

Ils ont une très grande multitude de bêtes de toutes espèces, sauf des pourceaux, car ils n'en élèvent aucun. Ils croient en un Dieu qui créa et fit toutes choses et ils ont des idoles d'or et d'argent, de feutre et de drap. Ils offrent toujours à ces idoles le premier lait de leurs bêtes, ainsi qu'une partie de leur nourriture et de leur boisson avant de manger et de boire et ils offrent bien souvent des chevaux et d'autres bêtes. Ils appellent leur Dieu de nature, Irogha. Et quelque nom qu'ait leur empereur, ils lui ajoutent toujours Chan. Quand j'étais là-bas, l'empereur s'appelait Thiant, ils l'appelaient Thiant Chan. Son fils s'appelle Tossue, quand il régnera, on l'appellera Tossue Chan. Quand je partis, l'empereur avait encore douze fils, en plus de celui que je viens de mentionner. Ils s'appellent Cunuc, Ordu, Chahaday, Buryn, Nengu, Nocab, Gadu, Siban, Cuten, Balac, Bibilan, Garegan. Et de ses trois femmes, la première et la principale, qui était la fille du Prêtre Jean, s'appelait Serioch Chan, l'autre Borak Chan, et l'autre, Carauke Chan[2].

## CHAPITRE XXVI

Les gens de ce pays entreprennent toutes leurs affaires à la nouvelle lune et honorent grandement la lune et le soleil et s'agenouillent très souvent devant eux. Ils chevauchent en général sans éperons, mais tiennent à la main un fouet pour conduire leurs chevaux. Ils se font un grand cas de conscience de plusieurs choses. Ils considèrent comme un péché de mettre son couteau dans le feu, de prendre la viande dans le pot avec son couteau, de s'appuyer sur le fouet avec lequel on mène les chevaux, de frapper un cheval avec son mors, de briser un osselet avec un autre os, de jeter à terre du lait ou d'autre liquide que l'on peut boire, de tuer ou de prendre les petits enfants. Mais le plus grand péché est de pisser dans les maisons où ils demeurent; qui y pisserait, on le tuerait certainement. Il leur faut se confesser à leurs prêtres de chacun de ces péchés et payer pour pénitence une grande somme d'argent. Et il convient que le lieu où l'on a pissé soit béni à nouveau, sinon nul n'oserait y demeurer ou y entrer. Quand ils ont payé leur pénitence, on les fait passer au travers d'un ou deux feux pour les purifier de leur péché. De même, quand un messager vient vers l'empereur et lui apporte quelque présent, il convient que ce qu'il porte passe à travers deux feux ardents pour être purifié et ne contienne ni venin ni autre chose mauvaise qui pourrait nuire à l'empereur. Si un homme est pris en adultère ou une femme en fornication, on les tue. On tue aussi celui qui vole.

Tous sont bons archers et tirent très bien ; et les femmes chevauchent et courent aussi bien que les hommes. Elles font tous les métiers, elles tissent les draps, elles conduisent chars et charrettes et font des maisons et tous les objets, sauf les arcs, les flèches et les armures, que font les hommes. Et toutes les femmes portent des pantalons comme les hommes.

Tous les gens de ce pays par-delà sont très soumis à leur souverain, ils ne se combattent pas ni n'ont de discorde entre eux ; il n'y a pas de voleur dans le pays. Ils se respectent beaucoup l'un l'autre, mais ne font aucun honneur aux étrangers, même aux grands princes[3]. Ils mangent des chiens, des lions, des renards, des juments, des poulains, des rats, des souris, mais ni les pourceaux, ni les bêtes interdites par l'Ancien Testament. Ils mangent la bête en entier, extérieur et intérieur, et n'enlèvent rien à leurs bêtes sinon le fiel. Ils mangent peu de pain, sauf dans les cours des grands seigneurs. Dans beaucoup d'endroits, ils n'ont ni pois, ni fèves, ni d'autre potage qu'un brouet de viande. Ils ne mangent guère que de la viande et le brouet qu'on en fait. Quand ils ont mangé, ils essuient et nettoient leurs mains sur leur poitrine, car ils ne mettent ni nappe ni serviette, sauf devant les grands seigneurs, mais le commun du peuple n'en a pas. Et quand ils ont mangé, ils remettent les écuelles sans les laver dans le pot ou le chaudron avec le reste de la viande ou du brouet en attendant de manger une autre fois. Les riches boivent du lait de jument ou de chamelle ou d'ânesse ou d'autre bête et ils s'enivrent bien avec du lait et un autre breuvage fait de miel et d'eau cuits ensemble, car ils n'ont dans leur pays ni vin ni cervoise. Ils vivent très pauvrement car ils ne mangent qu'une fois par jour, et encore bien peu, à la cour ou ailleurs. Il est certain qu'un homme de notre pays mange plus en un jour que ne le fait l'un d'eux en trois. Si un messager étranger vient devant l'empereur, on ne lui donne à manger qu'une fois par jour et bien peu[4].

## CHAPITRE XXVI

Ils font la guerre avec grande sagesse en cherchant toujours à encercler leurs ennemis. Chacun a deux ou trois arcs avec une grande quantité de flèches et une grande hache. Les nobles ont des épées courtes et larges, dont l'un des côtés est très tranchant. Ils ont des boucliers et des heaumes de cuir bouilli, comme les couvertures de leurs chevaux.

Si l'un d'eux s'enfuit pendant la bataille, on le tue. Quand ils assiègent un château ou une ville close, ils promettent à ceux de l'intérieur tant de biens que c'est merveille et leur accordent tout ce qu'ils demandent. Et quand ils se sont rendus, ils tuent tous ceux qui sont à l'intérieur, leur coupent les oreilles, les font cuire dans du vinaigre et avec cela, ils font un entremets pour les grands seigneurs. Ils ont bien l'intention de soumettre toutes les terres et disent qu'ils savent bien par les prophéties qu'ils seront vaincus par la force d'archers et qu'ils se convertiront à la religion de ceux qui les vaincront, mais ils ne savent pas quel peuple ni quelle religion les vaincra. C'est pour cela qu'ils acceptent que les gens de toutes religions demeurent paisiblement sur leurs terres.

Quand ils veulent faire leurs idoles ou une image de quelqu'un de leurs amis pour en garder le souvenir, ils font toujours l'image nue, sans aucun vêtement, car ils disent que dans le vrai amour on ne doit pas avoir de couverture et qu'on ne doit pas aimer pour les riches vêtements ou pour les belles parures, mais seulement pour le corps tel que Dieu l'a fait et pour les bonnes vertus dont le corps était revêtu naturellement, plutôt que pour le beau vêtement qui ne vient pas de la nature.

Sachez que, si l'on fait la guerre aux Tartares, il y a grand danger à les poursuivre s'ils s'enfuient pendant la bataille. Car, s'ils fuient, ils tirent derrière eux en fuyant et tuent les gens et les chevaux qui les suivent. Et quand ils se rassemblent et retournent au combat, ils sont si serrés, si proches l'un de l'autre que, s'il y a vingt mille hommes, il semble qu'il n'y en a que dix mille. Ils conquièrent bien les terres d'autrui, mais ils ne savent pas les garder, car ils ont mieux appris à coucher dehors dans des tentes que dans les villes ou les châteaux. Ils n'estiment les gens d'aucune autre nation que la leur. Ils estiment et vendent très cher l'huile d'olive, car ils disent que c'est un excellent remède.

Tous les Tartares ont les yeux petits, la barbe rare et bien claire. Ils sont faux et traîtres : quoi qu'ils promettent, ils ne le tiennent pas. Ce sont des gens très durs à la peine, qui peuvent supporter plus de souffrances que nul autre, car ils l'ont appris dans leur pays et ils ne dépensent rien.

Quand l'un d'eux va mourir de maladie, on met une lance près de lui et, quand il est à la mort, chacun s'enfuit hors de la maison jusqu'à ce qu'il soit mort, puis on l'enterre dans les champs. Quand l'empereur meurt, on le place sur une chaire au milieu de sa tente et on met devant lui une table avec une nappe, de la viande et d'autres nourritures et un hanap plein de lait de jument. On met aussi une jument et son poulain et son cheval sellé et bridé, et on met sur le cheval de l'or et de l'argent, et on jonche le sol de paille. Puis ils font une grande et large fosse et on le met en terre avec la tente et toutes les autres choses. Et ils disent que, quand il arrivera dans l'autre monde, il ne sera pas sans demeure, sans cheval, sans or ni argent, que la jument lui donnera du lait et lui procurera d'autres chevaux, et qu'il aura tout ce qu'il lui faut en l'autre monde. Car ils disent qu'après la mort ils mangent et boivent en l'autre monde et prennent leur plaisir avec les femmes, comme en celui-ci. Et dès lors qu'il aura été mis en terre nul ne sera assez hardi pour parler de lui devant ses amis. Il arrive même parfois qu'ils le font mettre en terre de nuit en secret dans un endroit plus sauvage et remettent de l'herbe qui poussera sur la fosse, ou encore on la couvre bien de sable et de gravier afin qu'on ne sache pas où est la fosse et que ses amis n'en gardent nulle mémoire. Ils disent alors qu'il a été emporté dans l'autre monde et qu'il est plus grand seigneur là-haut qu'il ne l'a été ici-bas.

Après la mort de l'empereur, les sept lignages se rassemblent et élisent son fils aîné ou son plus proche parent. Ils lui disent : « Nous voulons et vous prions et ordonnons que vous soyez notre seigneur et notre empereur. » Et il répond : « Si vous voulez que je règne sur vous, il convient que chacun de vous fasse ce que je lui commanderai, demeurer dans le pays ou partir et celui que je vous dirai de tuer, qu'il soit aussitôt tué. » Et ils répondent d'une seule voix : « Tout ce que vous commanderez sera fait. » Alors l'empereur dit : « Sachez que ma parole est, à partir de ce jour, tranchante comme une épée. » Puis on l'assied dans sa chaire sur un feutre noir et on lui pose la couronne sur la tête. Alors toutes les bonnes villes lui envoient des présents, si bien que, dans la journée, il reçoit plus de soixante chariots d'or et d'argent, sans compter les joyaux des nobles qui sont sans prix, d'or et de pierres précieuses et sans compter les chevaux, les draps d'or et de pourpre, de soie damassée, les draps brodés qui sont sans nombre.

## Chapitre XXVII

## Le royaume de Tarse, les terres et royaumes vers les régions septentrionales en descendant vers le bas de la terre

Cette terre de Cathay est dans l'Asie profonde, et au-dessous est l'Asie Majeure et le royaume de Cathay est voisin vers l'occident du royaume de Tarse, lequel appartint à un des rois qui vinrent prier Notre Seigneur à Bethléem[1]. Ceux qui sont du lignage de ce roi sont chrétiens. Dans le royaume de Tarse, les gens ne mangent pas de viande et ne boivent pas de vin.

En deçà du royaume de Tarse, est le royaume de Turquestan qui s'étend vers l'occident jusqu'au royaume de Perse et vers le septentrion jusqu'au royaume de Corasme. Dans ce pays de Turquestan il y a peu de bonnes cités. La meilleure cité de ce royaume s'appelle Occozar[2]. Il y a de grands pâturages et peu de blés, aussi sont-ils bergers, ils demeurent sous des tentes et boivent de fortes cervoises faites de miel.

Puis en deçà, est le royaume de Corasme[3], un pays riche et plantureux, mais sans vin. Vers l'orient, il y a un désert qui s'étend sur plus de cent journées de voyage. La meilleure cité de ce pays s'appelle Corasme et le pays a été nommé d'après cette cité. Les gens de ce pays sont de très bons et hardis guerriers.

Par-deçà, est le royaume de Comanie[4], dont furent jadis chassés les Comains, qui avaient été en Grèce.

## CHAPITRE XXVII

C'est un des plus grands royaumes qui soient, mais il n'est pas entièrement habité car dans une partie, vers le nord, il fait si grand froid que nul ne pourrait y demeurer et il y a tant de mouches qu'on ne sait de quel côté aller. Il y a peu d'arbres fruitiers ou autres en ce pays. Les gens habitent dehors dans des tentes et brûlent les excréments des bêtes faute de bûches. Ce royaume descend vers la Prusse et la Russie. Au milieu de ce royaume court la rivière d'Etil[5], une des plus grandes rivières qui soient au monde. Il gèle si fort tous les ans que souvent combattent sur la glace des osts avec bannières et plus de cent mille personnes à cheval ou à pied de chaque côté. Tout ce royaume s'étend entre cette rivière et la grande mer Océane, qu'ils appellent la mer Maure[6]. Vers le haut de ce royaume est le mont Caucase, qui est le plus haut du monde. Et entre la mer Maure et la mer de Caspille, il y a un passage très étroit pour aller vers l'Inde. Aussi le roi Alexandre fit faire là une cité appelée Alexandrie pour garder le pays afin qu'on n'y passe pas sans permission. On appelle maintenant cette cité Porte-de-Fer[7]. La principale cité de Comanie s'appelle Sara[8]. Par là est une des trois routes vers l'Inde, mais il ne peut y passer grand monde sauf en hiver. Le passage s'appelle Derbent. L'autre route passe par le royaume de Turquestan et par la Perse et, par cette route, il y a plusieurs journées de voyage dans le désert. La troisième route passe par la Comanie, par la Grande Mer et par le royaume d'Abchaz[9]. Et sachez que tous ces royaumes et toutes ces terres jusqu'à la Prusse et à la Russie sont soumis au Grand Chan de Cathay, ainsi que plusieurs autres pays et provinces d'autres côtés. Ainsi son pouvoir et sa seigneurie sont immenses[10].

*Chapitre XXVIII*

# L'empire de Perse, la Terre ténébreuse et les autres royaumes, du Cathay jusqu'à la mer de Grèce

Puisque je vous ai décrit la terre et les royaumes des régions septentrionales en descendant de la terre de Cathay vers les terres des Chrétiens jusqu'à la Prusse et à la Russie, je vais vous décrire les autres terres et les autres royaumes descendant de l'autre côté vers la droite jusqu'à la mer de Grèce, vers les terres des Chrétiens. Je vous parlerai d'abord du royaume de Perse, car, après l'empereur du Cathay, l'empereur de Perse est le plus grand seigneur.

Il y a deux royaumes[1]. Le premier commence vers l'orient, vers le royaume de Turquestan, il s'étend vers l'occident jusqu'à la rivière du Phison, une des quatre rivières qui vient du Paradis terrestre, vers le septentrion, il s'étend jusqu'à la mer de Caspille et, vers le midi, il s'étend jusqu'aux déserts de l'Inde. Ce pays est riche, plat et bien peuplé et a plusieurs bonnes cités. Les deux principales cités sont Boccura et Seornegant, que d'autres appellent Sormagant[2]. L'autre royaume de Perse s'étend de la rivière du Phison vers les régions d'occident jusqu'au royaume de Médie et à la grande Arménie, vers le septentrion jusqu'à la mer de Caspille et vers le midi jusqu'à la terre de l'Inde. C'est aussi un pays riche et plantureux. Il y a trois principales cités, Nessabor, Saphaon et Sarmassane[3].

Puis vient l'Arménie où il y avait trois royaumes. C'est un beau pays où tous les biens abondent. Il commence à la Perse et s'étend en long vers l'occident jusqu'à la Turquie et en large jusqu'à la cité d'Alexandre appelée Porte-de-Fer, dont j'ai parlé plus haut et jusqu'au royaume de Médie. Il y a dans cette Arménie beaucoup de bonnes cités, mais Tauriz est la plus renommée[4].

Puis vient le royaume de Médie, très long et très large. Il commence vers l'orient à la terre de Perse et à l'Inde Mineure et s'étend vers l'occident jusqu'au royaume de Chaldée et, vers le septentrion, il descend jusqu'à la petite Arménie. Dans cette région de Médie, il y a beaucoup de très grandes montagnes et peu de plaines. Il est habité de Sarrasins et d'une autre sorte de gens appelés Cordins[5]. Les deux meilleures cités de ce royaume sont appelées Saras et Karemen[6].

Après est le royaume de Géorgie qui commence vers l'orient à une grande montagne appelée Abzor où habitent beaucoup de gens de diverses nations. On appelle ce pays Allamo[7]. Ce royaume s'étend vers la Turquie et vers la Grande Mer et est voisin vers le midi de la grande Arménie. Il y a deux royaumes en ce pays, l'un est le royaume de Géorgie et l'autre est le royaume d'Abchaz et il y a dans ces royaumes deux rois qui sont tous deux chrétiens, mais celui de Géorgie est soumis au Grand Chan. Le roi d'Abchaz a un pays plus fort et s'est toujours vigoureusement défendu contre tous ceux qui l'ont assailli et ils n'ont jamais pu être soumis à personne[8]. Il y a en ce royaume d'Abchaz une grande merveille, car une province de ce pays, appelée Hanyson, qui a bien trois journées de voyage de tour, est toute couverte de ténèbres, sans aucune clarté[9]. Nul ne peut voir ce qui s'y trouve et nul n'ose y entrer. Toutefois, les gens du pays disent qu'ils ont parfois entendu des voix humaines, des chevaux hennir et des coqs chanter. On est bien certain que des gens y demeurent, mais on ne sait lesquels.

On dit que ces ténèbres survinrent jadis par un miracle de Dieu. Car un méchant empereur de Perse, nommé Saures, poursuivait tous les Chrétiens pour les détruire ou les faire sacrifier à ses idoles et chevauchait à travers tout le pays, avec ost et bannière pour anéantir tous les Chrétiens. Or beaucoup de bons Chrétiens demeuraient en ce pays, qui abandonnèrent leurs biens et s'enfuirent en Grèce. Ils arrivèrent à une plaine nommée Megon et, avec tout son ost, l'empereur vint au devant d'eux par une vallée afin de tous les massacrer. Quand les Chrétiens les aperçurent, ils se mirent à genoux et adressèrent très dévotement leurs prières à Dieu. Aussitôt, survint une nuée épaisse qui couvrit l'empereur et tout son ost de sorte qu'ils ne pouvaient aller ni en avant ni en arrière. Ils demeurèrent ainsi tous enfermés dans ces ténèbres et plus jamais n'en sortirent ; les Chrétiens allèrent où il leur plut et leurs ennemis demeurèrent enfermés et battus, sans coup férir. Ils peuvent donc bien dire : « Dieu a accompli cela et c'est une merveille à nos yeux[10]. » Ce fut un grand miracle que Dieu fit pour eux, c'est pourquoi ils peuvent bien dire que tous les bons Chrétiens devraient être plus dévots qu'ils ne le sont envers Notre Seigneur car, sans aucun doute, s'ils n'étaient pécheurs et mauvais, ils seraient maîtres du monde entier. Car la bannière de Notre Seigneur est toujours déployée et prête pour aider ses bons serviteurs. Un bon prud'homme en mettrait en fuite mille mauvais, comme le dit David dans le Psautier : « Un en poursuivit mille et deux mirent en fuite dix mille. » Et encore : « Qu'il en tombe mille à tes côtés et dix mille à ta droite. » Et que ce soit possible à un homme d'en mettre en fuite deux mille, David le dit ensuite : « Car la main du Seigneur a fait tout cela[11]. » Et Notre Seigneur lui-même dit par la bouche du Prophète : « Si vous marchiez selon mes voies, j'enverrais ma main contre ceux qui vous persécutent[12]. » De sorte que nous pouvons voir clairement que si nous voulions être bons, aucun ennemi ne pourrait rien contre nous.

Il sort de cette Terre ténébreuse une grande rivière qui montre bien, à certains signes, que des gens sont restés là, mais nul n'ose y entrer. Sachez qu'en ces royaumes de Géorgie, d'Abchaz et de petite Arménie, il y a de bons et dévots Chrétiens, qui communient et se confessent une ou deux fois par semaine et il y en a qui communient tous les jours, alors que nous ne le faisons pas par-deçà, bien que saint Paul l'ordonne en disant : « J'exhorte à communier tous les jours du Seigneur[13]. » Ils observent bien ce précepte, mais nous ne le faisons pas.

Après ce pays, par-deçà, est la terre de Turquie qui est voisine de la grande Arménie. Il y a plusieurs provinces, Cappadoce, Saure, Brique, Quesyton, Pytan, et Gemyech[14], avec dans chacune d'elles beaucoup de bonnes cités. Cette terre de Turquie s'étend jusqu'à la cité de Sathala[15], sise sur la mer de Grèce, et est voisine de la Syrie. La Syrie est un grand pays, très riche comme je vous l'ai dit plus haut. Il y a encore, au-dessus vers l'Inde, le royaume de Chaldée qui s'étend des montagnes de Chaldée vers l'orient jusqu'à la cité de Ninive, sise sur la rivière du Tigre ;

en large, il commence vers le nord à la cité de Maraga[16] et s'étend vers le midi jusqu'à la mer Océane. En Chaldée, le pays est plat, avec peu de montagnes et de rivières.

Puis vient le royaume de Mésopotamie qui commence vers l'orient au fleuve du Tigre à une cité nommée Mosel et s'étend vers l'occident jusqu'au fleuve de l'Euphrate à une cité nommée Rohais[17] ; en largeur, il va du mont d'Arménie jusqu'au désert de l'Inde Mineure. C'est un pays riche et plat, avec des rivières. Il n'y a en ce pays que deux montagnes, l'une nommée Symar et l'autre Lyson[18]. Cette terre est voisine du royaume de Chaldée.

Vers les régions méridionales, il y a encore beaucoup de pays et de régions comme la terre d'Éthiopie qui est voisine vers l'orient des grands déserts et vers l'occident, du royaume de Nubie, vers le midi, du royaume de Mauritanie et vers le nord, de la mer Rouge. Puis vient la Mauritanie qui s'étend des montagnes d'Éthiopie jusqu'à la haute Libye et, vers le midi, s'étend tout le long de la mer Océane ; vers le nord, elle est voisine de la Nubie et de la haute Libye. Puis il y a la Nubie où les gens sont chrétiens, qui est voisine de la terre de Mauritanie et du désert d'Égypte. De l'Égypte, je vous ai parlé plus haut. Puis vient la haute Libye et la basse Libye qui descend vers la Grande Mer d'Espagne. Dans ces royaumes il y a beaucoup de gens divers.

Je vous ai donc parlé de plusieurs pays par-deçà le grand royaume du Cathay, dont plusieurs sont soumis au Grand Chan.

## Chapitre XXIX

## Les pays et les îles qui sont par-delà la terre de Cathay, les divers fruits de là-bas et les douze rois enclos dans les montagnes

Maintenant, je vais poursuivre en vous parlant de quelques pays et îles qui sont au-delà de Cathay. Je vous dis qu'en allant par la terre de Cathay vers la haute Inde et vers la Bacharie[1], on passe par une région appelée Caldilhe, un très beau et très grand pays. Là pousse une sorte de fruit, comme une courge, et, quand il est mûr, on le fend par le milieu et on y trouve une bestiole en chair et en os, avec du sang, semblable à un petit agneau sans laine et on mange le fruit et la bête. Ce fruit est une grande merveille, une grande œuvre de la nature[2] et pourtant je ne le considère pas comme une grande merveille, car aussi bien il y a dans notre pays des arbres portant des fruits qui deviennent des oiseaux volant, bons à manger. Ceux qui tombent sur terre vivent et ceux qui tombent en mer meurent aussitôt. Et on s'en émerveille grandement[3].

Il y a dans ce pays des pommes longues, de bonne odeur et de bonne saveur, dont on trouve plus de cent sur une branche et autant sur une autre, avec de grandes feuilles larges et longues de deux pieds et plus. Dans ce pays et dans les autres alentour croissent beaucoup d'arbres qui portent des clous de girofle, des noix muscades, de grosses noix d'Inde, de la cannelle et bien d'autres épices. Il y a des vignes qui portent de si grands raisins qu'un homme fort aurait assez à faire de porter une seule grappe. Dans ces régions sont les montagnes de Caspille qu'ils appellent en leur pays Ubert. En ces montagnes sont enclos les Juifs des dix tribus, que l'on appelle Gog et Magog et ils n'en peuvent sortir de nul côté[4]. C'est là que furent enclos vingt-deux rois avec leur peuple qui demeurait avec eux dans les montagnes de Scythie. Le roi Alexandre les chassa et les enferma dans ces montagnes. Il pensait les enfermer par le travail de ses hommes, mais quand il vit qu'il ne pourrait l'achever, il pria le Dieu de nature de bien vouloir accomplir ce qu'il avait commencé. Et bien qu'il ne fût pas digne d'être entendu, néanmoins Dieu, dans sa bonté, fit se rejoindre les montagnes, de sorte qu'ils demeurèrent là enfermés et enclos entre de hautes montagnes tout autour sauf d'un côté et, de ce côté, est la mer de Caspille. Certains pourraient demander pourquoi ils ne sortent pas par cette mer, puisqu'elle est d'un côté, pour aller où il leur plairait. Mais je répondrai que cette mer de Caspille sort de terre par-dessous les montagnes et court à travers le désert sur un côté de ce pays et puis s'étend jusqu'aux confins de la Perse. Et bien qu'on l'appelle mer, ce n'est pas une mer, mais c'est un lac, le plus grand du monde[5]. Et s'ils entraient en cette mer, ils ne sauraient où aborder, car ils ne savent aucune langue en dehors de leur langue primitive, donc ils ne peuvent sortir. Sachez que les Juifs n'ont pas une seule terre à eux dans le monde entier sauf cette terre au milieu des montagnes et encore ils doivent pour elle un tribut à la reine des Amazones qui les fait garder très soigneusement pour qu'ils ne sortent pas du côté de son pays car sa terre est voisine de ces montagnes. Parfois, il

## CHAPITRE XXIX

arrive que certains de ces Juifs montent et descendent ces montagnes, mais on ne peut les monter ni les descendre avec un grand nombre de personnes, car les montagnes sont hautes et raides de sorte qu'ils sont là malgré eux, car la seule issue est un petit sentier fait par le travail des hommes et qui dure bien quatre grandes lieues.

Au-delà, la terre est déserte, on ne peut y trouver d'eau en creusant ou autrement et on ne peut donc habiter en ce lieu. Et il y a tant de dragons, de serpents et d'autres bêtes venimeuses en ce lieu que nul ne peut y passer, sinon par un hiver très rude. Ils appellent en ce pays cet étroit passage Clyron, c'est le passage que la reine des Amazones fait garder. Parfois certains en sortent, mais ils ne connaissent d'autre langue que l'hébreu et ne peuvent parler aux gens. On dit cependant qu'ils sortiront au temps de la venue de l'Antéchrist et qu'ils feront grand carnage des Chrétiens. C'est pourquoi les Juifs qui demeurent dans les autres terres apprennent toujours à parler hébreu dans l'espoir de pouvoir parler à ceux des montagnes de Caspille quand ils sortiront et de les conduire en chrétienté pour détruire les Chrétiens. Car les Juifs disent qu'ils savent bien par leurs prophéties que ceux de Caspille sortiront et se répandront par le monde et que les Chrétiens leur seront soumis, comme ils ont été soumis aux Chrétiens. Et si vous voulez savoir comment ils trouveront une issue, je vais vous le dire, selon ce que j'ai appris. Au temps de l'Antéchrist, un renard fera sa tanière à l'endroit où le roi Alexandre fit faire ses portes et il creusera et fouira tant la terre qu'il passera à travers jusqu'à ce peuple. Et quand ils verront ce renard, ils s'émerveilleront, car des bêtes de toute espèce sont enfermées avec eux, sauf le renard. Ils le chasseront et poursuivront tant qu'il rentrera en sa tanière ; ils creuseront et bêcheront, en suivant toujours sa tanière jusqu'à ce qu'ils trouvent les portes qu'Alexandre fit faire avec de grosses pierres bien cimentées. Ils briseront ces portes et ainsi trouveront l'issue.

De ce pays, on va vers la terre de Bacharie où il y a de très mauvaises et cruelles gens. En cette terre, il y a des arbres qui portent de la laine, comme des brebis, et on en fait du très bon drap pour se vêtir. Il y a en ce pays beaucoup d'hippopotames ; ce sont des bêtes qui demeurent tantôt sur terre, tantôt dans l'eau, elles sont moitié homme, moitié cheval, comme je vous l'ai déjà dit. Ils mangent les gens quand ils peuvent les prendre. Il y a dans ce pays des eaux et des rivières trois fois plus amères que l'eau de la mer. Il y a dans ce pays plus de griffons que dans nul autre[6]. Certains disent qu'ils ont le corps par-devant comme un aigle et par-derrière comme un lion et ils disent vrai, car c'est ainsi qu'ils sont. Mais le corps d'un griffon est plus grand et plus fort que celui d'un lion, voire de huit lions de par-deçà et il est plus grand et plus fort que cent aigles, car il peut emporter en volant jusqu'à son nid un grand cheval et le monter s'il trouve la place, ou deux bœufs attachés ensemble comme on les attache à la charrue. Car les ongles de ses pieds de devant sont aussi grands et longs que ceux du bœuf ou de la vache et on en fait de bons hanaps pour boire, comme avec les cornes de buffle. Et avec les plumes de ses ailes, on fait des arcs grands et forts pour tirer des flèches.

De là, on va pendant beaucoup de journées de voyage à travers la terre du Prêtre Jean, grand empereur de l'Inde et on appelle son royaume l'île de Pentexoire[7].

*Chapitre XXX*

La situation royale du Prêtre Jean
et un homme riche qui fit un château
merveilleux appelé Paradis

Cet empereur Prêtre Jean possède une très grande terre et a en son royaume beaucoup de belles cités et de bonnes villes ainsi que beaucoup d'îles variées grandes et larges. Car ce pays d'Inde est formé de diverses îles, parce qu'il est arrosé par les fleuves qui viennent du Paradis terrestre et divisent la terre en plusieurs parties. Il y a aussi beaucoup d'îles en la mer d'Inde. La plus belle cité de l'île Pentexoire se nomme Nyse, c'est une cité royale, très noble et très riche[1]. Le Prêtre Jean a sous son autorité beaucoup de royaumes, d'îles et de peuples divers. Son pays est très bon et très riche, mais pas autant que celui du Grand Chan. Car les marchands ne vont pas aussi facilement acheter des marchandises en sa terre qu'en la terre du Grand Chan parce qu'elle est trop loin. D'autre part, ils trouvent dans l'île de Cathay tout ce dont ils ont besoin, épices, drap d'or ou marchandises et, bien qu'ils aient un meilleur marché dans la terre du Prêtre Jean, ils redoutent la longueur de la route et les grands périls sur la mer dans ces régions. Car il y a en bien des endroits de grands rochers de pierre d'aimant qui, par nature, attirent à eux le fer et s'il passe un navire où il y ait des clous ou des bandes de fer, ces rochers les attirent aussitôt à eux et jamais ils ne peuvent repartir[2]. Moi-même j'ai vu en mer au loin une sorte de grande île où il y avait des arbrisseaux, des épines, des ronces en grande quantité et les marins nous dirent que c'étaient tous les navires qui avaient été arrêtés par les rochers d'aimant et, de la pourriture qui était dans les navires, ces arbrisseaux, ces épines, ces ronces et quantité d'herbes avaient poussé. Il y a de ces rochers en beaucoup d'endroits aux environs, c'est pour cela que les marchands n'osent y aller s'ils ne connaissent très bien la route ou s'ils n'ont un bon pilote. Ils craignent la longueur du chemin et prennent les marchandises dans l'île de Cathay qui est plus proche. Elle n'est cependant pas si proche qu'il ne faille bien mettre onze ou douze mois par mer et par terre de Gênes ou de Venise jusqu'à l'île de Cathay.

La terre du Prêtre Jean en est encore distante de beaucoup de journées de voyage. Les marchands qui vont par là passent par la Perse et arrivent à une cité appelée Hermès que fonda le philosophe Hermès. Puis ils passent un bras de mer et arrivent à une grande cité appelée Colbach[3] où ils trouvent toutes sortes de marchandises, des perroquets en aussi grande quantité qu'ici les alouettes et bien d'autres choses. Et si les marchands veulent poursuivre, ils peuvent le faire en toute sécurité. Il y a dans ce pays peu de blé, de froment et d'orge, aussi mangent-ils toujours du riz, du millet, du lait, du fromage et des fruits.

Cet empereur Prêtre Jean prend toujours pour femme la fille du Grand Chan et le Grand Chan, la fille du Prêtre Jean[4]. Dans la terre du Prêtre Jean, il y a bien des choses diverses et beaucoup de pierres précieuses si grandes et si larges qu'on peut en faire de la vaisselle pour la maison, des plats, des écuelles, des hanaps et bien d'autres merveilles qui seraient trop longues à mettre par écrit. Mais je veux vous dire le principal sur sa condition et sa religion.

Cet empereur Prêtre Jean est chrétien, ainsi qu'une grande partie de son pays, mais ils n'ont pas les douze articles de foi que nous avons. Ils croient bien au Père, au Fils et au Saint-Esprit, ils sont très dévots et très loyaux l'un envers l'autre et ne pratiquent ni mensonge, ni ruse, et nulle fraude. Soixante-douze provinces lui sont soumises et, dans chaque province, il y a un roi et tous ces rois lui sont soumis et lui doivent le tribut.

Il y a dans son pays bien des merveilles. Là est la mer Aréneuse, pleine de sable et de gravier, sans une goutte d'eau et elle va et vient par grandes vagues comme les autres mers et en aucune saison elle ne se tient calme ni ne s'apaise. On ne peut traverser cette mer sur un navire ou autrement si bien qu'on ne sait pas quelle terre il y a au-delà de cette mer. Bien qu'il n'y ait point d'eau, on trouve sur les rives de bons poissons aussi bien que sur les autres mers, mais ils sont d'autre sorte que sur les autres mers ; ils ont bon goût et sont délicieux à manger. À trois journées de voyage de cette mer, il y a un grand fleuve qui vient du Paradis terrestre, tout de pierres précieuses, sans eau. Il court en aval à travers le désert avec de grandes vagues, comme la mer Aréneuse et se jette en cette mer où il se perd. Ce fleuve court trois fois par semaine et entraîne avec lui de grosses pierres enlevées aux rochers qui font un grand bruit, mais dès qu'elles sont entrées dans la mer Aréneuse elles n'apparaissent plus et sont toutes perdues. Pendant les trois jours où court cette rivière, nul n'ose y entrer, mais on l'ose les autres jours.

Un peu en avant, au-delà de ce fleuve, il y a des déserts et des montagnes et, entre ces montagnes, il y a une plaine dans laquelle tous les jours, au lever du soleil, de petits arbrisseaux commencent à croître, jusqu'à midi, et ils portent des fruits. Mais nul n'ose prendre de ces fruits car ils sont comme féériques. Après midi, ils décroissent et rentrent en terre de sorte qu'au coucher du soleil ils n'apparaissent plus. Cela se passe tous les jours et c'est une grande merveille[5]. Dans ce désert, il y a beaucoup d'hommes sauvages, cornus et hideux qui ne parlent pas, mais grognent comme des pourceaux. Il y a quantité de chiens sauvages et de perroquets qu'ils appellent dans leur langue *psytakes*. Certains parlent bien, naturellement, ils saluent les gens qui passent dans le désert et parlent aussi parfaitement qu'une personne. Ceux qui parlent bien ont cinq doigts à chaque pied. Il y en a d'autres qui n'ont que trois doigts à chaque pied et ceux-là parlent peu ou pas et, s'ils parlent, c'est inintelligible, car ils ne font que crier.

Quand cet empereur Prêtre Jean va en guerre contre un autre seigneur, il ne fait porter aucune bannière, mais il fait porter devant lui treize grandes et hautes croix d'or fin et de pierres précieuses ; chaque croix est posée sur un chariot et chaque chariot est gardé par dix mille hommes d'armes et plus de cent mille piétons, comme l'on garde l'étendard en nos pays quand on fait la guerre. Dans ce nombre n'est pas compté l'ost principal, ni les échelles rangées pour la bataille[6]. Quand il n'y a pas de guerre et qu'il chevauche avec sa compagnie privée, il fait seulement porter devant lui une simple croix de bois sans peinture et sans décoration d'or ou de pierres précieuses, pour rappeler que Jésus-Christ souffrit la mort sur une croix de bois. Il fait aussi porter devant lui un plateau d'or plein de terre pour se rappeler que sa noblesse, sa puissance et son corps retourneront en terre. Mais on porte un autre vase d'argent avec des joyaux d'or et de pierres précieuses en signe de seigneurie, de noblesse et de puissance.

Cet empereur demeure généralement dans la cité de Suse[7] où est son palais principal qui est si riche et si noble qu'on ne peut en donner d'estimation. Au-dessus de la principale tour du palais, il y a deux pommeaux ronds en or et, sur chaque pommeau, deux grandes et larges escarboucles qui brillent clairement dans la nuit. Les portes principales de ce palais sont de pierres précieuses, appelées sardoines, les bords et les barres sont d'ivoire. Les fenêtres des salles et des chambres sont de cristal et les tables sur lesquelles ils mangent sont d'émeraudes, d'autres, d'améthystes, d'autres, d'or et de pierres précieuses, et les pieds qui soutiennent les tables sont faits des mêmes pierres. Pour monter vers le trône où il siège, il y a des degrés, l'un d'onicle, l'autre de cristal, l'autre de jaspe vert, l'autre de jaspe diapré, l'autre d'améthyste, l'autre de sardoine, l'autre de cornaline, et le huitième, sur lequel il repose ses pieds est de chrysolithe[8]. Tous ces degrés sont bordés d'or fin incrusté de plusieurs pierres précieuses et de grosses perles d'Orient. Les côtés du siège sont d'émeraude à bordure d'or, magnifiquement ornés d'autres pierres précieuses et de grosses perles. Toutes les colonnes de sa chambre sont d'or fin avec des pierres précieuses et des escarboucles qui donnent une grande clarté de nuit. Bien que ces escarboucles luisent assez, on brûle toujours du baume remplissant des vases de cristal pour donner une bonne odeur et chasser le mauvais air. Le tour de son lit est de saphir à bandes d'or pour lui donner un bon sommeil et réfréner sa luxure, car il ne va coucher avec ses femmes que quatre fois l'an, aux quatre saisons, seulement pour engendrer des enfants.

Il a aussi un très beau palais à Nyse[9] où il demeure quand cela lui plaît, mais l'air n'est pas aussi tempéré qu'à la cité de Suse. Dans tout son pays, comme dans tous les pays environnants, on ne mange qu'une fois par jour, comme en la cour du Grand Chan. Plus de trente mille personnes mangent chaque jour à sa cour, sans compter les gens de passage, mais trente mille de son pays et du pays du Grand Chan ne dépensent pas autant que douze mille des pays par-deçà. Il a toujours avec lui sept rois pour le servir, les uns partent au bout d'un mois et d'autres reviennent et, avec ces rois, soixante-douze ducs et trois cent soixante comtes le servent et douze archevêques et vingt évêques mangent chaque jour à sa cour. Le patriarche de saint Thomas, qui est comme le pape, tous les archevêques, les évêques, les abbés sont comme des rois en ce pays. Et chacun des grands seigneurs sait comment il doit le servir, l'un est maître de l'hôtel, un autre chambellan, un autre sert l'écuelle, un autre, la coupe, un autre est sénéchal, un autre, maréchal, un autre maître des écuyers. Ainsi, chacun a son office selon ce qu'il lui appartient de faire et il est très dignement servi.

Sa terre s'étend en largeur bien sur quatre mois de journées de voyage et, en longueur, elle est sans mesure, car elle comprend toutes les îles dessus terre que nous disons dessous.

À côté de l'île de Pentexoire, qui est au Prêtre Jean, il y a une grande île longue et large qu'on appelle

Milstorak, dans la seigneurie du Prêtre Jean[10]. Il y a en cette île une très grande quantité de biens. Là habitait il n'y a pas longtemps un homme, appelé Gathalonabes[11], très riche et très trompeur. Il avait dans une montagne un très beau château plus fort et plus imposant qu'on ne pourrait le dire. Il avait fait entourer la montagne de très beaux murs et, à l'intérieur de ces murs, il y avait le plus beau jardin que l'on puisse voir, avec des arbres portant toutes les sortes de fruits que l'on puisse trouver au monde. Il avait fait planter toutes sortes d'herbes bien odorantes et de plantes portant de belles fleurs. Il y avait encore beaucoup de belles fontaines avec, à côté, de belles salles et de belles chambres toutes avec des peintures d'or et d'azur représentant diverses choses, divers mystères de l'histoire et diverses bêtes. Et il y avait des oiseaux qui chantaient et tournaient grâce à une machine, comme s'ils étaient vivants. Il avait mis en ce jardin toutes les sortes d'oiseaux qu'il avait pu trouver et toutes les bêtes qui procurent plaisir et agrément à regarder. Il y avait mis les plus belles demoiselles que l'on pouvait trouver, de l'âge de quinze ans et les plus beaux jeunes gens, du même âge ; tous étaient vêtus de drap d'or et on aurait cru des anges.

Il avait fait faire trois fontaines belles et nobles, toutes entourées de pierres de jaspe et de cristal, ornées d'or et de grosses perles. Il avait fait faire des conduits souterrains, de sorte que, quand il le voulait, il faisait couler de l'une du lait, de l'autre, du vin et de la troisième, du miel. Il appelait cet endroit, paradis. Et quand quelque bon jeune homme, preux et hardi, venait le voir, il l'emmenait en son paradis et lui montrait les diverses choses, les plaisirs, les divers chants d'oiseaux, les belles demoiselles, les belles fontaines de lait, de vin et de miel. Et, sur une haute tour, il faisait jouer de divers instruments de musique, sans que l'on voie les ménestrels et il disait que c'étaient les anges de Dieu et que c'était le paradis que Dieu avait promis à ses amis quand il avait dit : « Je vous donnerai une terre où coulent le lait et le miel[12]. » Puis il leur faisait boire un breuvage qui les enivrait aussitôt et il leur semblait être dans un plaisir plus grand encore qu'avant. Alors il leur disait que, s'ils voulaient mourir pour l'amour de lui, ils viendraient après leur mort dans ce paradis, seraient de l'âge de ces demoiselles et s'ébattraient avec elles et toujours elles demeureraient pucelles. Ensuite, il les mettrait dans un paradis plus beau encore où ils verraient de leurs yeux le Dieu de nature dans sa gloire et sa majesté. Aussitôt, ils acceptaient de faire toute sa volonté. Il leur commandait alors d'aller tuer quelques grands seigneurs du pays qui s'opposaient à lui et de n'avoir pas peur de se faire tuer pour l'amour de lui, car il les mettrait après leur mort dans un autre paradis cent fois plus beau où ils demeureraient pour toujours avec de plus belles demoiselles. Aussi, ces jeunes gens allaient tuer les seigneurs du pays et se faisaient eux-mêmes tuer, dans l'espérance d'aller en ce paradis. Ainsi cet homme se vengeait de ses adversaires par ces grandes séductions.

Quand les hommes riches du pays eurent compris la ruse et la malice de ce Gathalonabes, ils s'assemblèrent et allèrent assaillir son château et le tuèrent ; ils détruisirent tous les beaux lieux et toutes les splendeurs qui étaient dans ce paradis, il n'en reste que les fontaines et quelques autres choses et les murailles, mais les richesses n'y sont point demeurées. Et il n'y a pas très longtemps que cet endroit a été détruit[13].

## Chapitre XXXI

## La tête du Diable dans la vallée Périlleuse et les coutumes des gens dans diverses îles alentour

À côté de cette île de Milstorak, à gauche vers la rivière du Phison, il y a une chose merveilleuse, c'est une vallée entre les montagnes qui s'étend sur près de quatre lieues de long. Certains l'appellent le val Enchanté, d'autres le val du Diable et d'autres le val Périlleux[1]. Dans cette vallée, on entend souvent de grandes tempêtes et de grands bruits tous les jours et toutes les nuits et un très grand vacarme de sons de tambours, de nacaires et de trompettes, comme s'il y avait une grande fête. Cette vallée est toute pleine de diables et l'a toujours été. On dit que c'est une des entrées de l'enfer. Il y a en cette vallée beaucoup d'or et d'argent, c'est pourquoi plusieurs mécréants et aussi plusieurs Chrétiens y pénétrent souvent pour aller chercher une partie du trésor qui s'y trouve. Mais peu en reviennent, spécialement des mécréants et des Chrétiens qui n'y vont que par convoitise de l'or et de l'argent à posséder, car ils sont aussitôt étranglés par les diables.

Au milieu de cette vallée, il y a un rocher et, sur ce rocher, il y a une tête de diable, très horrible à voir. On ne voit cette tête que jusqu'aux épaules, mais je crois qu'il n'est homme au monde, si hardi soit-il, Chrétien ou autre qui n'ait très grand peur à la regarder, pensant défaillir tant elle est hideuse à voir.

Elle regarde si cruellement les gens, elle a les yeux si mobiles et si étincelants et change et transforme si souvent sa pose et sa contenance que nul n'ose s'en approcher. Il sort d'elle du feu et de la fumée et une telle puanteur qu'on peut à peine la supporter. Toutefois, les bons Chrétiens qui sont en état de grâce et fermes dans leur foi entrent là sans péril, car ils se confessent et s'arment du signe de la croix, de sorte que les diables n'ont aucun pouvoir sur eux. Mais s'ils ne sont pas en danger, ils ne sont pas sans peur quand ils voient de leurs yeux les démons autour d'eux qui leur font subir de nombreux et divers assauts et des menaces dans l'air et sur terre, des coups de tonnerre, des tempêtes. Et l'on craint toujours que Dieu ne prenne vengeance de ce que l'on a fait contre sa volonté.

Sachez que, quand mes compagnons et moi avons été en cette vallée, nous avons eu beaucoup à réfléchir pour savoir si nous oserions exposer nos vies et pénétrer là sous la protection de Dieu. Certains compagnons étaient d'accord, d'autres opposés. Il y avait avec nous deux prud'hommes, des Frères mineurs de Lombardie qui disaient que, si l'un de nous voulait pénétrer dans la vallée, il devait se mettre en état de grâce et ils entreraient avec nous[2]. Quand les prud'hommes eurent ainsi parlé, faisant confiance à Dieu et à eux, nous avons fait dire une messe, nous nous sommes confessés et avons communié, puis nous sommes entrés à quatorze compagnons. À la sortie, nous n'étions que neuf compagnons et nous n'avons pas pu savoir s'ils s'étaient perdus ou s'ils étaient sortis en retournant en arrière, mais nous ne les avons pas revus depuis. C'étaient deux Grecs et trois Espagnols qui ne voulurent pas entrer avec nous, mais allèrent par un autre chemin pour être en avant de nous. Ainsi firent-ils.

Nous avons traversé cette vallée et nous avons vu là en plus d'un endroit de l'or, de l'argent, des joyaux, des pierres précieuses en grande quantité çà et là, à ce qu'il nous semblait. Mais nous ne savions si c'était la réalité, car je n'ai rien touché. Les diables sont si subtils qu'ils font paraître vrai ce qui ne l'est pas pour tromper les gens. Aussi, je ne voulais toucher à rien de ce que je voyais et je ne voulais pas me détourner de ma dévotion. J'étais alors plus dévot que je ne fus jamais depuis, tant à cause de l'attitude des démons que je voyais sous plusieurs formes, qu'à cause des corps morts dont je voyais un grand nombre couchés dans la vallée. S'il y avait eu une guerre avec toute la puissance des deux plus puissants rois du pays et que tous leurs gens eussent été exterminés, il n'y aurait pas eu autant de morts qu'il en avait dans cette vallée, et c'était une chose hideuse à voir. Je m'émerveillai grandement de ce que les corps fussent si entiers, il semblait qu'ils ne pourrissaient point. Mais je crois que les démons les font paraître entiers, car il est impossible à mon avis qu'ils y soient entrés si récemment ou qu'il y ait tant de morts qui ne pourrissent pas. Il y en avait plusieurs vêtus comme des Chrétiens, mais je pensais bien qu'ils avaient été trompés par les trésors qu'ils voyaient et qu'ils convoitaient ou qu'ils avaient eu le cœur trop faible et qu'ils n'avaient pu supporter la puanteur. Et tout cela nous rendait plus dévots.

Nous fûmes plusieurs fois jetés à terre par le vent, le tonnerre et la tempête, mais Dieu nous vint toujours en aide et nous passâmes cette vallée sans encombre, grâce à Dieu.

Au-delà de cette vallée, il y a une grande île où les gens sont de grands géants de vingt-huit ou trente pieds de long. Ils n'ont point de vêtement sinon des peaux de bêtes qui pendent autour d'eux. Ils ne mangent point de pain, mais de la viande toute crue et ils boivent du lait, car ils ont suffisamment de bêtes. Ils n'ont pas de maison et mangent la chair humaine plus volontiers que nulle autre viande. Nul n'approche volontiers de cette île ou n'y entre, car s'ils voient un navire et des gens dedans, ils entrent en mer à la poursuite du navire pour tout prendre et dévorer.

On nous a dit encore que, dans une île un peu plus loin par-delà, il y a de plus grands géants de quarante-cinq et cinquante pieds de long, certains disaient même de cinquante coudées de long. Mais nous les avons pas vus et n'avions pas le désir de nous approcher d'eux, car nul n'y entre, en un endroit ou en un autre, sans être aussitôt dévoré. Au milieu de ces géants, il y a des brebis qui sont aussi grandes que les bœufs de notre pays, avec de la laine grosse à l'avenant. J'en ai vu plusieurs fois. On a souvent vu ces géants prendre des gens en mer et les porter à terre, deux dans une main, deux dans l'autre et les manger tout crus.

Il y a une autre île vers le sud où on trouve des gens pleins de malice et des femmes cruelles qui ont des pierres précieuses devant les yeux[3]. Leur nature est telle que, si elles regardent une personne avec colère, elles la tuent rien qu'à la regarder, comme le fait le basilic.

Il y a une autre île très belle et bonne et grande et bien peuplée. La coutume veut que, la première nuit qu'ils sont mariés, ils font coucher un autre homme avec leur femme pour la dépuceler et ils le paient bien pour cela⁴. Il y a, dans certaines villes, des valets qui ne servent qu'à cela, appelés *cadiberiis*, c'est-à-dire fous désespérés, car les gens du pays estiment la femme comme un être si important et si dangereux qu'il leur semble que ceux qui les dépucellent se mettent en grand danger de mort. Et si, la nuit suivante, le mari trouve sa femme pucelle, que le valet ne l'a pas dépucelée parce qu'il était ivre ou pour toute autre raison, il se plaint qu'il n'a pas fait son devoir, autant que s'il eût tué la femme. Mais, après la première nuit où elles sont dépucelées, ils les gardent si sévèrement que nul n'est assez hardi pour oser aller leur parler. Nous avons demandé la raison de cette coutume. Ils nous ont dit qu'autrefois certains étaient morts pour avoir dépucelé des femmes qui avaient des serpents dans le corps. C'est pour cela qu'ils ont cette coutume et qu'ils font toujours essayer le passage par un autre avant de tenter l'aventure.

Au-delà, il y a une autre île où les femmes mènent grand deuil quand les enfants naissent et quand ils meurent elles font une grande fête, un grand festin en grande joie et les jettent dans un feu ardent. Et, si les maris meurent, celles qui les aiment bien se jettent dans le feu avec leur enfant ; elles sont brûlées et disent que le feu les purifie de toutes souillures et de tous vices, ainsi elles seront pures et nettes dans l'autre monde et emmèneront leurs enfants avec elles.

Elles pleurent quand leurs enfants naissent et sont très joyeuses quand ils meurent parce que, disent-elles, quand les enfants naissent ils viennent au monde pour connaître de grandes peines, douleurs et tristesses et quand ils meurent, ils vont au paradis où ils ont des rivières où coule le lait et le miel, où on vit dans la joie et l'abondance de tous les biens, sans travail et sans souffrance.

Le roi de cette île est toujours élu et ils n'élisent pas le plus riche ou le plus noble, mais celui qui s'est toujours montré de bonnes mœurs et juste. Il doit être d'un grand âge et sans enfants. Ils sont très justes dans cette île et jugent tous équitablement, le grand comme le petit, selon la faute commise. Le roi ne peut juger personne sans le conseil de ses barons et il convient que la cour soit tout entière d'accord, ou du moins la plus grande partie. Et si le roi se rend coupable d'un meurtre ou d'un crime, il doit mourir, comme tout autre. On ne porte pas la main sur lui, on ne le tue pas, mais on défend à quiconque d'oser lui tenir compagnie, de lui parler, de lui vendre ou donner quoi que ce soit, de lui servir à manger ou à boire et ainsi il meurt dans le dénuement. Ils n'épargnent aucune personne qui ait mal agi, ni par amour, ni par faveur, ni en raison de sa noblesse ; il faut lui faire justice selon ses actes.

Au-delà de cette île, il y a une autre île où il y a une grande quantité de gens. Ils ne mangeraient pour rien au monde du lièvre, de la poule ou de l'oie et ils en élèvent seulement pour les voir et regarder[5]. Ils mangent toutes les autres bêtes et boivent du lait. Dans ce pays, ils prennent pour femmes leurs filles, leurs sœurs et toutes leurs autres parentes. Et s'il y a dix ou douze hommes ou plus dans une demeure, la femme de chacun sera mise en commun par tous ceux de la maison et chacun couchera avec celle qu'il voudra, une nuit avec l'une, une nuit avec l'autre. Et si un enfant est engendré dans quelque endroit de cette île, on le donne à celui qui couchera le premier avec la dame, de sorte que nul ne sait à qui est l'enfant. Si on leur dit qu'ils élèvent les enfants des autres, ils répondent que les autres élèvent les leurs.

## CHAPITRE XXXI

Dans ce pays et dans toute l'Inde, il y a grande quantité de crocodiles. C'est une sorte de long serpent, comme je vous l'ai déjà dit, qui de nuit vit dans l'eau et le jour, sur terre, dans les rochers et les grottes ; ils ne mangent pas de tout l'hiver, mais ils hibernent comme les serpents. Ce serpent tue les gens et les mange en pleurant ; quand il mange, il fait mouvoir sa mâchoire de dessus et pas celle de dessous, et il n'a pas de langue.

Dans ce pays et dans plusieurs autres par-delà, on prépare la semence du coton et on la sème tous les ans. Il pousse de petits arbrisseaux qui portent le coton. On fait ainsi tous les ans, de sorte qu'il y a partout grande quantité de coton. Dans cette île et dans plusieurs autres, il y a une sorte de bois si dur et si fort que, si l'on couvrait de cendre les charbons de ce bois, ils se conserveraient et demeureraient actifs un an ou plus. Cet arbre a peu de feuilles, comme le genêt. Il y a aussi des arbres d'un bois qui ne peut brûler ni pourrir d'aucune façon. Il y a aussi des noyers qui portent des noix aussi grandes que la tête d'un homme[6].

Il y a aussi des bêtes qu'on appelle girafes ; en Arabie, ils les appellent gerfauts. C'est une bête tavelée, elle n'est pas aussi grande qu'un destrier, mais elle a le cou long bien de vingt coudées, sa croupe et sa queue sont comme celles d'un cerf, elle peut voir par-dessus une maison assez haute. Il y a dans ce pays beaucoup de caméléons. Ce sont de petites bêtes, comme des chevreaux sauvages, qui vont toujours la gueule ouverte, parce qu'elles ne vivent que d'air et ne mangent ni ne boivent jamais. Elles changent et transforment très souvent leur couleur, car une fois on les voit d'une couleur, une fois, d'une autre, elles peuvent prendre toutes les couleurs qu'elles veulent sauf le rouge et le blanc. Il y a aussi de grands et gros serpents qui ont bien six pieds de long, rayés de diverses couleurs, rouge, vert, jaune, bleu, noir, ou tout tavelés. Il y en a d'autres qui ont une crête sur la tête, vont presque droit sur leurs pieds et sont bien gros de quatre toises ou plus. Ils demeurent toujours dans les grottes des montagnes, ils ont toujours la gueule ouverte dont coule du venin. Il y a des porcs sauvages de plusieurs couleurs, aussi grands que des bœufs de notre pays, ils sont tout tavelés, comme les jeunes faons. Il y a des hérissons aussi grands que sont ici les porcs sauvages, on les appelle porcs-épics. Il y a des lions tout blancs, grands et puissants. Il y a d'autres bêtes aussi grandes ou plus qu'un destrier, qu'ils appellent *loherans*, ailleurs, on les appelle *odenthos*[7]. Ils ont la tête très noire et, sur le front, trois cornes rouges, tranchantes comme une épée ; ils ont tout le corps fauve. C'est une bête trompeuse qui chasse les éléphants. Il y a d'autres bêtes très cruelles et méchantes qui ne sont pas plus grandes qu'un ours ; elles ont une tête de sanglier, elles ont six pieds et, à chaque pied, deux ongles larges et tranchants ; elles ont le corps d'un ours et la queue d'un lion. Il y a des souris aussi grandes que des chiens et des chauves-souris grandes comme des corbeaux. Il y a des oies rouges trois fois plus grandes que les nôtres par-deçà, elles ont la tête, le cou et la poitrine tout noirs. Il y a plusieurs autres sortes de bêtes en ce pays et dans les autres alentour et beaucoup d'oiseaux variés dont il serait trop long de tout raconter.

## Chapitre XXXII

## La bonté des gens de l'île de Bragmey, le roi Alexandre et pourquoi on donne ce nom au Prêtre Jean

Au-delà de cette île, il y une île grande et bonne, abondante en toutes sortes de biens. Il y vit des gens bons et loyaux, qui mènent une vie droite selon leur croyance, de bonne foi. Et bien qu'ils ne soient pas de parfaits Chrétiens et n'aient pas, selon nous, une religion parfaite, ils suivent la religion naturelle, sont pleins de toutes les vertus et évitent tous les vices, les malices et les péchés. Ils ne sont ni orgueilleux, ni envieux, ni paresseux, ni luxurieux, ni coléreux, ni gloutons, ni haineux et ne font pas à autrui ce qu'ils ne voudraient pas qu'on leur fît. Ainsi, ils accomplissent les dix commandements de la Loi. Ils ne se soucient pas de richesse ou d'avoir, ils ne mentent ni ne jurent en aucune occasion, mais disent simplement oui ou non, car ils disent que, si on jure, on cherche à tromper son prochain ; aussi, quoi que ce soit qu'ils fassent, ils le font sans serment.

On appelle cette terre la Terre de foi, certains l'appellent l'île de Bragmey[1]. Au milieu de cette terre court une grande rivière appelée Thebe. En général tous les gens des îles des alentours sont plus loyaux et plus droits qu'ailleurs. Il n'y a dans cette île ni larron, ni meurtrier, ni femme légère, ni pauvre mendiant et personne ne fut jamais tué en cette terre. Ils sont aussi chastes et mènent une vie aussi sainte que des religieux et ils jeûnent tous les jours. Comme ils sont si loyaux et droits et mènent une si bonne vie, ils n'ont jamais été tourmentés par la foudre, le tonnerre, la guerre, la famine, la peste ou autre tribulation, comme nous le sommes souvent par-deçà pour nos péchés. Il est donc manifeste que Dieu les aime et agrée leur foi et leurs bonnes œuvres. Ils croient en un Dieu qui créa et fit toutes choses et ils l'adorent. Ils méprisent tous les avoirs terrestres, sont très droits et servent Dieu dévotement. Ils sont très sobres pour le manger et le boire et vivent donc plus longtemps. Plusieurs meurent sans avoir de maladie, c'est leur nature qui s'affaiblit à cause de la vieillesse.

Jadis, le roi Alexandre envoya épier les gens de cette île, car il voulait faire la guerre dans leur pays. Ils envoyèrent au roi Alexandre des messagers qui portèrent à travers le pays des lettres[2] disant : « Qu'est-ce qui pourrait suffire à celui à qui le monde entier ne suffit pas ? Tu ne trouveras chez nous nulle chose pour laquelle tu doives nous faire la guerre. Nous n'avons nulle richesse, nul avoir et tous les biens de notre pays sont en commun. La nourriture pour soutenir notre corps est notre seule richesse et, au lieu de trésors d'or et d'argent, nous amassons des trésors de concorde, de paix et d'amour l'un pour l'autre. Pour ornement de notre corps, nous n'avons qu'un pauvre morceau de drap pour envelopper nos charognes. Nos femmes ne sont pas parées pour plaire et estiment que se parer est folie car l'homme se met en peine d'embellir son corps pour qu'il semble plus beau que Dieu l'a fait. Elles ne veulent pas demander d'autre beauté que celle que Dieu leur a donnée à la naissance. La terre nous donne deux choses : les vivres tant que nous vivons et notre sépulture après la

## CHAPITRE XXXII

mort. Nous vivons ici dans une paix perpétuelle dont vous voulez nous déshériter. Nous avons un roi, non pas pour rendre la justice, car il ne trouverait nul malfaiteur, mais pour conserver notre noblesse et pour nous apprendre à être obéissants. Il n'y a pas à faire justice entre nous, car nous ne faisons pas à autrui ce que nous ne voudrions qu'on nous fît. Justice et vengeance n'ont que faire chez nous et vous ne pouvez rien nous prendre que notre bonne paix qui a toujours régné chez nous. » Quand Alexandre eut vu ces lettres, il pensa qu'il ferait un trop grand mal s'il les troublait en quoi que ce fût et il leur écrivit qu'ils étaient en sûreté, qu'ils ne le craignent pas et qu'ils gardent bien leurs bonnes mœurs et leur bonne paix comme ils en avaient l'habitude.

Il y a d'autres îles alentour, l'une s'appelle Oxidrate et l'autre Gymnosophe[3]. Il y vit beaucoup de bonnes gens, loyaux et pleins d'une grande foi, de bonnes mœurs comme ceux de l'autre île et ils vont toujours tout nus. Le roi Alexandre y vint et quand il vit leur bonne foi et leur grande loyauté, il leur dit qu'il ne leur ferait pas la guerre et qu'ils pouvaient demander ce qu'ils voulaient, richesse ou autre chose, qu'il le leur donnerait volontiers. Ils répondirent que celui qui a de quoi boire et manger pour soutenir son corps est assez riche, que les richesses de ce monde sont transitoires et ne valent rien. Mais s'il pouvait leur donner l'immortalité, ils l'en remercieraient. Alexandre répondit qu'il ne pouvait le faire, car il était mortel comme eux. « Et pourquoi donc, dirent-ils, puisque tu sais que tu es mortel es-tu si orgueilleux, si fier, si outrecuidant que tu veuilles te soumettre le monde entier, comme si tu étais un dieu ? Et tu ne sais pas le terme de ta vie, ni le jour, ni l'heure et tu veux accumuler tout l'avoir du monde ; il t'abandonnera certainement ou tu le laisseras, comme l'ont fait les autres avant toi et comme ils le feront après toi. Tu n'emporteras rien, mais nu, tu naquis, nu, ton corps sera mis dans la terre dont tu as été créé. Tu dois penser que nul n'est immortel hormis Dieu qui créa toutes choses. » Le roi Alexandre fut tout ébahi de cette réponse.

Même si ces gens n'ont pas les douze articles comme nous, ils ont une bonne foi naturelle. Et, pour cette bonne foi naturelle et pour leur bonne volonté, je suis sûr que Dieu les aime et qu'il agrée leurs hommages, comme il le fit pour Job, qui était païen et qu'il considérait cependant comme son loyal serviteur. Bien qu'il y ait plusieurs religions diverses dans le monde, je crois que Dieu aime toujours ceux qui l'aiment et le servent humblement en vérité et en loyauté et qui méprisent la vaine gloire de ce monde, comme le font ces gens et comme Job le faisait aussi. C'est pour cela que Notre Seigneur a dit par la bouche du prophète Osée : « Je mettrai devant eux mes multiples lois. » Et ailleurs : « Lui qui soumet le monde entier à ses lois[4]. » Et Notre Seigneur dit dans l'Évangile : « J'ai d'autres brebis qui ne sont pas de cette bergerie[5] », c'est-à-dire d'autres serviteurs qui ne sont pas de la religion chrétienne. Et cela s'accorde avec la vision que saint Pierre eut à Jaffa, quand l'ange descendit du ciel et apporta devant lui diverses bêtes, des serpents et d'autres reptiles en quantité. Et il dit à saint Pierre : « Prends et mange. » Et saint Pierre répondit : « Je ne mangerai jamais de bêtes impures. » Et l'ange lui dit : « Ne dis pas impur ce que Dieu a purifié[6]. » C'était le signe qu'on ne doit mépriser aucun des peuples de la terre pour leurs diverses religions ni juger personne, car nous ne savons pas lesquels Dieu aime et lesquels il hait. C'est pour cela que certains quand ils disent le De profundis, ajoutent avec les Chrétiens : « Pour les âmes des défunts pour lesquels il faut prier. » C'est pour cela que je dis que ces gens sont si loyaux que Dieu les aime, et il y a parmi eux beaucoup de prophètes et il y en a toujours eu. C'est dans ces îles qu'ils prophétisèrent l'Incarnation de Notre Seigneur Jésus-Christ et comment il naîtrait d'une pucelle, trois mille ans ou plus avant que Notre Seigneur ne fût né de la Vierge Marie. Et ils crurent parfaitement en l'Incarnation. Mais ils ne savent pas bien comment Il souffrit la Passion et la mort pour nous.

Au-delà de ces îles, il y a une très grande île appelée Pitan. Les gens de cette île ne cultivent ni ne travaillent la terre, car ils ne mangent pas. Ils ont bonne couleur et belle forme selon leur taille, car ils sont aussi petits que des nains, mais pas aussi petits que les Pygmées. Ils vivent de l'odeur des pommes sauvages et, quand ils vont au loin, ils emportent ces pommes avec eux, car s'ils perdaient cette odeur, ils mourraient aussitôt. Ils n'ont guère de raison, ce sont de très simples gens, tous bestiaux[7].

Il y a ensuite une autre île où les gens sont tout velus sauf le visage et les paumes. Ces gens vont aussi bien sur la mer que sur la terre sèche et mangent la viande et le poisson tout crus. Il y a dans cette île une grande rivière qui a bien deux lieues et demie de large appelée Buenar. De cette rivière, il y a quinze journées de voyage à travers les déserts pour aller de l'autre côté de l'Inde. Y aille qui pourra, je n'y suis pas allé. Mais il nous a été raconté par ceux du pays que dans ce désert sont les arbres du soleil et de la lune qui parlèrent à Alexandre et lui annoncèrent sa mort[8]. Et on dit que les gens qui gardent ces arbres mangent de leurs fruits et vivent bien quatre ou cinq cents ans par la vertu de ces fruits et du baume, car l'on dit qu'il pousse là du baume en grande quantité et nulle part ailleurs, sauf à Babylone, comme je vous l'ai déjà dit. Nous serions allés très volontiers vers ces arbres si cela avait été possible. Mais je ne crois pas que même cent mille hommes d'armes puissent passer par ces déserts en sécurité à cause de la grande multitude de bêtes sauvages, de grands dragons et de grands serpents qui s'y trouvent et qui tuent et dévorent tous ceux qu'ils peuvent atteindre. Il y a en ce pays d'innombrables éléphants blancs et bis, des unicornes, des lions de diverses espèces et d'autres bêtes que j'ai décrites plus haut et d'autres très hideuses.

Il y a plusieurs autres îles dans la terre du Prêtre Jean et bien des merveilles qui seraient trop longues à énumérer. Il y a beaucoup de richesses et de splendeurs, des pierres précieuses en grande abondance.

Je crois que vous avez entendu dire pourquoi cet empereur s'appelle Prêtre Jean, mais pour ceux qui ne le savent pas, je raconterai brièvement ce qui en est la cause[9]. Il y avait jadis un empereur, un prince très vaillant, qui avait comme compagnons des chevaliers chrétiens, comme il en a maintenant. Il eut le désir de voir comment étaient les offices dans les églises des Chrétiens, car la chrétienté s'étendait alors par-delà la mer. La Turquie, l'Arménie, la Syrie, la Palestine, l'Arabie, le royaume d'Alep et toute la terre d'Égypte étaient chrétiens. Cet empereur entra avec un chevalier chrétien dans une église d'Égypte, c'était le samedi après la Pentecôte et l'évêque faisait les ordinations. L'empereur regarda et écouta l'office et demanda quelles personnes le prélat avait devant lui et pour lesquelles il y avait tant de mystères à faire. Le chevalier lui répondit que c'étaient des prêtres. Alors il dit qu'il ne voulait plus être empereur, mais prêtre et il voulut avoir le nom du premier qui sortirait de l'église. Il s'appelait Jean et, dès lors, cet empereur a toujours été appelé Prêtre Jean.

Il y a dans sa terre beaucoup de Chrétiens dont la foi et les mœurs sont bonnes, de même que pour ceux de son pays. Les chapelains qui chantent la messe devant lui font le sacrement de l'autel avec du pain levé comme les Grecs. Mais ils ne disent pas tant de choses à la messe que par-deçà. Ils ne disent que ce que les apôtres de Notre Seigneur leur enseignèrent, comme saint Pierre, saint Thomas et les autres apôtres, qui chantaient la messe en disant le Pater Noster et les paroles pour consacrer le corps de Notre Seigneur. Mais nous avons plusieurs additions que les papes ont faites depuis et dont ils ne savent rien.

## Chapitre XXXIII

### Les montagnes d'or que les fourmis gardent et les quatre fleuves qui viennent du Paradis terrestre

Vers la partie orientale de la terre du Prêtre Jean, il y a une grande île belle et bonne appelée Taprobane[1], c'est un pays splendide et très plantureux. Son roi est très riche et est soumis au Prêtre Jean. On nomme toujours le roi par élection. Il y a dans cette île deux étés et deux hivers, on fait deux fois la moisson des blés et en toutes saisons les jardins sont verts et fleuris. Il demeure là de bonnes gens raisonnables et il y a parmi eux des Chrétiens qui sont si riches qu'ils ne savent ce qu'ils ont. Autrefois, quand on passait de la terre du Prêtre Jean à cette île, avec de vieux navires, on mettait bien vingt-trois jours ou plus de traversée. Avec les navires que l'on fait maintenant, on fait la traversée en sept jours. Et, en plusieurs endroits, on voit le fond de l'eau, car elle n'est pas très profonde.

Près de cette île, il y a deux autres îles, appelées l'une Orille et l'autre Argire, dont toute la terre est faite de mines d'or et d'argent[2]. Ces îles se trouvent à l'endroit où la mer Rouge se sépare de la mer Océane. On ne voit en ces îles nulle étoile qui brille clairement, sinon une, très claire, qu'ils appellent Canopos. Et on n'y voit pas la lune en tout son parcours, sauf quand elle est au second quartier.

Il y a aussi dans l'île de Taprobane de grandes montagnes d'or que les fourmis gardent très soigneusement, elles l'affinent et séparent l'or pur des impuretés[3]. Ces fourmis sont aussi grandes que des chiens, de sorte que les gens n'osent approcher de ces montagnes, car les fourmis les assailliraient. Ils ne peuvent pas avoir de cet or, sinon avec grande ruse. Quand il fait très chaud, les fourmis se cachent en terre de l'heure de tierce jusqu'à l'heure de none. Les gens prennent alors des chameaux, des dromadaires, des juments et d'autres bêtes, et vont les charger tranquillement. Puis ils s'enfuient avant que les fourmis ne sortent de terre. D'autres fois, quand le temps n'est pas assez chaud pour que les fourmis se cachent en terre, ils agissent d'une autre manière. Ils prennent des juments qui ont de petits poulains et mettent sur ces juments deux récipients, comme de petites huches ; elles sont vides, ouvertes par-dessus et pendent presque jusqu'à terre. Puis ils les envoient paître dans ces montagnes en gardant les poulains avec eux. Quand les fourmis voient les huches, elles y montent et entrent dedans et comme, par nature, elles ne laissent rien de vide autour d'elles, ni un creux, ni de la terre ou autre chose, elles remplissent ces huches d'or. Et quand les gens pensent que les juments sont assez chargées, ils font sortir les poulains et les font hennir. Aussitôt, les juments s'en retournent en courant vers leurs poulains. Et ils déchargent les juments et ont ainsi de l'or en grande quantité, car les fourmis supportent bien que des bêtes aillent autour d'elles, mais elles ne supportent pas les hommes.

Et au-delà de la terre, des îles et des déserts du Prêtre Jean, en allant vers l'orient, on ne trouve rien que des montagnes et de grands rochers et la Région ténébreuse où on ne peut voir ni de jour ni de nuit, comme les gens du pays en témoignent. Ces déserts et ces ténèbres s'étendent d'un côté jusqu'au Paradis terrestre où nos premiers parents, Adam et Ève furent mis et ne demeurèrent guère. Il est en orient, au commencement de la terre. Mais ce n'est pas notre orient de par-deçà où le soleil se lève pour nous, car quand le soleil se lève sur cette région du Paradis, il est minuit dans nos régions de par-deçà, comme je vous l'ai déjà dit. Car Notre Seigneur a fait la terre ronde tout au milieu du firmament et s'il y a des montagnes et des vallées, c'est à cause du fleuve de Noé qui détruisit la terre molle et la dure, et les roches demeurèrent en grandes montagnes.

Du Paradis, je ne saurais vous parler convenablement, car je ne suis jamais allé si loin parce que je n'en étais pas digne. Mais comme j'en ai entendu parler par les plus sages de par-delà, je vous en parlerai volontiers[4].

Le Paradis terrestre est, dit-on, la plus haute terre du monde ; elle est si haute qu'elle touche presque le cercle de la lune par lequel la lune fait son tour. Elle est si haute que le fleuve de Noé n'a pu l'atteindre alors qu'il recouvrit toute la terre du monde tout autour, dessus et dessous, sauf le Paradis. Le Paradis est tout enclos d'un mur et on ne sait de quoi il est fait. Il semble que le mur soit couvert de mousse et il n'apparaît ni pierre ni autre chose dont les murs soient faits. Le mur s'étend du midi vers le nord, il n'y a qu'une entrée qui est fermée par un feu ardent de sorte qu'aucun homme mortel ne peut y entrer.

Au plus haut lieu de la terre du Paradis, juste au milieu, est la fontaine d'où jaillissent les quatre fleuves qui courent par diverses terres. Le premier est nommé Phison ou Gange, c'est le même, il court à travers l'Inde, ou Évilath, et, dans cette rivière, il y a beaucoup de pierres précieuses et de bois d'aloès et beaucoup de sable d'or. L'autre fleuve est nommé Nil, ou Gyon, il traverse l'Éthiopie, puis l'Égypte. L'autre est nommé Tigre, il court par l'Assyrie et par la grande Arménie. L'autre est nommé Euphrate, il court aussi par la Médie, par l'Arménie et par la Perse[5]. Et on dit par-delà que toutes les rivières et les eaux douces du monde prennent leur naissance de cette fontaine du Paradis et que toutes viennent et sortent de cette fontaine.

La première rivière est nommée Phison, c'est-à-dire en leur langue, « assemblée », car beaucoup d'autres rivières s'assemblent et se jettent dans cette rivière. D'autres l'appellent Gange, à cause d'un roi qui vivait en Inde et qui s'appelait Gangares, car elle traversait sa terre. Cette rivière est en certains endroits claire, en d'autres, trouble, en certains endroits, chaude, en d'autres, froide. La seconde rivière est nommée Nil ou Gyon, car elle est toujours trouble et, en langue éthiopienne, Gyon signifie « trouble » et, en langue égyptienne, Nil signifie aussi « trouble ». La troisième rivière est nommée Tigre, c'est-à-dire en leur langue, « courant vite », car elle est plus rapide qu'aucune des autres et on appelle aussi une bête tigre parce qu'elle court vite. La quatrième rivière est nommée Euphrate, c'est-à-dire « bien portant », car beaucoup de biens viennent sur cette rivière, blés, fruits et tous autres biens.

Sachez que nul homme mortel ne peut aller vers ce Paradis ni en approcher. Par terre, nul ne pourrait y aller à cause des bêtes sauvages qui sont dans les déserts, à cause des montagnes et des rochers où nul ne pourrait passer et à cause des lieux ténébreux, qui sont nombreux. Et nul ne pourrait y aller par les rivières, car l'eau court avec tant de force, puisqu'elle vient de si haut et fait de si grandes vagues qu'aucun navire ne pourrait les remonter. Et l'eau mugit et fait si grand bruit et si grande tourmente que l'on ne peut s'entendre l'un l'autre dans le navire, même en criant de l'un à l'autre le plus haut possible. Bien des grands seigneurs ont plusieurs fois essayé avec grande volonté d'aller par ces rivières vers ce Paradis avec une nombreuse compagnie. Mais ils ne purent aboutir, certains moururent de lassitude en naviguant contre les vagues, plusieurs autres devinrent aveugles, plusieurs, sourds à cause du bruit de l'eau et plusieurs autres furent suffoqués et perdus dans les eaux. ainsi, nul mortel ne peut s'en approcher, sinon par une grâce spéciale de Dieu. Ainsi, je ne saurais plus rien vous dire ni raconter de cet endroit, je me tairai donc et reviendrai à ce que j'ai vu.

## *Chapitre XXXIV*

## Les coutumes des rois et autres habitants des îles voisines de la Terre du Prêtre Jean et les honneurs rendus par le fils à son père mort

Ces îles dont je vous ai parlé avant, qui sont dans la terre du Prêtre Jean et les autres îles au-delà sont, par rapport à nous, dessous terre. Qui voudrait pourrait poursuivre sa route pour revenir tout droit aux pays dont il était parti et faire ainsi tout le tour de la terre. Mais en raison des îles, en raison de la mer et en raison du ravitaillement, peu de gens tentent de faire ce voyage, bien qu'on puisse le faire et revenir tout droit, comme je vous l'ai déjà dit. Aussi, on s'en retourne de ces îles par les autres îles le long de la Terre du Prêtre Jean et on arrive d'abord à une île nommée Cassaon[1]. Ce pays a bien quarante journées de voyage de long et cinquante ou plus de large. C'est la meilleure île et le meilleur royaume qui soit dans ces régions en dehors du Cathay et si les marchands fréquentaient cette île autant que le Cathay, elle serait meilleure que le Cathay. Ce pays est si bien peuplé et si rempli de cités, de villes et de gens que, quand on sort d'une cité, on en voit une autre devant soi, de quelque côté que l'on veuille aller. Il y a dans cette île grande abondance de tous les vivres et de toutes sortes d'épices. Et il y a beaucoup de grandes forêts de châtaigners. Le roi de cette île est un homme très riche et très puissant, mais il tient sa terre du Grand Chan et lui est soumis. C'est l'une des douze provinces que le Grand Chan domine en dehors de sa propre terre et des petites îles qui sont nombreuses.

De ce royaume, en revenant, on arrive à un autre royaume appellé Ryboth, qui est aussi soumis au Grand Chan[2]. C'est un bon pays, très riche en blé, vin et autres biens. Les gens de ce pays n'ont pas de maison, mais ils demeurent et restent dans tout le pays sous des tentes de feutre noir. La cité royale et principale est toute murée de pierres noires et blanches et toutes les rues sont pavées des mêmes pierres. Dans cette cité, nul n'est assez hardi pour oser répandre le sang d'un homme ou d'une bête, par respect pour une idole que l'on y adore. En cette cité demeure le pape de leur religion, qu'ils appellent Labassy[3]. Ce Labassy donne tous les bénéfices et autres dignités et tout ce qui appartient aux idoles. Et tout ceux qui ont reçu quelque chose de leur Église, religieux et autres, lui obéissent, comme les gens de la sainte Église au pape.

Ils ont dans cette île et dans tout le pays une coutume : quand le père de quelqu'un meurt et que son fils veut témoigner grand respect à son père, il fait venir tous ses amis et parents, des religieux et des prêtres ainsi que de nombreux ménestrels. Puis on porte le corps sur une haute montagne, en grande pompe et avec grande joie. Quand ils l'ont porté jusque-là, le plus grand prélat lui coupe la tête, il la met, si l'homme est riche, sur un grand plat d'or et d'argent et il la donne au fils. Le fils et les autres parents chantent et disent beaucoup d'oraisons. Puis le prêtre et les religieux dépècent toute la chair du corps par morceaux et disent beaucoup d'oraisons. Et les oiseaux du pays, qui connaissent depuis longtemps cette coutume, arrivent en volant au-dessus du corps, vautours, aigles et autres oiseaux qui se nourrissent de chair. Et les prêtres leur jettent les morceaux de chair, les oiseaux les emportent un peu plus loin et les mangent. Et de même que les chapelains par-deçà chantent : « Venez à sa rencontre, anges de Dieu[4] », ces prêtres chantent à haute voix en leur langue : « Regardez comme cet homme était prud'homme, puisque les anges de Dieu viennent le chercher pour l'emporter en Paradis. » Il semble au fils qu'il est très honoré quand les oiseaux ont mangé son père ; plus est grand le nombre des oiseaux, plus il est honoré. Puis le fils ramène ses parents et ses amis à sa demeure et fait une grande fête et tous les parents comptent combien d'oiseaux sont venus, soit cinq, soit dix, soit vingt, ils le disent et s'en glorifient. Et quand tous sont réunis dans la maison, le fils fait cuire la tête de son père et donne à chacun des plus honorables un peu de la chair comme entremets. Avec le crâne, il fait un hanap dans lequel il boit ainsi que les parents avec grande dévotion en mémoire du saint prud'homme que les oiseaux ont mangé. Et le fils gardera toute sa vie ce hanap et y boira en mémoire de son père[5].

De cette terre, en s'en retournant pendant dix journées de voyage à travers la terre du Grand Chan, on arrive à une autre très bonne île, un grand royaume où vit un roi très riche et très puissant. Et, parmi les riches du pays, il y a un homme très riche, qui n'est ni prince, ni duc, ni amiral, ni comte. Mais beaucoup tiennent de lui leurs terres et il est particulièrement riche, car il reçoit bien trois cent mille chevaux chargés de blé et de riz comme revenu tous les ans. Il mène une très noble vie selon les coutumes de par-delà, car il a bien cinquante demoiselles pucelles qui le servent tout le temps, pour manger et pour se coucher et pour faire ce qu'il lui plaît. Quand il est à table, elles lui apportent chaque fois comme nourriture cinq plats ensemble et, en les portant, elles chantent une chanson. Puis elles lui tranchent la viande et la lui mettent dans la bouche, car il ne touche à rien ; il tient ses mains devant lui sur la table, car il a de grands ongles qui ne peuvent rien prendre ni tenir. C'est un signe de noblesse pour les hommes d'avoir de grands ongles et de les laisser pousser et de les soigner autant qu'on peut. Il y en a plusieurs qui les laissent tant pousser qu'ils entourent toute la main et c'est un grand signe de noblesse. En ce pays, la noblesse pour les femmes est d'avoir de petits pieds[6]. Pour cela, dès qu'elles sont nées, on leur ligote si étroitement les pieds qu'ils ne grandissent pas la moitié de ce qu'ils devraient.

Et ces demoiselles chantent toujours pendant qu'il mange et quand il ne mange plus de ces plats, elles lui apportent cinq autres plats, en chantant comme avant et font ainsi jusqu'à la fin du repas. Il fait de même tous les jours et passe ainsi sa vie, comme l'ont fait ses ancêtres et comme feront ceux qui viendront après lui, sans faire aucun beau fait d'armes, mais en vivant toujours à son aise, comme un pourceau qu'on engraisse. Il a un très beau palais, très riche, où il habite et dont les murs ont bien deux lieues de tour. À l'intérieur, il y a de très beaux jardins. Tout le pavement des salles et des chambres est d'or et d'argent. Au milieu du parc, il y a une petite montagnette avec un pré et, dans ce pré, il y a un petit moûtier avec des tours et des pinacles en or. Il va souvent s'asseoir dans ce petit moûtier pour prendre l'air et pour se récréer, car ce moûtier n'est fait que pour se récréer.

De ce pays, on revient par la terre du Grand Chan dont je vous ai parlé plus haut et donc il n'est pas nécessaire d'écrire à nouveau là-dessus.

Et sachez que de tous ces pays dont j'ai parlé, de toutes ces îles et de tous ces peuples divers que je vous ai décrits avec leurs diverses religions et leurs diverses croyances, il n'y a aucun peuple, pour peu qu'ils aient raison et entendement, qui n'ait quelque article de notre foi et quelque bonne partie de notre croyance. Ils croient en Dieu qui fit le monde et l'appellent Dieu de nature, selon le Prophète qui dit : « Tous les confins de la terre le craindront. » Et ailleurs : « Tous les peuples le serviront[7]. » Mais ils ne savent pas bien parler de Dieu, car ils n'ont personne qui leur en parle et n'ont que ce qu'ils comprennent par leur raison naturelle. Ils ne savent pas parler non plus du Fils ni du Saint-Esprit. Mais ils savent tous parler de la Bible, spécialement de la Genèse, des paroles des prophètes et des livres de Moïse. Ils disent bien que les créatures qu'ils adorent ne sont pas des dieux, mais ils les adorent pour la vertu qui est en elles, qui ne pourrait exister sans une grâce spéciale de Dieu.

## CHAPITRE XXXIV

Quant aux simulacres et aux idoles, ils disent qu'il n'existe aucun peuple sans simulacre et ils le disent parce que nous, chrétiens, nous avons des images de Notre-Dame et des saints que nous adorons. Mais ils ne savent pas que nous n'adorons pas les images de pierre ou de bois, mais les saints au nom desquels elles sont faites. Car de même que l'écrit apprend aux clercs que croire et comment croire, de même, les images et les peintures apprennent aux laïcs à penser aux saints au nom desquels elles sont faites et à les adorer.

Ils disent que les anges de Dieu leur parlent par ces idoles et font de grands miracles et ils disent vrai, car il y a un ange dedans. Mais il y a deux sortes d'anges, le bon et le mauvais, que les Grecs appellent *caco* et *calo*. *Caco* est mauvais et *calo* est bon. Et ce n'est pas le bon, mais le mauvais qui est dans les idoles pour les tromper et pour les maintenir dans leur erreur.

Il y a plusieurs autres pays et plusieurs autres merveilles par-delà que je n'ai pas tous vus et dont je ne saurais convenablement parler. Et même dans les pays où j'ai été, il y a plusieurs diversités dont je n'ai pas fait mention, car il aurait été trop long de tout raconter. Mais ce que je vous ai raconté de quelques pays doit vous suffire à présent. Et si je racontais tout ce qui existe par-delà, un autre qui prendrait de la peine et exigerait beaucoup de son corps pour aller en ces régions et découvrir ces pays serait empêché par mes dires de raconter des choses étranges, car il ne pourrait rien dire de nouveau qui procure du plaisir aux gens. L'on dit toujours que les choses nouvelles plaisent. Je me tairai donc sans raconter d'autres diversités de par-delà afin que ceux qui veulent aller en ces régions aient assez à dire.

Et moi, Jean de Mandeville, qui partis de notre pays et passai la mer l'an de grâce mille trois cent vingt-deux, j'ai depuis découvert bien des terres, bien des passages et bien des pays, j'ai été souvent en bonne compagnie et vu souvent de beaux faits, alors que je n'ai accompli aucune belle action ni donné aucun bon exemple. Maintenant je suis venu au repos malgré moi à cause de gouttes arthritiques qui me contraignent. J'ai pris plaisir en mon pauvre repos à me rappeler le temps passé et j'ai compilé ces choses et les ai mises par écrit, selon ce qu'il pouvait m'en souvenir, l'an de grâce mille trois cent cinquante-six, la trente-quatrième année après être parti de notre pays.

Et je prie tous les lecteurs, s'il leur plaît, de bien vouloir prier Dieu pour moi et je prierai pour eux. Que tous ceux qui prient pour moi disent Pater Noster pour que Dieu m'accorde la rémission de mes péchés. Et moi, je les fais participants et leur octroie une part de tous mes bons pèlerinages et de tout le bien que j'ai fait autrefois et que je ferai s'il plaît à Dieu jusqu'à ma mort. Et je prie Dieu de qui vient tout bien et toute grâce de vouloir combler de sa grâce tous les lecteurs chrétiens, de sauver leurs corps et leurs âmes.

Gloire et louange à Celui qui est trine et un, sans commencement et sans fin, bon au-delà de toute qualité, grand au-delà de toute mesure, présent en tous lieux, contenant tout, que le bien ne peut amender ni le mal empirer, qui vit en Trinité parfaite dans tous les temps et tous les siècles. Amen.

# NOTES

*Introduction*

1. *The Travels of Sir John Mandeville*, éd. abrégée et commentée par N. Denny et J. Filmer-Sankey, Londres, 1973, p. 10.
2. *Littérature française*, Cl. Pichois (éd.), Paris, 1971, t. II, p. 42-43.
3. J. Leland, *Commentarii de Scriptoribus Britannicis*, Oxford, 1709, t. II, p. 366-367.
4. *The Academy*, 11 novembre 1876, p. 477 ; 12 février 1881, p. 113 et 12 avril 1884, p. 261-262.
5. C. Marchello-Nizia, « Entre l'Histoire et la poétique. Le Songe politique », *Moyen Âge flamboyant XIV$^e$-XV$^e$ s. Revue des sciences humaines*, Lille III, n° 183, 1981, p. 39-53.
6. A. Bernaldez, *Historia de los reyes Catolicos*, Séville, 1870, chap. 123-131.
7. C. Ginzburg, *Il formaggio e i vermi*, Turin, 1976, p. 49.
8. N. Broc, *La Géographie des philosophes*, Paris, 1975, p. 27.
9. G. Bachelard, *La Poétique de l'espace*, Paris, 1957, p. 17.
10. J. Le Goff, « L'Occident médiéval et l'océan Indien, un horizon onirique », *Pour un autre Moyen Âge*, Paris, 1977, p. 280-298.
11. R. Étienne, *Directorium ad passagium faciendum*, Recueil des historiens des croisades, Documents arméniens, t. II, p. 383-384.

## Prologue

1. Le Philosophe par excellence, Aristote (*Éthique à Nicomaque* II, 7). L'appel à garder le juste milieu est souvent répété par les moralistes à partir du XII$^e$ s.
2. La croisade n'est jamais appelée ainsi à la période médiévale. On la désigne par les noms de voyage, saint voyage ou passage. Le passage général implique la participation des principaux souverains d'Europe, après la proclamation de la paix par le pape.

## Chapitre I

1. La Hongrie ainsi présentée est celle du roi angevin Louis le Grand, roi de 1342 à 1382, dont les frontières s'étendaient de la basse Vistule aux Balkans. L'Esclavonie est la partie nord de la Croatie, entre la Drave et la Save ; la Comanie est une partie de la Moldavie ; la Russie est une partie de la Russie blanche ; la Livonie est l'Estonie et la Prusse, la Prusse orientale. Mandeville mêle ici les territoires réellement possédés par Louis le Grand et les États existant au moment de la première croisade et cités par Albert d'Aix dans l'*Historia Hierosolymitana* (début du XII$^e$ s.)
2. L'itinéraire proposé par Mandeville est celui de la première croisade, tel que l'on peut le trouver notamment dans l'*Historia Hierosolymitana* d'Albert d'Aix. Cypron est l'ancienne Sopronium, aujourd'hui, Sopron, en Hongrie occidentale, Maleville est Novavilla, aujourd'hui Zemun, à environ 20 km au nord de Belgrade. Quant au château de Nyseburg, il se situerait à Neusatz, aujourd'hui Ujvidek, à 80 km environ au nord de Belgrade.
3. Les Bougres désignent les Bulgares. Au milieu du XIV$^e$ s., sous le règne du tsar Michel, la Bulgarie était en guerre avec la Serbie d'Étienne Dušan, qui avait infligé aux Bulgares une sévère défaite en juillet 1330.
4. Les Petchénègues, peuple turc établi au nord du Danube, avaient causé à la fin du XI$^e$ s. de terribles ravages à l'empire byzantin mais, depuis leur défaite par Jean II Comnène en 1122, ils étaient assimilés dans l'empire, comme colons agricoles ou mercenaires.

5. Cette statue, élevée par Justinien après l'achèvement de Sainte-Sophie, surmontait une colonne revêtue de couronnes de bronze doré. Elle fut détruite par les Turcs au XVIe s.

## Chapitre II

1. Genèse 8, 11.
2. Cette légende de Seth vient des apocryphes bibliques et est transmise très tôt en Occident, sans doute avant le IXe s. par la *Vita Adae et Evae*.
3. Cette généalogie d'Hélène est celle que donne Bède dans l'*Histoire du peuple anglais*. Selon les historiens grecs, elle était fille d'un aubergiste de la région de Nicomédie.
4. La couronne d'épines fut en réalité envoyée à Saint Louis en 1245 par l'empereur latin de Constantinople, Jean de Brienne. Mais Saint Louis dut la mettre un moment en gage auprès des Vénitiens. Elle fut placée dans la Sainte-Chapelle que Mandeville appelle « Chapelle du roi ».
5. Matthieu 27, 29.

## Chapitre III

1. Jean Chrysostome, évêque de Constantinople (344-417), un des grands docteurs de l'Église d'Orient. Élève du célèbre rhéteur Libanius, il fut surnommé Chrysostome, Bouche d'or, pour son talent oratoire.
2. La liste des îles grecques est en partie inexacte. Callistos désigne Théra et Nurtaflaxon réunit comme une seule île Paros et Naxos. Ces erreurs sont celles de la source utilisée par Mandeville, le *Livres dou Tresor* de Brunetto Latini I, 123, rédigé vers 1260.
3. Les Turcopoles étaient des Turcs enrôlés comme mercenaires dans les armées byzantines et ce, dès le règne d'Alexis Ier à la veille de la première croisade. On désignait aussi sous ce nom la cavalerie légère. Pour les Petchénègues, voir note 4, chap. I. Les Coumans, après avoir envahi la Russie méridionale au milieu du XIe s., furent eux aussi incorporés dans l'armée byzantine par Alexis Ier.
4. Stagire, aujourd'hui Stavros, au nord de la presqu'île de l'Athos.

5. La cosmographie médiévale distinguait, dans la sphère de l'air qui entourait l'eau et la terre, une zone inférieure, l'air troublé, domaine des perturbations atmosphériques, où l'air pouvait être mêlé de vapeur d'eau et une zone supérieure, le pur air, composée d'air sans mélange et où régnait un calme absolu.
6. L'Hippodrome de Constantinople était célèbre pour les courses de chars qui s'y déroulaient; elles avaient donné lieu, aux $V^e$ et $VI^e$ s., à des luttes entre partisans des principales écuries(bleus et verts) qui avaient pris un tour politique, l'Hippodrome étant aussi lieu de réunions publiques.
7. C'est sous le nom d'Hermès Trismégiste que l'on désigne à l'époque hellénistique le dieu égyptien Thot, qui devient un roi ou un ministre du roi Osiris. On fait de lui le père de toutes les sciences, notamment des sciences occultes.
8. Jean XXII, pape d'Avignon de 1316 à 1334.
9. Mandeville accuse les gens d'Église de simonie, c'est-à-dire du trafic des pouvoirs sacramentels et, par extension, des charges ecclésiastiques. Simon le Magicien avait essayé d'acheter aux Apôtres leur pouvoir de guérison (Actes des Apôtres 8, 18-24).

*Chapitre IV*

1. Camp fortifié établi sur la rive sud de la mer de Marmara au moment de la première croisade. Une montagne assez élevée sépare à cet endroit le golfe de Mudanya de celui d'Izmit (Nicée).
2. La tombe de saint Jean est mentionnée à Éphèse depuis le concile de 431.
3. Les ruines de Patera, port jadis important, se trouvent sur la côte sud de la Turquie, près du village de Kinik. Celles de Myrrha sont à côté de la ville actuelle de Demre, à 80 km à l'ouest de Patera.
4. La Crète appartenait aux Vénitiens.
5. Cos et Lango sont deux noms différents pour une seule île. Des légendes, sans doute d'origine byzantine, reprises par la littérature romanesque occidentale, faisaient état d'un palais d'Hippocrate à Cos.
6. Des ouvrages des $XVII^e$ et $XVIII^e$ s. sur les chevaliers de Rhodes font état d'un combat livré par Déodat de Gozon, élu

CHAPITRE IV  241

Grand Maître en 1346, contre un serpent monstrueux. Mais il n'existe aucun document du XIV$^e$ s. sur ce combat, qui n'est pas mentionné non plus dans l'épitaphe de Déodat, conservée dans la réserve du musée de Cluny.

7. On voit ici apparaître les éléments de ce qui deviendra quelques années plus tard la légende de Mélusine.

8. Cette confusion, que font tous les auteurs médiévaux, vient sans doute du Colosse de Rhodes, une des merveilles du monde antique, dont la destruction, commencée par des tremblements de terre, fut achevée lors de la conquête de l'île par les Arabes en 717. Les Hospitaliers firent la conquête de l'île de 1306 à 1309.

*Chapitre V*

1. Le golfe de Sathalie, aujourd'hui Antalya, était redouté pour ses tempêtes. La légende de la tête engendrée dans une tombe est racontée pour la première fois en Occident dans le livre de Gautier Map, *De nugis curialium* (v.1190).

2. Saint chypriote dont plusieurs villages de l'île portent encore le nom.

3. Le château de Dieu-d'Amour, aujourd'hui *Haghios Hilarion*, se trouve sur la côte nord de Chypre près de Kyrénia.

4. Ces sortes de léopards domestiques sont mentionnés par divers pèlerins et voyageurs au XIV$^e$ s., notamment Guillaume de Boldensele et Ludolph de Sudheim. L'empereur Frédéric II en envoya trois en présent au roi Henri III d'Angleterre en 1235.

5. Cantique des Cantiques 4, 15.

6. Luc 11, 27-28 et Matthieu 15, 21-28.

7. On multipliait en Terre sainte les vestiges du passage du Christ, sans fondement scripturaire, comme c'est le cas ici.

8. 1 Rois 17, 8-24. Mais le nom de l'enfant n'est pas donné.

9. La légende troyenne était connue grâce à l'*Enéide*, mais Agénor est un ancêtre de Didon, non son père, nommé Belus.

10. Mandeville a mal compris un passage, il est vrai assez obscur, du *Speculum naturale* (XVII, 100) de Vincent de Beauvais (v.1260).

11. Un groupe d'ermites, établis sur le mont Carmel sous l'obédience du frère Brocard, se donnèrent une règle, approuvée en 1226 par le pape Honorius III, et qui est à l'origine de l'ordre du Carmel.

12. Aujourd'hui Shefaram, à environ 15 km à l'est d'Acre.
13. Aujourd'hui Râs el-Nakoura, à 23 km au sud d'Acre, un éperon auquel on accédait par des marches taillées dans le roc.
14. Cette fosse est mentionnée par Pline dans son *Histoire naturelle* (XXXVI, 65). La légende a sans doute pour origine la fabrication du verre, remontant sur cette côte à l'époque phénicienne. Le fleuve Belus est l'actuel Nahr Na'aman, dont l'embouchure est proche d'Acre.
15. Mer légendaire située en Asie centrale, dont Mandeville parle plus loin dans le livre.
16. Juges 16, 25-31.
17. L'itinéraire est ici assez confus, plaçant au sud d'Ascalon la ville de Césarée et le Château-Pèlerin (aujourd'hui Athlit) élevé par les Templiers à côté d'Haïffa.
18. Le nom de Babylone donné par les Coptes au Vieux-Caire vient sans doute de la déformation de Pi-Hapi-On, le temple d'Hapis à Héliopolis. Les croisés transmirent ce nom à l'Occident pour désigner la vieille ville chrétienne du Caire.
19. C'était le dernier poste sur la côte avant la traversée du désert, à une dizaine de kilomètres au sud de Gaza.
20. Déformation de Et-tih, nom sous lequel on désignait le désert entre l'Égypte et la Syrie.
21. Canopat vient du mot Canopus, par lequel on désigne la branche occidentale du Nil. Mersyn est la déformation de Mizraïm, nom hébraïque de l'Égypte.
22. Important centre caravanier sur la route du Caire au Sinaï, à soixante km environ au nord-est du Caire.

*Chapitre VI*

1. Matthieu 2, 13-15.
2. Genèse 37, 12-27.
3. Mandeville fait ici une confusion entre les deux Babylone, Nabuchodonosor régnant dans la Babylone de Mésopotamie.
4. L'histoire des trois jeunes gens dans la fournaise est transmise par un texte hébreu, Daniel 3, 1-29 et par un texte grec, Daniel 3, 46-90, dans lequel se trouve le cantique à la louange de Dieu par la création appelé Benedicite.
5. Déformation de El-Kalah, la Citadelle, à laquelle est ajoutée la terminaison *lik*, propre aux noms de lieux. Le nom de

## CHAPITRE VI 243

Caire s'applique à la partie de la ville construite après la conquête fatimide en 969 et nommée al-Kahira, La Victorieuse.

6. L'Égypte *mamlûk* est au XIVe s. à l'apogée de sa puissance. Par sa victoire sur les Mongols à Aïn Djalud (septembre 1260), le sultan Qutûz se rendit maître de la Syrie, occupant Alep et Damas. Ses successeurs achevèrent la conquête de ce qui restait des États latins (chute d'Acre, 1291).

7. Xaracon est le nom, mal transcrit, de Shîrkûh, chef kurde, entré au service de Nûr ad-Dîn, gouverneur d'Alep. Shîrkûh était l'oncle de Salah ad-Dîn, Saladin, qui conquit l'Égypte fatimide et rétablit l'unité du califat en 1171.

8. Le passage, ici non précisé, est appelé, dans la version continentale, le Passage-de-Roche. Il s'agit sans doute de la victoire remportée par Richard Cœur de Lion sur Saladin devant Jaffa en août 1192.

9. La liste des sultans d'Égypte est empruntée au livre de Hayton, *Fleur des Histoires de la Terre d'Orient* (livre IV, chap. V-IX), datant du début du XIVe s. Ce texte dit, sans autre précision, qu'après Saladin régnèrent son frère et ses neveux. Coradin désigne peut-être al-Adil, régent d'Égypte en 1198 au nom d'al-Mansûr, et frère de Saladin.

10. Melechsala, Malik as-Sâlih, est nommé par Hayton. C'est un petit neveu de Saladin, sultan d'Égypte de 1240 à 1249. Il n'était pas couman, mais protégea les esclaves coumans importés du sud de l'Ukraine actuelle par les sultans d'Égypte.

11. Fait prisonnier à Damiette après la défaite de Mansourah (1250), Saint Louis fut en effet délivré, moyennant rançon, par le nouveau sultan, élu par les Coumans révoltés, Turân Shâh, celui qu'Hayton appelle Turcoman.

12. Turân Shâh ne régna que deux mois ; son successeur fut Malik al-Mu'îzz, Melechmees, sultan de 1250 à 1257.

13. Malik al-Mu'îzz fut assassiné par une de ses femmes et son fils Malik al-Mansûr lui succéda. C'est lui qui fut assassiné par Qutûz, lequel régna comme sultan sous le nom de Malik al-Muzaffar en 1259-1260.

14. Malik al-Muzaffar fut assassiné par ses émirs et remplacé par l'un d'eux, qui régna sous le nom de Malik al-Dahir Baybars(1260-1277), et fit tomber les derniers grands châteaux croisés, notamment le Crak des Chevaliers en 1271.

15. Le prince Édouard d'Angleterre, futur Édouard Ier, vint combattre en Terre sainte de 1271 à 1272.

16. À Baybars succéda son fils Malik as-Saïd, sultan de 1277 à 1278, puis un autre de ses fils, Malik al-Adil, qui fut chassé cette même année par Qalaûn al-Elphi.

17. Après Qalaûn, régna son fils, Malik-al Ashrâf, le conquérant d'Acre en 1291, qui fut remplacé, après son assassinat, par un de ses frères, un enfant de neuf ans, Malik an-Nâsir, placé sous la tutelle du Mongol Kitbogha, lequel prit bientôt le pouvoir sous le nom de Malik al-Adil (1293).

18. Malik al-Mansûr ad-Dîn Ladjin, un des émirs révoltés contre Kitbogha, sultan de 1296 à 1299.

19. Malik an-Nâsir, après avoir été rétabli au pouvoir, eut un règne troublé par des révolutions de palais incessantes. Il régna à trois reprises entre 1299 et 1341.

Le livre de Hayton s'arrête au règne de Malik an-Nâsir. Les deux derniers sultans nommés par Mandeville semblent être Malik as-Sâlih Imad ad-Dîn, sultan de 1341 à 1342 et Malik al-Mudaffar, sultan de 1346 à 1347, deux fils de Malik an-Nâsir.

20. C'est toujours sous ce nom que les auteurs médiévaux désignent les émirs.

21. Genèse 11, 1-9.

22. Nemrod est qualifié de « vaillant chasseur devant Yahvé » en Genèse 10, 9. Le premier à lui attribuer la construction de la Tour de Babel est, au V$^e$ s., Orose, *Adversus Paganos libri VII* (II, 6.)

23. Cyrus le Grand, roi de Perse (556-530), conquérant de Babylone en 539.

24. Depuis la conquête mongole, en 1256, la Perse était gouvernée par les Ilkhans, une dynastie dépendant du Grand Khan.

25. Le Prêtre Jean apparaît en Occident à l'époque des croisades, comme un souverain chrétien habitant l'Asie centrale. Selon Otto de Freisingen (1145), il aurait envoyé une lettre en Occident. Un certain fondement historique à la légende — il y avait des chrétiens nestoriens dans les tribus turco-mongoles de la région du Gobi et de l'Orkhon — accrédita l'existence de ce prince. Malgré les dénégations de Guillaume de Rubrouck (1254) : « J'ai parcouru ses pâturages et nul n'avait entendu parler de lui », on continua à lui attribuer de vastes possessions en Asie, avant de le situer en Éthiopie, puis d'aller le chercher sur le continent américain.

26. Tous les auteurs médiévaux situent à tort à La Mecque la

sépulture de Mahomet. Toutefois, la version continentale de Mandeville dit : « Le cité de Mech, que les païens appellent Iathrib. »

27. Genèse 12, 1-7.

28. Saint Éphrem, diacre, proclamé docteur de l'Église, originaire de Nisibe, mais qui passa la plus grande partie de sa vie à Édesse où il mourut en 373. Le *Miracle de Théophile*, sauvé par la Vierge malgré le pacte qu'il avait conclu avec le diable, fut une des légendes les plus populaires du Moyen Âge.

29. Il y eut en effet trois califats, celui de Damas puis de Bagdad, qui dura depuis la mort de Mahomet jusqu'à la conquête mongole de 1258 ; celui de Cordoue, siège d'un califat de 929, date à laquelle l'émir omeyyade se proclama calife, jusqu'à la reconquête chrétienne en 1236 ; et le califat fatimide du Caire, proclamé en 969 et aboli par Saladin en 1171.

30. Les noms des quatre fleuves jaillissant de la source du Paradis terrestre sont donnés en Genèse 2, 10-14, Phison, Gyon, Tigre, Euphrate. Les auteurs médiévaux assimilèrent le Gyon au Nil et le Phison au Gange.

31. Pour que le Nil puisse venir du Paradis, situé à l'extrémité orientale de l'Asie, et aboutir en Égypte, la géographie médiévale lui impose un cours en partie souterrain et le fait ressortir aux monts de la Lune, situés par Pline en Afrique australe. On dessine aussi une branche occidentale du Nil, qui représente sans doute le Niger ou le Sénégal.

*Chapitre VII*

1. Genèse 46, 19.
2. Kus, ou Cos, d'où partait la navigation sur le Nil.
3. Sans doute d'après le mot Qush qui désigne dans la Bible (Jérémie 46, 9,) l'Éthiopie, d'un nom emprunté à la terminologie égyptienne.
4. Ces provinces sont dans le delta du Nil. Sahis, aujourd'hui Sâ el-Hagar, une des plus anciennes villes du Delta, capitale du Bas Empire (VIII$^e$-V$^e$ s. av. J.-C.) ; Demeser, aujourd'hui, Damanhur ; Resich, Rosette, célèbre par la pierre trilingue déchiffrée par Champollion.
5. Cette légende est racontée pour la première fois par saint Jérôme dans la *Vita Pauli*. Elle vise à nier toute réalité aux satyres et faunes de la mythologie antique.

6. La légende du phénix renaissant de ses cendres se trouve déjà dans l'*Histoire naturelle* de Pline (X, 2), mais les exégètes chrétiens s'en emparèrent, pour en faire une préfiguration de la Résurrection.

7. Les célèbres couveuses du Caire dataient de la période antique et faisaient l'étonnement admiratif de tous les voyageurs. Un voyageur du XVIII$^e$ s., Paul Lucas, en a donné le plan et le dessin : *Voyage du sieur Paul Lucas fait en 1714 par ordre de Louis XIV dans la Turquie, l'Asie, Sourie, Palestine, Haute et Basse Égypte.*

8. Les bananes ne furent appelées ainsi, d'un mot emprunté par les Portugais aux Guinéens, qu'en 1585.

9. Le figuier du Pharaon est le sycomore, arbre originaire d'Égypte.

10. Les légendes sur le jardin du baume remontent aux évangiles apocryphes, notamment *L'Évangile de la naissance de Jésus*, un texte syriaque du VI$^e$ s. Le baume était utilisé en parfumerie et en médecine, principalement pour soigner les maladies d'yeux.

11. *Enothbalse,* vient de *dolin balsam,* nom de l'huile du baume en arabe. *Abebissan* vient de *anab balsam,* nom arabe des grappes du baumier ; l'origine du troisième nom reste inconnue.

12. La légende de l'oracle rendu à Alexandre par les arbres du soleil et de la lune remonte au cycle antique de légendes sur le grand conquérant. Elle est transmise à l'Occident à partir du IX$^e$ s. par les œuvres de Julius Valère et Léon de Naples.

13. Les pèlerins voient dans les Pyramides les greniers que Joseph fit construire pour mettre en réserve les grains pendant les sept années de prospérité (Genèse 41, 47-57).

14. Mandeville polémique ici avec une de ses sources, Guillaume de Boldensele, qui avait tenté de démontrer que les Pyramides ne pouvaient être des greniers(*Liber de quibusdam ultramarinis partibus,* 1336).

*Chapitre VIII*

1. Cette légende remonte à l'*Histoire naturelle* de Pline (VII, 2).

2. Le deuxième nom de l'Etna n'est autre que la déformation du mot arabe *djebel,* montagne.

3. Le duché de Durazzo appartenait aux Angevins de Naples depuis 1315.

4. Peut-être Léon VI (886-912). En fait, les reliques de saint

# CHAPITRE VIII 247

Marc furent emportées clandestinement par des marchands vénitiens en 828.

5. Une violente persécution contre les chrétiens fut déclenchée en 1321 par le calife Malik an-Nâsir.

6. Le bois d'aloès était utilisé en Occident moins pour ses vertus aromatiques que pour ses propriétés médicinales, notamment purgatives.

7. Exode 15, 22-27. On localise en général la source de Marath à 'Ayûn-Mûsa, près de Suez et l'oasis d'Hélym à l'embouchure du wâdi Gharandal, au nord d'Abû Zneimah.

8. Exode 14, 15-30. Le gué du passage de la mer Rouge se situe sans doute au nord de Suez, au sortir du défilé qui contourne les lacs Amers par l'ouest.

9. Ce couvent fut fondé par l'empereur Justinien en 527 et une partie de la muraille actuelle date encore de cette période. Une bulle d'or impériale donnait à l'Abbé le troisième rang parmi les dignitaires de l'Église orientale.

10. Les moines suivent la règle de saint Basile, qui est très sévère, interdisant notamment de consommer de la viande sauf le jour de Pâques.

11. Le premier à rapporter cette légende est le pèlerin Thietmar, en 1217.

12. Exode 3, 1-6. L'épisode est situé par la Bible près du Sinaï.

13. La légende de sainte Catherine n'est mentionnée par aucun texte liturgique oriental antérieur au VI$^e$ s. La *Passion de sainte Catherine* fut traduite en latin au VIII$^e$ ou au IX$^e$ s. et le culte de la sainte se répandit rapidement en Occident, surtout à partir des croisades.

14. Psaume 93 (92), 5.

15. Cette légende est également rapportée pour la première fois par Thietmar.

16. Exode 17, 1-7. La Bible situe cet épisode lors d'un campement à Raphidim, identifié avec l'oasis de Feîrân, mais on finit par le localiser à l'intérieur du monastère.

17. 1 Rois 19, 1-18.

18. On ne connaît pas l'origine de cette légende, que Mandeville peut avoir recueillie sur place.

19. Il s'agit de quarante moines massacrés par les Bédouins en 373. Le récit fut donné par deux rescapés, Ammonius et Nilus.

## Chapitre IX

1. C'est le nom sous lequel sont désignés les habitants de l'Éthiopie dans le livre d'Albert d'Aix.
2. Séjour d'Abraham à Bersabée (Genèse 21, 27-34).
3. L'étymologie de Bersabée est fantaisiste, comme la plupart des étymologies médiévales, et, de plus, fautive, puisque l'épouse d'Urie se nomme Bethsabée. Règne de Salomon (2 Samuel 11, 1-27).
4. Le deuil d'Adam à Hébron vient des légendes apocryphes. Il est mentionné pour la première fois en Occident par Eugesippus, *Tractatus de distanciis locorum Terrae Sanctae* ($1^{re}$ moitié du $XII^e$ s.)
5. Josué 14, 15. Sur les libertés de la ville, Josué 20, 1-9. Sur son caractère de ville sacerdotale, Josué 21, 11.
6. Josué 14, 6-9. Mais Caleb seul est envoyé en éclaireur.
7. 2 Samuel 2, 1-4 et 5, 4-5.
8. Le premier monument datait de l'époque hérodienne ; il fut embelli par Justinien. Au moment de la conquête arabe, les musulmans élevèrent de petits monuments en pierre recouverts de marbre blanc sur les tombeaux des patriarches. Puis les croisés reconstruisirent une basilique. Aux $XIII^e$ et $XIV^e$ s., les conquérants arabes embellirent l'intérieur du sanctuaire
9. Josué 14, 15. Qiryat-Arba signifie : « Ville des quatre », sans doute les quatre clans qui l'habitaient. C'est un nom hébreu dont Arboth est un doublet.
10. Genèse 18, 1-5.
11. Légende transmise par le *Tractatus* d'Eugesippus.
12. Nom sous lequel plusieurs traités de médecine du $XIV^e$ s. désignent une poussière rouge recueillie sur certains arbustes d'Arabie et utilisée contre les maladies de peau.
13. Cet arbre est mentionné par Flavius Josèphe dans les *Antiquités juives*, I, 10 (milieu du $I^{er}$ s.). Le nom de *dyrp* est sans doute une corruption de *drys,* nom sous lequel saint Jérôme désigne le chêne de Mambré. La légende fut enjolivée au cours des siècles.
14. Psaume 132 (131), 6.
15. La grotte de la Nativité fut l'objet d'un culte dès le $I^{er}$ s. et surmontée d'une basilique constantinienne que Justinien fit reconstruire entre 531 et 565. Les croisés lui apportèrent des embellissements intérieurs, notamment un cycle de mosaïques que l'on peut admirer encore aujourd'hui.

16. Mandeville est le premier à raconter cette légende, peut-être recueillie sur place.

17. La légende des Mages est tirée de l'*Historia Evangelica* de Pierre le Mangeur, chap. VIII (v. 1140). Elle sera reprise et amplifiée quelques années après Mandeville par la célèbre *Historia trium regum* de Jean de Hildesheim (1364).

18. Saint Jérôme, un des grands docteurs de l'Église latine. Originaire de Dalmatie, il voyagea dans tout l'empire romain avant d'être appelé à Rome par le pape Damase pour lui servir de secrétaire. Sa connaissance de l'hébreu lui permit d'entreprendre la traduction de la Bible en latin, traduction restée célèbre sous le nom de *Vulgate*. À la mort de Damase, il se retira à Bethléem, où il acheva son œuvre. Il mourut en 420.

19. Cette légende est racontée pour la première fois par la *Descriptio Terrae Sanctae* faussement attribuée à Oderic de Pordenone (v. 1330).

20. Ces noms sont donnés par le *Tractatus de statu Sarracenorum* de l'évêque d'Acre, Guillaume de Tripoli (1273). *Meshaf* vient de *mashaf*, le livre, en arabe et *Harme*, de *horme*, saint, en arabe.

21. Psaume 7, 17.

22. 1 Samuel 18, 20-23 et 2 Samuel 3, 2-5 et 5, 13-15. Mais le nombre de concubines de David n'est pas précisé.

23. Luc 2, 8-20.

24. Genèse 34, 16-20. Mais Jacob pose une seule pierre sur le tombeau. Cette localisation du tombeau de Rachel est attestée par les pèlerins dès le IVe s.

*Chapitre X*

1. Jérusalem dut faire face au problème de l'eau dès la plus haute Antiquité. Les citernes de la ville étant insuffisantes, on avait canalisé l'eau des sources des vallons au sud de la ville. Les fouilles ont permis de retrouver trois de ces aqueducs, dont un longeant la route de Jérusalem à Bethléem.

2. Ces divers noms de Jérusalem sont donnés dans l'*Historia scolastica* de Pierre le Mangeur, au commentaire du second livre des Rois.

3. Le nom de *mar*, saint, renvoie à une source orientale. Le monastère de Saint-Chariton était à 5 km au sud-ouest de Bethléem.

4. Ce calcul est fait sans doute à partir de la prise de

Jérusalem par Saladin en 1187. À partir de la chute d'Acre (1291), cela conduirait en 1431, bien après la rédaction du livre de Mandeville.

5. Les premières constructions sur le lieu du Calvaire datent de Constantin en 326. Elles comportaient une rotonde, l'*anastasis* sur le lieu présumé de la Résurrection, un atrium et une basilique. Ces monuments, très endommagés au début du XI$^e$ s., furent repris par les croisés qui édifièrent une basilique, servant de chœur à la rotonde de l'*anastasis*. Elle fut consacrée en 1149. C'est, pour l'essentiel, la basilique actuelle.

6. Ce « miracle » était un des temps forts de la liturgie byzantine au Saint-Sépulcre. Comme le racontent les premiers historiens des croisades, l'Église latine eut quelque mal à se l'approprier.

7. C'est le rocher qui est appelé Golgotha dans l'Évangile, non la fente.

8. L'Église d'Orient associe la Résurrection à la délivrance des Enfers d'Adam et des Patriarches. Le lieu du sacrifice d'Abraham, le mont Moriah, a été situé très tôt à Jérusalem (2 Chroniques 3, 1).

9. Psaume 95 (94), 10.

10. L'invention de la sainte Croix n'est attribuée à sainte Hélène qu'au V$^e$ s. par Sozoumène dans l'*Historia ecclesiastica*. Il la situe vers 340.

11. Ces prétendues victoires de Constantin donnent en fait l'étendue des possessions de l'empire romain d'Orient.

12. Il s'agit d'un ouvrage très populaire sur la vie des premiers Pères du désert (XIII$^e$ s.).

13. C'est l'*omphalos* qui matérialise, dans la basilique des croisés, la croyance que Jérusalem est au centre du monde.

14. Jean 20, 11-18.

15. Jean 19, 26-27. Mandeville essaie de justifier l'existence d'une chapelle dédiée aux trois Marie à l'extérieur du Saint-Sépulcre.

16. Ces Indiens sont en réalité des Éthiopiens qui venaient fréquemment en pèlerinage à Jérusalem. Coupés de l'Occident par la conquête arabe, ils sont redécouverts à partir des croisades. Les pèlerins s'étonnent de leur teint noir et de la croix qu'ils portent tatouée sur le front.

17. Actes des Apôtres 7, 55-60.

18. Cette porte est un édifice byzantin datant sans doute de la

## CHAPITRE X 251

deuxième moitié du V$^e$ s. On l'associa à l'entrée du Christ le jour des Rameaux (Matthieu 21, 1-10 et autres synoptiques), puis à la porte close d'Ézéchiel (Ézéchiel 44, 1-3).
19. L'Hôpital pour recevoir les pèlerins latins date de l'époque carolingienne. Les frères de l'Hôpital s'y installèrent vers 1050, avant de transformer leur ordre en ordre militaire, au XII$^e$ s., à l'imitation des Templiers. Il y avait, proches de cet hôpital, deux églises, Sainte-Marie-la-Latine, construite vers 1014 par des marchands d'Amalfi, la plus ancienne église de rite latin à Jérusalem, et Sainte-Marie-la-Grande, construite vers 1130 pour les femmes pèlerines.

### Chapitre XI

1. Ce temple est en réalité le Dôme du Rocher, élevé en 685 par le calife Abd al-Malik sur l'emplacement du rocher où l'on localisait le sacrifice d'Abraham. On retrouvera les divers lieux saints cités par Mandeville sur le plan de Jérusalem, p. 280-281.
2. Il fallait acheter ces sauf-conduits dont parlent beaucoup de récits de pèlerinage; ils évitaient le paiement des droits d'entrée dans les sanctuaires.
3. Cette légende est racontée par le *Tractatus* d'Eugesippus.
4. Cette légende est racontée dans la *Légende dorée* de Jacques de Voragine (v. 1260) pour la fête de saint Jacques le Mineur.
5. La reconstitution de l'histoire de Jérusalem présente quelques graves erreurs, elle situe Julien l'Apostat, avant le règne d'Hadrien et il y a confusion entre Trajan et Troie.
6. La première citation est tirée des apocryphes, la seconde se trouve en Ézéchiel 47, 1.
7. Il y a des descriptions du contenu de l'Arche d'Alliance en 1 Rois 6, 15-30 et 2 Chroniques 3, 8-13. Mais on n'y trouve pas tous les objets mentionnés par Mandeville.
8. Genèse 28, 10-19.
9. 1 Chroniques 21, 15-17. La scène est située sur l'aire d'Ornan le Jébuséen, la localisation est donc très précise, puisque c'est sur cette aire que le Temple fut construit.
10. Luc 2, 22-28.
11. Matthieu 21, 12-13 et les synoptiques.
12. Légende que Mandeville est le premier à raconter.
13. Ces détails viennent du *Protévangile de Jacques* (II$^e$ s. environ).

14. Jean 8, 3-11 et Luc 2, 21.
15. Luc 1, 11-17.
16. Genèse 14, 17-20.
17. 1 Chroniques 22, 7-19
18. 2 Chroniques 6, 21-42.
19. Ce cadran solaire est mentionné par le *Tractatus* d'Eugesippus.
20. 2 Chroniques 24, 20-22.
21. Matthieu 4, 5-6 ou Luc 4, 9-12.
22. Ce martyre est raconté dans la *Légende dorée*, fête de saint Jacques le Mineur. Il eut lieu vers l'an 62.
23. Actes des Apôtres 3, 19.
24. Cet édifice est la mosquée al-Aqsa (la lointaine), construite au VIII$^e$ s. par les califes al-Walid et al-Mahdi, puis reconstruite au XII$^e$ s. sur plan basilical par les rois latins qui y installèrent les Templiers. L'autre église est peut-être l'oratoire de Zacharie, édifié par les Templiers et que l'on voit encore dans un renfoncement à l'est de la mosquée.
25. Ce Bain est en réalité une des citernes approvisionnant Jérusalem en eau, le Birket Israïl.
26. Le *Protévangile de Jacques* (II$^e$ s.) situe la conception et la nativité de la Vierge dans la maison supposée de Joachim et d'Anne aux abords du Temple. Au VI$^e$ s., on édifia là une église, refaite et agrandie au XII$^e$ s. La Piscine probatique (cf. Jean 5, 1-9), est en réalité proche de l'église et non dans l'église.
27. À partir du XII$^e$ s., les souvenirs et localisations liés à la Passion du Christ furent rassemblés près de l'Antonia, située au nord du Temple.
28. Les détails de la vie d'Hérode sont empruntés à la *Légende dorée* (fête des saints Innocents).
29. L'église Saint-Sauveur est mentionnée dans la *Descriptio* du Pseudo-Oderic. L'église Saint-Jacques, édifiée par les Géorgiens vers 1070, avait été reprise par les Arméniens. On y vénérait le chef de saint Jacques le Majeur.
30. La grande église du Mont-Sion, édifiée à la fin du IV$^e$ s., fut restaurée par les croisés. On y rappelait les souvenirs de la Cène, de certains épisodes de la Passion, de la Pentecôte et de la vie de la Vierge. Les Franciscains s'établirent au mont Sion en 1335 et prirent en main l'organisation des pèlerinages.
31. Procès du Christ (Matthieu 26, 57-68 et les autres évangélistes). Cène (Luc 22, 14-19).

CHAPITRE XI 253

32. Ces récits de la fin de la vie de la Vierge viennent du *Transitus beatae Mariae*, un texte antérieur au IX$^e$ s.
33. Apparitions du Christ après sa Résurrection (Jean 20, 19-23). Pentecôte (Actes 2, 1-13). Jean à la Cène (Jean 13, 22-26).
34. La Citadelle occupait l'emplacement des trois tours du palais d'Hérode le Grand (24 av. J.-C.) Elle avait été construite par les croisés pour servir de résidence au châtelain de Jérusalem, puis restaurée à partir de 1310 par Malik an-Nâsir.
35. Les tombes de David et des rois de Juda sont signalées au mont Sion à partir du X$^e$ s.
36. Le récit des funérailles de la Vierge se trouve dans la *Légende dorée* (fête de l'Assomption). L'épisode est reproduit sur le mur extérieur nord du chœur de Notre-Dame de Paris.
37. À la fin du XI$^e$ s., on dédoubla les localisations concernant le reniement de Pierre (Matthieu 26, 69-75 et les autres évangélistes). Le reniement est situé au mont Sion, le repentir sur le chemin qui conduit à la piscine de Siloé.
38. Matthieu 9, 18-27.
39. Jean 9, 1-7. La sépulture d'Isaïe est située là par une très ancienne tradition juive.
40. C'est une urne funéraire d'époque hellénistique tardive.
41. Matthieu 27, 3-9.
42. Monastère géorgien, fondé par Justinien et restauré au XII$^e$ s.
43. Luc 1, 39-45.
44. Luc 24, 13-35.
45. Cette légende est rapportée par le *Tractatus* d'Eugesippus.
46. Le souvenir de Samuel est lié au mont Joie par la *Descriptio* du Pseudo-Oderic.
47. Cette légende est rapportée par la *Légende dorée* (fête de l'Invention de la Sainte-Croix.).
48. L'église Notre-Dame-de-Josaphat fut construite dans les premières années du XII$^e$ s. sur l'emplacement d'un édifice byzantin du V$^e$ s.
49. Matthieu 26, 36-46 et les synoptiques. Les croisés élevèrent au début du XII$^e$ s. sur le lieu de l'Agonie une basilique remplaçant un édifice byzantin du IV$^e$ s., et, au milieu du XII$^e$ s., construisirent à côté une autre église.
50. Cette tombe est signalée par la *Descriptio* du Pseudo-Oderic, mais l'histoire racontée par Mandeville confond ce Josaphat avec le Josaphat de la *Légende dorée* (fête des saints Barlaam et Josaphat).

51. Actes 1, 6-11. L'église octogonale byzantine du IV$^e$ s. avait été restaurée par les croisés sur un plan identique.
52. Matthieu 5, 1-12 et 6, 7-13. Les Béatitudes et le Pater ont été prononcés au lac de Tibériade, mais beaucoup de souvenirs évangéliques furent regroupés à Jérusalem quand les relations avec la Galilée devinrent plus difficiles à partir de la fin du XIII$^e$ s.
53. L'église était dédiée à sainte Pélagie, mais Marie l'Égyptienne était une sainte plus connue en Occident pour sa vie de pénitente au désert après sa conversion au cours d'un voyage à Jérusalem.
54. Matthieu 21, 1-3.
55. Matthieu 26, 6 et, pour saint Julien, la *Légende dorée*, fête de saint Julien.
56. Jean 12, 1-8 ; Luc 10, 38-42 et Jean 11, 1-44.
57. Luc 19, 41-44.
58. La légende vient du *Transitus beatae Mariae*.
59. Matthieu 28, 1-8. Là encore, l'Évangile ne parle pas d'un mont de Galilée à Jérusalem, mais de la rencontre prévue entre le Christ ressuscité et ses disciples en Galilée.
60. Josué 6, 1-16.
61. Luc 19, 1-10.
62. Josué 2, 1-21 et 6, 22-25.
63. Matthieu 11, 41.
64. Matthieu 4, 8-10. Il y avait depuis le IV$^e$ s. un monastère au mont de la Tentation.
65. Allusion sans doute au séjour d'Abraham et de Loth, avant leur séparation, dans la plaine du Jourdain « partout irriguée comme le jardin de Yahvé » (Genèse 13, 10). Pour Élisée, 2 Rois 2, 19-22.
66. Matthieu 20, 29-34 et les synoptiques.
67. Matthieu 3, 13-17.

## *Chapitre XII*

1. De l'arabe, *katrân*, dont vient le français « goudron ».
2. Le baumier croît naturellement dans plusieurs pays du Proche Orient. La légende, racontée dans les récits de pèlerinage à partir du XII$^e$ s., vise à donner l'exclusivité de la production au jardin du Caire.

CHAPITRE XII 255

3. Nombres 22-24.
4. Zoara est un doublet de Segor.
5. Ces légendes sont racontées dans l'*Historia scholastica* de Pierre le Mangeur (Genèse 53) mais elles remontent à Flavius Josèphe.
6. Genèse 19, 1-29 et 14, 1-2.
7. Genèse 19, 30-38.
8. Le pays de Seyr est cité en Genèse 14, 6 comme un pays de montagne vers le désert. Édom est au sud-est de la mer Morte, tandis que l'Idumée est au sud-ouest.
9. Genèse 19, 26.
10. Genèse 11, 24-31, avec erreur sur les parentés, seule Milka est dite sœur de Lot.
11. Genèse 16 et 17.
12. Genèse 32, 23-24.
13. Cette étymologie fantaisiste est reprise par tous les récits de pèlerinage.
14. Plaine du wâdi al-Meldan, sur la route de La Mecque et où se tenaient des foires annuelles de dix jours.
15. Matthieu 3, 13-17 et les synoptiques.
16. Josué 3, 1-17.
17. 2 Rois 5, 1-14.
18. Josué 8, 14-28.
19. Matthieu 4, 8-10 et les synoptiques.
20. Le Crak de Montréal, situé au sud et non à l'est de la mer Morte, fut élevé en 1140 par Payen le Bouteiller, placé par le roi Baudouin Ier à la tête de la seigneurie de Montréal. Il surveillait deux routes vitales pour le monde islamique, celle du Hajj venant d'Alep et de Damas et celle de Damas à l'Égypte par l'intérieur de la Palestine. Il est aujourd'hui en ruines. Sobak, aujourd'hui Chôbak en Jordanie, à une centaine de kilomètres au sud-est de Montréal, était dominé par un autre château, moins important.
21. Ramatha et Sophim est un dédoublement d'un unique toponyme, Ramatha Sophim, désignant le Nebi Samwil, près de l'actuelle Ramallah où la tradition byzantine situait le tombeau de Samuel. Un sanctuaire d'époque justinienne fut transformé en mosquée dès le VIIe s., de là le déplacement des localisations.
22. 1 Samuel 4, 3-6.
23. 1 Samuel 3, 1-14. C'est Samuel qui sacra Saül comme premier roi d'Israël, (1 Samuel 10, 1).

24. Ces deux localités, aujourd'hui El-Djib et Ramallah, étaient situées de part et d'autre de la route reliant Jérusalem à la Samarie.
25. Jean 4, 1-12.
26. Il s'agit en réalité de Jéroboam I<sup>er</sup> (I Rois 12, 28-33).
27. Genèse 12, 8, où il est précisé que Bethel et Luz sont un même lieu.
28. Josué 24, 32.
29. Genèse 34, 1-31.
30. On a vu que le sacrifice a été localisé en plusieurs endroits. Les Samaritains voulaient le rattacher à leur territoire.
31. Genèse 37, 12-28.
32. Matthieu 14, 3-4 et Marc 6, 17-29. Le culte de Jean-Baptiste à Samarie remonte au iv<sup>e</sup> s. Les deux importantes églises byzantines, transformées par les croisés, sont encore debout. Dans l'une d'elles, devenue la mosquée Nebi Yahya, on vénère le chef de Jean-Baptiste.
33. *Légende dorée*, fête de la Décollation de saint Jean-Baptiste. Le doigt était vénéré à Saint-Jean-de-Maurienne.
34. Sans doute, saint Jean l'Aumônier, évêque d'Alexandrie, mort en 616.
35. Cette légende est racontée dans l'*Histoire naturelle* de Pline, II, 102-106.

*Chapitre XIII*

1. Jean 1, 43-44.
2. Psaume 120 (119), 5.
3. Cette citation, qui ne se trouve pas dans la Bible, provient sans doute d'un texte apocryphe.
4. Matthieu 11, 21.
5. Matthieu 15, 21-28. Quant à Simon, il est cyrénéen et non cananéen, Matthieu 27, 32 et les synoptiques.
6. Jean 2, 1-12.
7. 1 Samuel 4.
8. Barak, Débora et la mort de Sisera se trouvent dans Juges 4, 5-6 et 17-22. Mais il y a des confusions, Abimélek est fils de Gédéon et c'est Gédéon qui chasse Zeb, Zebah et Salmouna au-delà du Jourdain (Juges 9, 1 et 8, 4-21). Enfin le mont Endor n'est que l'extrémité méridionale de l'Hermon, si on considère ce dernier comme une chaîne.

## CHAPITRE XIII 257

9. 1 Rois 21, 1-6.
10. 2 Chroniques 24 et 25.
11. Ce texte ne se trouve pas dans le Psautier, mais en 2 Samuel 1, 21.
12. Bethsaï, aujourd'hui Beit Shéan (1 Samuel 31, 10).
13. Luc 1, 26-38. Une église byzantine du VI$^e$ s. fut remplacée par une magnifique cathédrale édifiée par les croisés que Baybars rasa jusqu'au sol en 1263. Le sanctuaire ne put être reconstruit qu'en 1730.
14. Détails donnés par les apocryphes et la *Vie de la Vierge*.
15. Aujourd'hui Shefaram.
16. Luc 4, 28-30.
17. Cantique de Moïse (Exode 15, 16).
18. Il y avait sur le mont Thabor un monastère grec du V$^e$ s. et un monastère bénédictin du XII$^e$ s., tous deux détruits par Saladin en 1185.
19. Genèse 14, 17-24.
20. Matthieu 17, 1-8 et les synoptiques.
21. Ces localisations sont données dans les gloses sur l'Écriture ; on les retrouve, avec l'heure du Jugement, dans l'*Elucidarium* d'Honorius Augustodunensis (v. 1140).
22. Luc 7, 11-17.
23. Lameth est cité dans Genèse 4, 18 et 5, 28 sans que lui soit attribué le meurtre de Caïn.
24. Aujourd'hui Tsippori, près de Nazareth.
25. Il y avait à Tibériade sept sources chaudes sur lesquelles Hérode Antipas fit édifier des thermes monumentaux.
26. C'est le pont du Judaire, Jisr al-Mujami. La route caravanière d'Égypte à Damas passait plus au nord par le gué de Jacob. Le roi du Bashan est cité parmi les rois vaincus lors de la conquête de la Terre promise par Josué (Juges 12, 4). La terre des Géraséniens est citée dans Luc 8, 26.
27. Matthieu 14, 24-32.
28. Jean 21, 1-23.
29. Matthieu 4, 18-22 et les synoptiques.
30. Luc 24, 35.
31. Matthieu 14, 13-21 et les synoptiques ainsi que Jean 6, 1-13.
32. Cette légende se trouve dans quelques récits de pèlerinage dès le XIII$^e$ s.
33. Le château de Saphet fut élevé en 1140 par le roi de

Jérusalem Foulques d'Anjou pour défendre l'entrée du royaume. La garde en fut confiée aux Templiers. Quant au lieu de la naissance de sainte Anne, la tradition le situe à Séphorie, aujourd'hui Tsippori, non à Saphet.

34. Josué 14-19.

35. Les pigeons voyageurs, couramment utilisés en Orient, sont mentionnés par les premiers historiens des croisades et ensuite par la plupart des voyageurs.

36. Le nom de Jacobites vient en réalité de Jacques, évêque d'Édesse au milieu du $V^e$ s., un fervent partisan du monophysisme, c'est-à-dire de la seule nature divine en Jésus-Christ.

37. Psaume 111 (110), 1 et 32 (31), 5.

38. Ces citations sont extraites du *Liber Scintillarum*, recueil de citations composé avant 700 par Defensor de Ligugé et qui connut un très grand succès durant tout le Moyen Âge. Seule l'attribution de la deuxième citation à Grégoire semble fondée.

39. Les débats sur les fondements scripturaires de la nécessité de se confesser à un prêtre sont alors très vifs, étant donné les critiques formulées contre la confession par les Lollards.

40. Les récits des pèlerins consacrent souvent un assez long développement à ces églises chrétiennes orientales dont ils découvrent l'existence. Ils regroupent sous le nom de Syriens les chrétiens indigènes, le plus souvent des Jacobites.

41. L'Église géorgienne, bien qu'indépendante de Byzance avec son propre *catholicos*, était très liée à l'Église grecque. Les Géorgiens possédaient le monastère de la Croix près de Jérusalem et le monastère de la Quarantaine.

42. Le nom de « Chrétiens de la ceinture » désigne les Coptes, qui portaient une ceinture de lin sur leur vêtement.

43. Les Nestoriens, nommés ainsi d'après Nestorius, patriarche de Constantinople au début du $V^e$ s., soutenaient qu'il y avait non seulement deux natures, mais deux personnes en Jésus-Christ. Au début du $XIV^e$ s., leur patriarche avait sous sa juridiction vingt-cinq métropolitains et deux cent-cinquante évêques, répartis de la Perse à l'Inde et à la Chine.

44. Les Ariens, nommés ainsi d'après Arius, prêtre d'Alexandrie au début du $IV^e$ s., soutenaient que Jésus-Christ n'avait que la seule nature humaine. Leur hérésie se répandit surtout parmi les peuples germaniques à la veille des grandes invasions du $V^e$ s.

45. Les Nubiens sont les fidèles de l'église d'Abyssinie, fondée au $IV^e$ s. et isolée du reste de la chrétienté par la conquête arabe.

CHAPITRE XIII 259

Ils ne restèrent en contact qu'avec les Coptes d'Égypte. Les Indiens sont les chrétiens de la côte du Malabar.

*Chapitre XIV*

1. Genèse 15, 2. Mais le texte de ce verset est très corrompu. Il ne parle pas en tous cas de la fondation de Damas.
2. Genèse 4, 8. Le lieu du meurtre n'est pas précisé. Une légende le situait au pied du Djebel Qassioun qui domine la ville.
3. On ignore la source de cette erreur.
4. Actes des Apôtres 9, 1-9 et Épître aux Galates 12, 1-5.
5. Ce château, gardé par les Templiers et aujourd'hui en ruines au Tell Arqa, est en réalité près de Tripoli.
6. Cette légende apparaît en Occident au début du XIII$^e$ s., avec le récit de pèlerinage de Thietmar.
7. Arques est ici correctement située. Raphanée, aujourd'hui Rafniyé est sur la route de Tripoli à Homs.
8. Ces rivières fabuleuses viennent de l'*Histoire naturelle* de Pline, II, 102-106.
9. C'est la montagne Noire, près de Tripoli où les historiens de la période des croisades, comme Guillaume de Tyr, signalent la présence de nombreux chrétiens.
10. La légende de saint Georges est racontée dans la *Légende dorée* (fête de saint Georges).
11. On peut voir encore aujourd'hui à Ramla cette église, transformée en mosquée au XIV$^e$ s.
12. Lydda, aujourd'hui Lod, où se trouve l'aéroport de Tel-Aviv.
13. Ramatha, aujourd'hui Ramla. Mathathias n'était pas originaire de Modin, mais vint s'y établir (1 Macchabées 2, 1). Ses fils tombés au combat y furent enterrés (1 Macchabées 9, 19).
14. Amos 1, 1.
15. Mandeville reprend l'itinéraire d'Albert d'Aix. Ruffinel était, à l'époque de la première croisade, un important château fort près de Nicomédie, aujourd'hui Izmit, et Pulver désigne sans doute la forteresse de Pansar, aujourd'hui Bafra près de l'embouchure de l'Halys, aujourd'hui Kizilirmak, donc pas très loin de Sinope. Mais l'itinéraire est assez confus, puisque il revient ensuite à Nicée après avoir traversé la Cappadoce.
16. C'est le Sangarius, aujourd'hui Sakaryia, et non l'Halys qui passe près de Nicée.

17. Mandeville suit, avec beaucoup d'erreurs, l'itinéraire d'Albert d'Aix depuis Nicée, à travers la montagne, jusqu'à Dorylée, aujourd'hui Eskisehir, puis jusqu'à Antioche de Pisidie, en confondant noms de villes et noms de rivières, Rechay, Rechi d'Albert d'Aix étant Heraclea, l'actuelle Eregli et Stancone, Iconium, l'actuelle Koniya.

18. Antioche de Pisidie, aujourd'hui en ruines près de Yalvaç.

19. On désignait sous ce nom la partie de l'empire byzantin conquise par les croisés en 1204, c'est-à-dire ici la partie nord-ouest de l'Asie Mineure.

20. Fleurache, Foloraca arx dans Albert d'Aix, une citadelle de la Turquie du nord ; Tarse, aujourd'hui Tarsus ; Longimas, citée dans Albert d'Aix comme proche de Tarse ; Asserre, désigne sans doute Adana et Mamistra, l'antique Mopsueste, est aujourd'hui Misis. Là encore, l'itinéraire est très confus.

21. Maarat an-Nomân, tristement célèbre par les massacres qui accompagnèrent la prise de la ville lors de la première croisade. Artèse désigne peut-être Artah, mais la ville n'est pas sur l'Oronte. Le Pharphar, aujourd'hui Nahr al-Awadj, est cité dans la Bible avec l'Abana, aujourd'hui Nahr Barada. Ce sont les fleuves de l'oasis de Damas (2 Rois 5, 12), alors qu'Antioche est sur l'Oronte.

22. *Légende dorée* (fête de saint Eustache), mais le fleuve où les enfants sont perdus n'est pas nommé.

23. L'Oronte se jette dans la Méditerranée.

24. On ne voit pas trop quelles villes sont ainsi désignées. Albert d'Aix parle de renforts mis en pièces en Romanie entre Finiminis, peut-être, Philomelium, aujourd'hui Aksehir et Feruam peut-être aujourd'hui Ilgin, à 50 km au sud, où se trouvent des sources chaudes.

25. Ce port, important au temps de la splendeur d'Antioche, est aujourd'hui disparu.

26. Laouse est Laodicée, aujourd'hui en ruines, à une vingtaine de kilomètres au sud de Homs ; Gibel est Gibelet, aujourd'hui Djebaïl ; la Chamelle désigne Émèse, c'est-à-dire Homs et Malbek désigne Baalbek.

27. La source de ces renseignements sur les Tartares vient du *Speculum historiale* de Vincent de Beauvais (v.1260). Dans le chapitre XXXI, il nous a conservé des extraits de la relation de voyage de Simon de Saint-Quentin, envoyé en mission chez les Tartares en 1247.

## CHAPITRE XIV 261

28. Batu, petit-fils de Gengis Khan, gouvernait le Kiptchak en 1247. L'*ordos* désignait l'ensemble des tentes des premiers khans au temps où leur « capitale » était itinérante.
29. Niflan désigne la Livonie, voisine de la Prusse orientale. Quant au royaume d'Arasten, il apparaît dans les chansons de geste pour désigner les terres orientales lointaines.
30. En moyen néerlandais, *sledde* désignait un traîneau. Mandeville a-t-il appris ce mot à Liège ?
31. On ne sait pas l'origine de ce mot.

### Chapitre XV

1. Nombreux passages du Coran, par exemple sourates 2, 23 ; 13, 35 ; 56, 1-50. Tous ces renseigements sont tirés du *Tractatus* de Guillaume de Tripoli.
2. Coran, sourate 3, 37-42.
3. Cette histoire, racontée par Guillaume de Tripoli, vient d'un contresens sur le mot *taki*, « craignant Dieu ».
4. Coran, sourate 19, 16-33.
5. Coran sourate 43, 57-59.
6. Nombreux passages, par exemple sourates 99 et 101.
7. Coran, sourate 5, 50.
8. Coran, sourate 4, 156.
9. L'affirmation vient du *Tractatus* de Guillaume de Tripoli.
10. Nombreux passages, notamment, Coran, sourates 4, 3 et 2, 231.
11. Coran, sourate 3, 37-42.
12. 2 Corinthiens 3, 5-6.
13. Mandeville utilise ici un procédé courant au XIVe s. pour présenter de façon voilée une satire politique et sociale.
14. Ces renseignements sur Mahomet, en partie inexacts ou légendaires, viennent du *Tractatus* de Guillaume de Tripoli et du *Speculum historiale*, XXII, 39-67.
15. Cette date ne figure pas dans les sources utilisées par Mandeville. On la retrouve dans des manuels d'histoire, tel celui de Philippe de Valois.
16. Transcription altérée de la proclamation de la foi au Dieu unique et en son prophète Mahomet : « *Lâ ilah illâ Allâh wa Muhammad rasûl Illâh.* »
17. Cette notation renforce l'opinion selon laquelle Mandeville est bien anglais.

## Chapitre XVI

1. La Scythie antique se situait dans le sud de la Russie actuelle. Mandeville, suivant en cela les vagues localisations des descriptions du monde, la rejette au nord de l'Oural. Le Tanaïs est le nom antique du Don.

2. Ces pays d'Asie étaient connus essentiellement par des listes de noms, leur localisation reste assez vague dans les textes, comme dans les mappemondes.

3. Cette affirmation, traduisant le caractère très plat de la côte libyenne, se trouve dans le *Livres dou Tresor*, I, 124.

4. L'affirmation que l'ombre change de sens en Libye méridionale se trouve dans le *Speculum naturale* de Vincent de Beauvais, I, 88. Elle suppose soit le contact avec des voyageurs ayant franchi l'Équateur, ce que faisaient couramment les marchands arabes de l'océan Indien, soit des réminiscences de sources antiques.

5. Trébizonde, port important depuis l'Antiquité, aujourd'hui Trabzon.

6. Athanase d'Alexandrie n'était pas enterré à Trébizonde, mais un de ses homonymes. L'hymne *Quicumque vult,* appelé parfois *Credo* de saint Athanase est chanté le dimanche à Prime à l'office monastique.

7. Avant même la chute de Constantinople en 1204, Alexis et David Comnène, petits-fils de l'empereur Andronic I$^{er}$, fondèrent à Trébizonde un empire qui devait subsister jusqu'en 1461.

8. Layas est Lajazzo, grand port à la période des croisades, dans le golfe d'Alexandrette. Persippée était Perschembé, une petite ville entre Lajazzo et Kiwrikos, Cruk, aujourd'hui Kiz Kalesi. Le seigneur de ce puissant château était alors Bohémond de Lusignan, cousin du roi d'Arménie Léon IV. La double forteresse, sur la terre et sur la mer, est encore debout aujourd'hui.

9. Une légende analogue est racontée, pour la même région, par Willibrand d'Oldenbourg en 1211.

10. Les royaumes arméniens d'Asie Mineure furent détruits par les Turcs au milieu du XI$^e$ s. Quant à celui de petite Arménie, établi en Cilicie, il s'allia aux Mongols contre les Turcs et subsista jusqu'en 1375.

11. L'ordre du Temple fut supprimé au concile de Vienne en 1311, avant le célèbre procès fait aux Templiers en 1314.

12. Erzerum, en Turquie orientale.

13. Le cours de l'Euphrate, comme celui du Nil, était soumis à des distorsions pour qu'il puisse venir du Paradis terrestre. La terre d'Altazar désigne sans doute la ville d'Askale près de laquelle naît la branche occidentale du fleuve.

14. Sabissa Coloasseis, une forteresse voisine d'Erzerum, dont parle Oderic de Pordenone dans sa *Descriptio orientalium partium* (v.1330)

15. Chanez vient sans doute de Kuh-i-Nuh, la « Montagne de Noé », en persan.

16. Ayne est un doublet d'Ani, capitale du royaume d'Arménie ; l'architecture de ses églises influença le premier art roman en Europe occidentale.

17. Cette légende est racontée par Guillaume de Rubrouck.

18. Somdoma dans la *Descriptio* d'Oderic, il s'agit d'Ispahan.

19. Aujourd'hui Kâchân où la légende situe la rencontre des Mages avant leur départ pour Bethléem.

20. Aujourd'hui Yezd au centre d'une riche oasis.

21. Mandeville a écrit : « on y appelle la char dabago et le vin vapa. » Un des commentateurs de Mandeville, Sir G. Warner, pense qu'il avait en réalité écrit : « on l'appelle chardabago », *charbagh* étant le nom sous lequel on désignait les jardins royaux persans. Un scribe, n'ayant pas compris, a transformé la phrase et ajouté le nom de *vapa* qui désigne le vin courant en bas latin.

22. Ce nom est donné par Oderic. Il ne peut s'agir que des ruines de Persépolis.

*Chapitre XVII*

1. Le pays de Job était, pour les écrivains orientaux, Hazah, proche de Mossoul, Huz dans Oderic. Mandeville a-t-il mal compris le nom ou place-t-il le pays de Job en Susiane d'après des légendes persanes ? Chardin, dans son *Voyage en Perse* (1711) situe le pays de Job près de Persépolis, d'après des auteurs persans.

2. Cette légende est racontée par Isidore de Séville dans une œuvre sur les Patriarches.

3. Genèse 11, 2-27.

4. Cette fondation, attribuée à Ninus, se retrouve dans les textes historiques sur les âges du monde, par exemple dans l'*Imago Mundi* d'Honorius Augustodunensis (v.1130).

5. Tobie 13, 1.
6. Genèse 12, 4-6.
7. Genèse 19.
8. Cette célèbre légende, racontée par un grand nombre d'auteurs depuis l'Antiquité, insistait sur le caractère merveilleux de ce royaume de femmes et lui donnait parfois un sens moralisateur.
9. Cette cité de Celsite est Alexandrie de Margiane, aujourd'hui Merv.
10. Légende racontée par Pline, *Histoire naturelle*, II, 102-106.
11. Beaucoup d'auteurs, depuis Isidore de Séville, *Étymologies*, XIV, 5, admettaient l'existence d'un continent austral, mais se refusaient à le croire habité, puisque inaccessible et donc non peuplé par des fils d'Adam.
12. C'est le nom biblique, Qush (Jérémie 46, 9).
13. Ces peuples monstrueux sont situés en Éthiopie par de nombreux auteurs, notamment Brunetto Latini dans le *Livres dou Tresor*.
14. Avec le déplacement de Saba d'Arabie en Éthiopie on voit apparaître, au xive s., le Mage noir, alors que jusque-là ils étaient représentés aux trois âges de la vie.
15. Évilath est cité dans Genèse 2, 11-12 comme un pays riche en or proche du Paradis terrestre. L'Inde et l'Éthiopie sont des régions mal définies et dont la situation sur le globe reste très imprécise.
16. De l'arabe *almâs* (diamant).
17. L'essentiel de ces renseignements vient du *Speculum naturale*, VIII, 40.

## Chapitre XVIII

1. Ces anguilles géantes viennent de l'*Histoire naturelle* de Pline, IX, 3.
2. Ces cinq mille îles sont figurées entre autres dans l'*Atlas catalan*.
3. Les géographes antiques avaient divisé la terre en cinq ou sept climats, chacun placé sous l'influence d'une planète.
4. Ce récit provient de la *Descriptio* d'Oderic de Pordenone.
5. Cette légende des roches d'aimant est racontée dans *Les Mille et Une Nuits*.

6. Tana était un port important sur la côte de l'île Salsette, à une vingtaine de kilomètres au sud de Bombay.
7. Les Ghaznévides s'établirent dans le nord-ouest de l'Inde dès la fin du X$^e$ s. Leurs successeurs étendirent leurs possessions au bassin du Gange, à la plus grande partie du Dekkan et au Bengale, entre la fin du XII$^e$ s. et le XIV$^e$ s.
8. Zarchee, aujourd'hui Barochan, au nord de Surat. Mais les Mendiants étaient à Tana, non à Zarchee.
9. C'est la région de Polumbum, sur la côte de Malabar, au sud de Calicut.
10. Flandrine, Fandaraina, et Zinglanz, Singulir, sont sur la côte de Malabar, au nord de Calicut. C'étaient des ports assez importants, dont parlent les voyageurs arabes médiévaux.
11. *Fulful* est le nom arabe du poivre. On ignore l'origine des deux autres noms.
12. La mention de la Fontaine de Jouvence remonte à la légende d'Alexandre.
13. C'est le nom sous lequel la *Lettre du Prêtre Jean* (milieu du XII$^e$ s.) désigne un des dignitaires religieux de la cour du roi-prêtre.

## *Chapitre XIX*

1. Maliapur, au sud de Madras.
2. La légende de saint Thomas faisait de lui l'évangéliste des Indes (*Légende dorée*, fête de saint Thomas). Oderic dans sa *Descriptio* situe son tombeau à Calamie, Cail, sur la côte de Coromandel, face à la pointe de Ceylan. Des chrétiens syriens y étaient établis depuis le IX$^e$ s.
3. Jean 20, 27.
4. Cette légende est racontée, dans des termes un peu différents, par Gervais de Tilbury dans les *Otia Imperialia* (milieu du XII$^e$ s.).
5. Tous ces renseignements sont donnés par la *Descriptio* d'Oderic.

## *Chapitre XX*

1. Selon la *Descriptio*, d'Oderic, Sumatra comprend trois royaumes, Lamory, Sumatra et Resengo.
2. Cette affirmation est conforme à la pensée du *Roman de la Rose* qui exerça une profonde influence au XIV$^e$ s.

3. Genèse 1, 28.
4. Cet instrument, composé d'un compas et d'une tablette avec deux cercles mobiles superposés permettait de mesurer la hauteur d'une étoile au-dessus de l'horizon et donnait aussi une représentation du ciel en une région donnée. Il commença à se répandre en Occident à partir du XI$^e$ s. Gerbert, le pape de l'an mille, écrivit un *Liber de Astrolabio*.
5. La démonstration de Mandeville manque de clarté. Il semble qu'il mesure le ciel d'abord d'ouest en est, d'Angleterre jusqu'aux îles de l'océan Indien, puis du nord au sud, des régions septentrionales à la haute Libye.
6. Il semble que Mandeville s'inspire de la théorie de Cratès de Mallos (II$^e$ s. av. J.-C.), connue dans les universités médiévales et selon laquelle les continents formaient quatre masses séparées par l'océan.
7. Cette lance est mentionnée par le pèlerin Arculfe au VII$^e$ s.
8. Psaume 74 (73), 12.
9. Psaume 104 (103), 5.
10. Ce sont les mesures de Ptolémée, inférieures à la réalité et acceptées par un certain nombre de savants, erreur qui encouragea Christophe Colomb à se rendre aux Indes par l'ouest.
11. Le mille utilisé ici par Mandeville est l'ancien mille anglais, d'environ 1 200 m. Le chiffre de 31 500 milles est celui de la mesure d'Ératosthène, pris en compte par un certain nombre de savants médiévaux, et qui donne une circonférence terrestre de 39 690 km.

*Chapitre XXI*

1. C'est la Sumatra d'Oderic.
2. C'est la Resengo d'Oderic, un des royaumes de Sumatra.
3. Le roi de Java avait en effet fondé, à la fin du XIII$^e$ s., un puissant empire, celui de Madjapahit.
4. Le cédoar est la racine amère de la plante de ce nom, employée comme contrepoison. Le macis est la coquille du noyau qui entoure la noix muscade, comme l'explique Mandeville, alors que beaucoup en Occident pensaient que c'était la fleur du muscadier.
5. Le Khan Qubilai mena en effet contre Java en 1293 une expédition qui échoua.
6. Ce serait le royaume de Bandjermasin, qu'Oderic situe dans l'île actuelle de Bornéo.

## CHAPITRE XXI

7. Au moment de la grande épidémie de la Peste noire en 1348, on accusa les juifs d'avoir voulu empoisonner les chrétiens.
8. Les auteurs de l'Antiquité tardive nomment le lac Tabi. Il s'agit évidemment des bambous.
9. Il s'agit d'une pierre nommée *bezoar* (en persan : « qui chasse le venin »), pour la production de laquelle Bornéo était réputée.
10. Champa dans Oderic. On ne sait trop où localiser ce royaume, c'est peut-être le Cambodge ; dans un des dialectes indigènes de la côte de Coromandel, le poisson se nomme *ciampa*.
11. Mandeville a sans doute forgé ce mot d'après le cri de l'éléphant *barrus*, selon Isidore de Séville, *Étymologies*, XII, 2.
12. Ces escargots se trouvent dans l'*Histoire naturelle* de Pline, IX, 10. Mais il existe bien de grandes tortues dans l'océan Indien. La carapace d'une de ces tortues géantes, qui servit de berceau au roi Henri IV, est conservée au château de Pau.
13. Il est difficile de localiser les îles citées par Mandeville, certaines étant imaginaires. Les détails sur les mœurs des habitants sont tirés de ce que dit le *Speculum historiale*, I, 87, des Hircaniens et des Scythes.
14. Là encore, pour ces deux îles de Milke et Tracorde, Mandeville utilise ce que le *Speculum historiale*, I, 87, dit des Éthiopiens et des Scythes.
15. Nacameran, citée par Oderic, serait une des îles Nicobar.
16. La célèbre légende des Cynocéphales remonte à l'*Histoire naturelle* de Pline, VI, 17-30 et VII, 2, mais Mandeville la transforme en donnant à ce peuple un roi couronné.
17. C'est l'île de Ceylan.
18. Cette légende musulmane est racontée par Oderic.
19. Ce bestiaire est tiré de la *Descriptio* d'Oderic et du *Roman d'Alexandre*, dont les plus anciennes versions en français provençal datent du premier tiers du XII$^e$ s. D'autres versions en français du Nord suivirent à partir de 1170.
20 Psaume 93 (92), 4.

*Chapitre XXII*

1. Dondia, citée par Oderic, serait une des îles Andaman. Mandeville s'est inspiré de ce qu'il dit des mœurs des habitants.
2. La liste de ces peuples monstrueux remonte à l'*Histoire naturelle* de Pline, VI, 17-30 et VII, 2 et s'est transmise d'auteur en auteur pendant toute la période médiévale, et au-delà.

3. Le Mancy désigne la Chine du Sud, conquise par les Mongols en 1279, alors qu'ils s'étaient rendus maîtres de la Chine du Nord dès 1229.

4. L'Albanie était située par les géographes au nord de l'Asie.

5. C'est la ville actuelle de Canton, Censkalan à l'époque mongole.

6. L'oie cygnoïde, de grande taille. Le mâle a un tubercule corné sur le front.

7. C'est le coq à duvet, commun en Chine et au Japon.

8. Quinsay, à l'époque mongole, aujourd'hui Hangzhou.

9. La ville est en réalité aux mains du Khan depuis 1279.

10. *Bagni*, en persan, désigne une boisson fermentée.

11. L'envoi de missions en Asie fut un des grands soucis des papes d'Avignon qui les confièrent aux Ordres mendiants. Au début du XIV$^e$ s., il y avait toute une hiérarchie ecclésiastique en Chine, avec un archevêque à Pékin et six évêques suffragants couvrant tout le territoire chinois. Plusieurs lettres de ces missionnaires ont été conservées.

12. Chilenfu, à l'époque mongole, aujourd'hui Nankin.

13. Talay est le nom mongol du Yang-tzé-Kiang.

14. Autre célèbre légende antique transmise depuis Pline d'auteur en auteur. Les Pygmées faisant la guerre aux grues sont représentés au centre de l'Asie dans la célèbre Mappemonde de Hereford (v. 1300).

15. Yamchay à l'époque mongole, aujourd'hui Yangzhou.

16. La Chine mongole était effectivement divisée en douze provinces.

17. Ning po à l'époque mongole, aujourd'hui Jinkiang.

18. Lin tsing à l'époque mongole, sur le Grand Canal, aujourd'hui Xuzhou.

19. Nom mongol du Hoang ho.

*Chapitre XXIII*

1. Le Cathay est le nom de la Chine du Nord.

2. Lintsing chow à l'époque mongole, aujourd'hui Jining.

3. Taidu est le nom chinois de la ville où les conquérants mongols avaient fait reconstruire leur capitale après la conquête de 1229, la nommant Cambaliq. Il s'agit de Pékin.

4. La description de la ville et du palais du Khan se trouve

dans la *Descriptio* d'Oderic et dans d'autres récits de voyage, notamment celui de Marco Polo.

5. Ce sont les panthères.

6. La cour du Khan est décrite par les voyageurs, notamment Oderic et Marco Polo.

7. Les souverains orientaux aimaient avoir dans leurs palais des automates. Guillaume de Rubrouck parle de l'orfèvre Guillaume Buchier, né à Paris, capturé par les Mongols à Belgrade, et qui avait fabriqué pour le Khan Mongka une fontaine en forme d'arbre, soutenue par des lions, couronnée par un ange sonnant de la trompette et entourée de serpents dont la gueule ouverte crachait diverses boissons.

8. L'iris est une pierre précieuse irisée, l'allandine, alemandine, est une calcédoine brune, la chrysolithe, est une pierre vert clair, l'onicle est une calcédoine noire unie et transparente, la géranthe, gérachite, une pierre noire. Les Lapidaires sont un genre littéraire bien représenté à partir du XII$^e$ s.

9. Il est impossible que Mandeville, né vers 1300, ait participé à ces guerres qui se déroulèrent de 1259 à 1279.

*Chapitre XXIV*

1. Genèse 9, 20-24.

2. Genèse 10, 1-32 où il est dit que la postérité des trois fils de Noé se répandit sur tous les pays de la terre, qui sont énumérés ; il s'agit en fait des pays du Proche-Orient et des îles de la Méditerranée. La glose médiévale attribuait en général l'Europe à Japhet, l'Asie à Sem et l'Afrique à Cham. Mandeville précise bien que la division qu'il donne est celle des Syriens et des Samaritains.

3. L'ascension de Gengis Khan commence en 1194, quand il est proclamé Khan des Mongols, soit cent soixante-deux ans avant que Mandeville entreprenne la rédaction de son livre.

4. Mandeville utilise ici les renseignements donnés par Hayton dans la *Fleur des Histoires de la Terre d'Orient*, livre III. Les noms, déformés, sont ceux de clans tartares, Tangut, Oïrat, Koreit, Sunit, Märkit et Tumet.

5. Il s'agit évidemment de Gengis Khan.

6. Cette légende est racontée par Hayton.

7. Il s'agit du célèbre *Yassak*, code de lois édicté par Gengis Khan et sévèrement appliqué.

8. Selon tous les auteurs contemporains, c'est ainsi qu'était organisée l'armée mongole.
9. Le texte français de Hayton nomme l'oiseau « duc », mais certains textes latins portent *bubo*.
10. C'est le mont Baljuna, à l'est du lac Baïkal.
11. Cette fable est racontée par Hayton.
12. Ogodaï, troisième fils de Gengis Khan, qui lui succéda en 1229. L'aîné, Djotchi, régna sur le Kiptchaq.
13. L'empire de Gengis fut en effet partagé en khanats qui restèrent dépendants du Grand Khan.
14. Güyük, khan de 1241 à 1248. Mongka, khan de 1251 à 1259. Malgré les affirmations de Hayton, il ne semble pas qu'il se soit fait baptiser mais une de ses épouses, Cotota, était chrétienne.
15. La conquête de Bagdad par Hulägu, frère de Mongka, eut lieu en 1258. Elle mit fin au califat de Bagdad.
16. Qubilaï Khan, frère de Mongka, qui régna de 1256 à 1294 C'est sous son règne que Marco Polo séjourna en Chine.
17. Yen king, autre nom de Pékin.
18. La titulature du Khan est donnée dans le *Speculum historiale*, 29, 74 et 31, 52.

## Chapitre XXV

1. Ce mot semble tiré de celui de « mosquée ».
2. La description des fêtes de la cour est donnée par Oderic, mais considérablement enjolivée par Mandeville.
3. Cette célèbre monnaie de cuir ou de papier est décrite par les voyageurs, tant Oderic que Marco Polo. Elle frappait d'étonnement des Occidentaux qui ne connaissaient pas la monnaie fiduciaire.
4. Saduz, Sheng Tu à l'époque mongole, aujourd'hui Kai-ping-fu. Cambaleth, Caydo et Jong sont trois noms pour une même ville, Pékin.
5. Ces déplacements sont décrits par les voyageurs. La circulation était très sûre sur les routes de l'empire mongol et les caravansérails, établis pour les étapes.
6. C'est le Khan Qubilaï qui fit organiser par le célèbre astronome Hin-Leng la division de la Chine en douze provinces, elles-mêmes subdivisées en « circuits ». Cette division devait être la plus conforme possible au nouvel ordre des choses.

7. La poste impériale était très bien organisée, condition indispensable pour le maintien du pouvoir du Khan sur un aussi vaste empire.
8. Ce nom est donné par Oderic, c'est le chinois *Ki-di-fu*, celui qui s'occupe de l'auberge.
9. Ce récit provient d'Oderic, qui dit avoir assisté à une telle rencontre et donne le nom du chapeau de l'empereur.
10. Exode 23, 15.

*Chapitre XXVI*

1. Tous ces renseignements viennent du *Speculum historiale*, chap. XXXI, qui reprend le récit de Simon de Saint-Quentin.
2. Thiant désigne peut-être Temür Khan, qui régna de 1294 à 1307. Les noms que donne ensuite Mandeville sont en réalité les noms que Vincent de Beauvais cite dans le *Speculum historiale* comme ceux des douze fils de Gengis Khan. Mandeville a-t-il mal compris sa source, ou a-t-il commis une erreur délibérée pour donner une liste de Khans comme il avait donné celle des sultans d'Égypte?
3. Les ambassadeurs envoyés par le pape ou Saint Louis vers les Mongols se plaignent du manque d'égards de l'entourage du Khan.
4. Le dénuement et la sobriété des Mongols sont notés aussi par les premiers ambassadeurs envoyés vers eux.

*Chapitre XXVII*

1. Ces royaumes d'Asie sont étudiés par Hayton dans la *Fleur des Histoires de la Terre d'Orient*, livre I. Tarse désigne la province au nord du Ferghana où habitaient alors les Uigurs. On y situe un des Mages par une mauvaise compréhension du Psaume 72 (71), 10 : « Les rois de Tarsis et des îles lui rendront tribut. »
2. Otrar, sur la rive droite du Syr-Daria.
3. Le Khwarezm, au sud de la mer d'Aral.
4. Pays des Coumans, au nord du Caucase et de la mer Caspienne.
5. Etil est le nom turc de la Volga, de *idil*, le fleuve.
6. C'est le nom de la mer Noire en grec byzantin.

7. La passe de Derbent (du persan *dar-band*, barrière), dans le Caucase, de tous temps défendue par de puissantes fortifications, avait frappé les imaginations ; plusieurs légendes y étaient attachées. On voit souvent sur les mappemondes la mention « *Portes ferree.* »
8. Sara était une des résidences du Khan du Qiptchaq construite, selon Guillaume de Rubrouck, par le Khan Batu. Elle était sans doute à l'emplacement de l'actuelle Selitrenyi Gorodok, à environ 80 km de l'embouchure de la Volga.
9. L'Abchazie, une des provinces du Caucase, au nord de la Géorgie.
10. L'invasion mongole au milieu du XIIIe s. fit passer sous la domination des Khans la plus grande partie de la Russie, qui forma le khanat de la Horde d'or.

## Chapitre XXVIII

1. Le premier royaume s'étend sur la Transoxiane, le deuxième, sur le Khorâsân.
2. Boukhârâ et Samarqand, les deux grandes cités caravanières d'Asie centrale.
3. Nishâpur et Ispahan. Le nom de Sarmassane, qui ne se trouve pas dans Hayton, vient de la *Chanson d'Antioche*, qui mentionne cette ville, sans la situer avec précision, pour son beau verger.
4. Tabriz, un des grands centres commerciaux au XIVe s. sur la route de la Perse et de l'Inde.
5. Les Kurdes.
6. Chirâz et Kermânchâh.
7. L'Abzor est l'Elbrouz, dans le Caucase. L'Allamo désigne le pays des Alains qui se trouvaient en fait au nord de la mer Caspienne.
8. La Géorgie fut conquise par les Mongols en 1221, alors que l'Abchazie, plus petite, réussissait à rester indépendante.
9. L'histoire est racontée par Hayton qui dit l'avoir lue dans les sources arméniennes et géorgiennes. Hanyson désigne l'Hampasi, une des provinces de la Géorgie et Megon, la steppe de Moghân, à l'ouest de la mer Caspienne.
10. Psaume 4, 4.
11. La première citation n'est pas dans le Psautier, mais dans 1 Samuel, 18, 7. La deuxième vient du Psaume 91 (90), 7. La troisième vient du Psaume 118 (117), 16.

## CHAPITRE XXVIII

12. Deutéronome 11, 22-23.
13. La citation n'est pas dans saint Paul, mais dans le *Décret* de Gratien, texte de droit canon (v.1140), dist. II, canon 13.
14. Ces provinces sont citées par Hayton. La Cappadoce, l'Isaurie ; Brique, c'est-à-dire la Phrygie ; Pytan, c'est-à-dire la Bithynie ; Quesyton, aujourd'hui Saruhanli, près d'Izmir, est une déformation de Saroukhan, nom d'un chef turc ; Pytan est la province de Nicée et Gemyech, celle de Trébisonde.
15. Sathalie, aujourd'hui Antalya.
16. Maraga, aujourd'hui Marâgheh, en Iran, à une centaine de km au sud-ouest de Tabriz.
17. Mosel est Mossoul et Rohais, Rohâ en arabe, est Édesse.
18. Ce sont les monts Sindjar, à l'est de Mossoul et Behsend, dans le Diarbékir.

### Chapitre XXIX

1. C'est la Bactriane, entre le Khwarezm et le Turkestan.
2. Cette légende, rapportée par Oderic, se retrouve dans beaucoup de récits de voyage, jusqu'au XVIIIe s.
3. Cette légende, empruntée à Giraud de Cambrie (XIIe s.), est racontée dans le *Speculum naturale*, XVI, 40.
4. La légende des nations encloses remonte au *Roman d'Alexandre*, mais Mandeville l'enjolive de détails originaux, notamment les relations entre ces peuples et les Amazones. Les noms de Gog et Magog viennent d'Ézéchiel qui parle de Gog roi de Magog (chap. 38), dans un contexte de fin des temps.
5. Le caractère de mer fermée de la Caspienne a été affirmé pour la première fois, contre l'opinion des autorités antiques, par Guillaume de Rubrouck en 1254.
6. La faune fabuleuse de l'Asie centrale remonte au *Roman d'Alexandre*.
7. Pays mal localisable, cité par Oderic comme celui du Prêtre Jean.

### Chapitre XXX

1. La description du royaume du Prêtre Jean est empruntée à la *Lettre du Prêtre Jean*, un texte qui commença à circuler en Occident au milieu du XIIe s. et fut plusieurs fois remanié et augmenté.

2. Légende racontée dans *Les Mille et Une Nuits*.
3. Hermès est un doublet d'Ormuz et Colbach renverrait à Cambaye, au nord de Bombay. L'itinéraire est construit à partir de celui que donne Hayton vers l'Inde au livre I et où il dit qu'Hermès a été fondée par le philosophe de ce nom.
4. Ceci est affirmé par Oderic.
5. Toutes ces merveilles sont énumérées dans la *Lettre*.
6. L'organisation de l'armée est aussi donnée dans la *Lettre*.
7. C'est le nom donné dans la *Lettre* à la capitale du Prêtre Jean, qu'il ne faut pas identifier avec la Suse iranienne.
8. La sardoine est une calcédoine de couleur brune, la cornaline, une agate rouge (voir note 8, p. 269).
9. Autre ville légendaire située en Asie par Isidore de Séville.
10. Milstorak est citée par Oderic comme une terre dépendant du Prêtre Jean en Asie centrale.
11. Ce nom pourrait être la déformation de l'arabe *qatil-annafs*, le meurtrier. Le jardin décrit est celui que l'on situait dans la forteresse des Assassins, près d'Alamut, sur la rive sud de la mer Caspienne.
12. Exode 33, 3
13. La forteresse des Assassins a été en fait détruite par les Mongols en 1258.

*Chapitre XXXI*

1. Beaucoup de récits de voyageurs parlent de traversées de régions effrayantes en Asie centrale. Il s'agit sans doute des déserts, tel celui de Gobi, où vents, tempêtes de sable, gelées faisant éclater les roches entouraient les déplacements d'une atmosphère inquiétante. Le récit de la traversée du val Périlleux s'inspire de celui d'Oderic.
2. Mandeville se pose ici en compagnon d'Oderic.
3. Mandeville a mal interprété un passage du *Speculum historiale*, I, 93 parlant de doubles pupilles, *pupillas geminas*, et non de pierres précieuses, *gemmas*.
4. Cette coutume est mentionnée par les voyageurs et par le *Speculum historiale*, I, 88.
5. César parle de cette coutume à propos des Bretons.
6. Tous ces arbres sont mentionnés en Asie par Jacques de Vitry dans l'*Historia Hierosolymitana* (v.1260).

# CHAPITRE XXXI

7. Tout ce bestiaire fabuleux provient du *Roman d'Alexandre*.

### Chapitre XXXII

1. La vie exemplaire des Brahmanes était vantée depuis l'Antiquité. Mandeville a utilisé les traditions rassemblées dans le *Speculum historiale*, IV, 66.
2. Cet échange de lettres est également rapporté dans le *Speculum historiale*, IV, 67-71.
3. Le *Roman d'Alexandre* parlait des Oxidrates et des Gymnosophistes ; Mandeville, à la suite des versions françaises du *Roman* a transformé ces peuples en îles.
4. Osée 8, 12 et Psaume 82 (81), 8.
5. Jean 10, 16.
6. Actes des Apôtres 10, 9-16.
7. Ce peuple est dans l'*Histoire naturelle* de Pline, VI, 17-30.
8. La légende est dans le *Roman d'Alexandre*.
9. Mandeville est seul à raconter cette histoire qu'il a peut-être recueillie sur place en Égypte.

### Chapitre XXXIII

1. C'est Ceylan, mais dépeinte cette fois d'après le *Speculum historiale*, I, 82.
2. Chryse et Argire, les îles d'or et d'argent, sont mentionnées dans le *Livres dou Tresor*.
3. La légende des fourmis gardant l'or est située par Pline en Éthiopie, *Histoire naturelle*, XI, 31.
4. Le Paradis terrestre est présenté par Mandeville à partir du *Commentaire sur la Genèse* de Pierre le Mangeur et de l'*Iter Alexandri ad Paradisum*, un texte du XII$^e$ s.
5. Genèse 2, 10-14.

### Chapitre XXXIV

1. C'est peut-être la ville de Ken Chan, aujourd'hui Si gnan fu ou la province du Kan-Sou.
2. Le Tibet.

3. Il ne s'agit pas du Dalaï Lama, puisque ce titre ne fut porté pour la première fois qu'en 1543. Le titre d'Abassy, donné dans Oderic, vient de *bakshi,* nom persan désignant les moines boudhiques.
4. Hymne chanté à la fin de la liturgie catholique des funérailles.
5. Ces coutumes funéraires sont racontées par Oderic.
6. La source est toujours Oderic, très enjolivé.
7. Psaume 96 (95), 9 et 72 (71), 11.

# Principales variantes
# de la version continentale

*Chapitre XX.* [Après les mesures de la terre] Tant a la terre de rondeur et de tour, selon ce que je puis concevoir par ce que disent les astronomes, comme je l'ai dit plus haut. Qu'il ne déplaise pas aux lecteurs ce que j'ai dit, qu'une partie de l'Inde est au-dessous de notre pays et, qu'à l'opposé, notre pays est au-dessous d'eux, comme l'orient est à l'opposé de l'occident et les régions du nord à celles du midi. Je vous ai parlé plus haut de ces différentes régions et c'est la vérité, car je l'ai mesuré avec l'astrolabe, que ceux qui demeurent dans la partie du nord sont pied contre pied de ceux qui demeurent dans la partie du midi, comme nous le sommes pour la partie des îles de l'Inde. Et s'il y avait des astres ou des étoiles fixes vers l'orient et vers l'occident grâce auxquels on puisse mesurer l'emplacement des régions comme on le fait pour celles du nord et du midi par les deux étoiles fixes, on trouverait certainement les îles et la Terre du Prêtre Jean bien loin hors des climats, entourant la terre au-dessous de nous bien plus que pour les parties du nord et du midi dont j'ai parlé ci-dessus. Et je sais bien que j'ai mis bien des journées de voyage pour aller vers les régions de l'Inde, plus que je n'en aurais mis pour aller du nord au sud. Et puisque la terre est ronde, il y a autant du nord au midi que de l'orient à l'occident, c'est pourquoi je dis que l'on va plus loin et au-dessous de nous en faisant le tour de la terre.

*Chapitre XXVIII* [Après la mention de la Mauritanie et de la Libye] Et dans ces régions, il y a encore plusieurs royaumes qui sont voisins de la Nubie, de l'autre côté. Il y a le royaume de

Nubie qui est voisin des terres que je viens de dire et dont je vous ai parlé plus haut. Puis il y a la haute Libye et la basse Libye qui s'étend vers le bas jusqu'à la grande mer d'Espagne. En cette terre sont les royaumes de Sopar, de Terremeuse, de Carthage, de Bougie, d'Algarbe, de Belle Marine, de Mon Plour et bien d'autres pays et de peuples divers.

*— Ces noms apparaissent dans les traités de commerce signés entre les villes italiennes ou les rois d'Aragon et les Berbères entre le XII$^e$ s. et le XIV$^e$ s. Sopar désignerait Ceuta ; Terremeuse, Tabarka ; l'Algarbe, le Gharb ; Belle Marine, le royaume mérinide de Fès ; quant à Mon Plour, on ne voit pas à quel pays il renvoie.*

*Chapitre XXXI.* [Après la mention des morts en vêtements chrétiens] L'entrée de cette vallée est assez belle avec au commencement un beau chemin. Puis le chemin descend le long des rochers, avec des chemins de traverse çà et là. Il y fait assez clair pendant une demi-lieue, puis la clarté diminue, comme entre le jour et la nuit. Quand nous eûmes fait une grande lieue, l'air était si épais et si obscur que nous n'y voyions pas plus que de nuit quand la lune et les étoiles ne brillent pas. Puis nous entrâmes dans des ténèbres qui durèrent bien une lieue, nous eûmes bien du mal et des peines et nous croyions être tous perdus. C'était à tel point que, pour être hors de danger, religieux ou autres, nous aurions bien renoncé à toutes choses du monde, même si chacun de nous avait été roi et souverain de toute la terre du monde, car vraiment nous pensions que personne n'aurait plus de nos nouvelles. Dans ces ténèbres, nous fûmes jetés à terre plus de mille fois, de toutes manières, à peine nous redressions-nous que nous étions à nouveau jetés à terre. Il y avait une si grande multitude de bêtes que nous ne pouvions voir lesquelles c'était. Des sortes de porcs vert et noir et toutes sortes d'autres bêtes couraient entre nos jambes et nous faisaient tomber, tantôt l'un face à l'autre, tantôt de côté et d'autre, tantôt la tête en bas, comme dans une fosse. Nous fûmes jetés à terre par des coups de tonnerre, des éclairs et un grand vent, à tel point qu'il nous semblait qu'on nous frappait avec un levier sur les reins. Nous trouvâmes sous nos pieds tant de morts, se plaignant que nous passions sur eux, que c'était terrible à entendre. Je suis certain que si nous n'avions reçu le Corps du Christ, nous aurions été perdus pour toujours dans cette vallée. Toutefois, chacun de nous fut marqué, car chacun de nous fut si durement frappé que nous restâmes longtemps pâmés, comme morts, et, dans cet état, nous vîmes bien des merveilles dont je n'ose parler. Les frères religieux qui étaient avec nous nous défendirent de parler, mais nous disions qu'il nous semblait voir de loin un feu ardent qui ne s'éteignait pas ; nous le voyions de nos yeux, mais ils nous défendirent de parler pour garder cachés les secrets de Notre Seigneur. Nous fûmes tous frappés en divers endroits et, à ces endroits, chacun avait une marque noire de la largeur d'une main, l'un au visage, l'autre sur la poitrine, l'autre sur le côté, l'autre sur le cou. Je fus frappé au cou de telle manière que je croyais que ma tête allait se détacher et, à cet endroit, j'ai gardé plus de dix-huit ans une marque noire comme du charbon. Beaucoup l'ont vue, mais depuis que je me suis repenti de mes péchés et que je me suis mis en peine de servir Dieu selon mes faibles moyens, cette tache a disparu et la peau est plus blanche qu'ailleurs. Cependant, on voit bien la marque du coup et on la verra tant que ma carcasse durera. Aussi, je ne conseillerais jamais à personne d'entrer en cette vallée car, à mon avis, il ne plaît pas à Notre Seigneur qu'on y entre. Et aussi, quand nous fûmes au milieu de ces ténèbres, nous vîmes ce hideux visage, très profondément au-dessous du rocher, parfois loin, parfois près, qui brûlait et brillait, et le feu autour ne brillait pas, mais nous le vîmes cependant, de sorte que nous n'osions le regarder. Nous eûmes si grand peur que en mourûmes presque. Nous eûmes bien du mal à passer outre et à sortir de ces ténèbres. Quand nous les eûmes dépassées, nous vîmes une clarté ce dont nous fûmes bien aise. Bien que nous ayons été très tourmentés par les démons qui nous assaillaient de toutes les manières, je ne saurais pas décrire tout ce que nous avons vu, car j'étais trop absorbé par mes prières et mes dévotions.

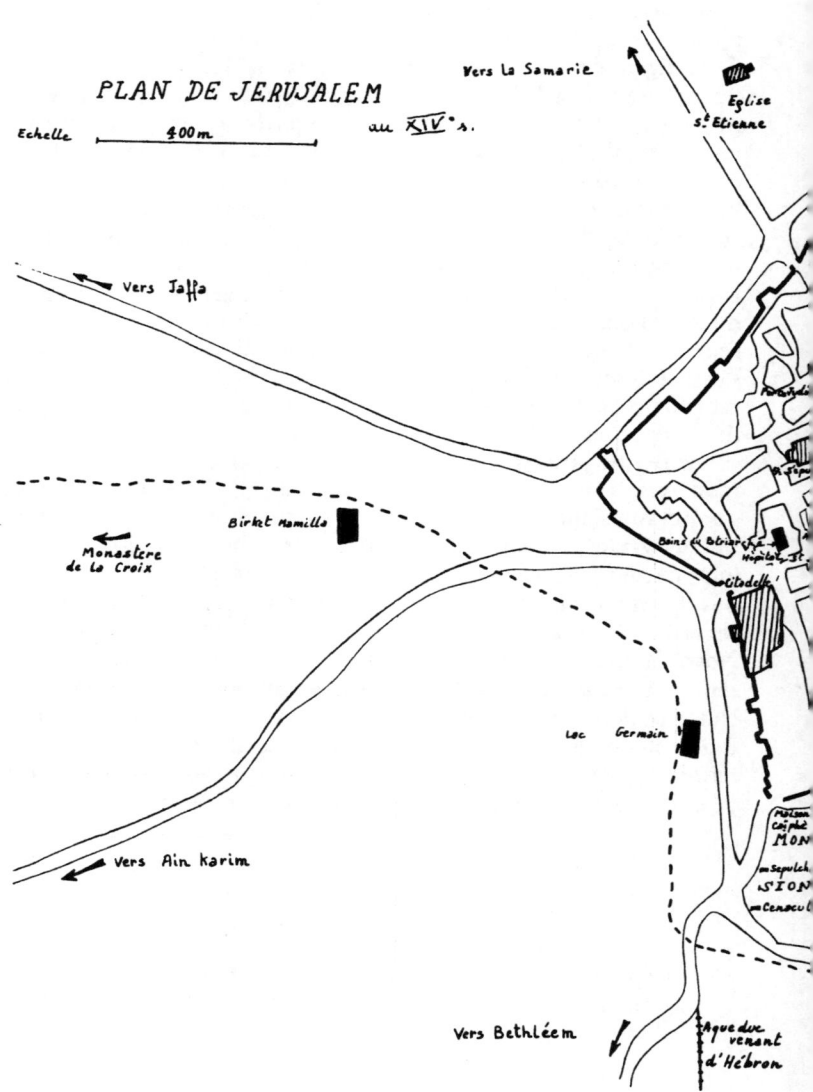

# CARTES

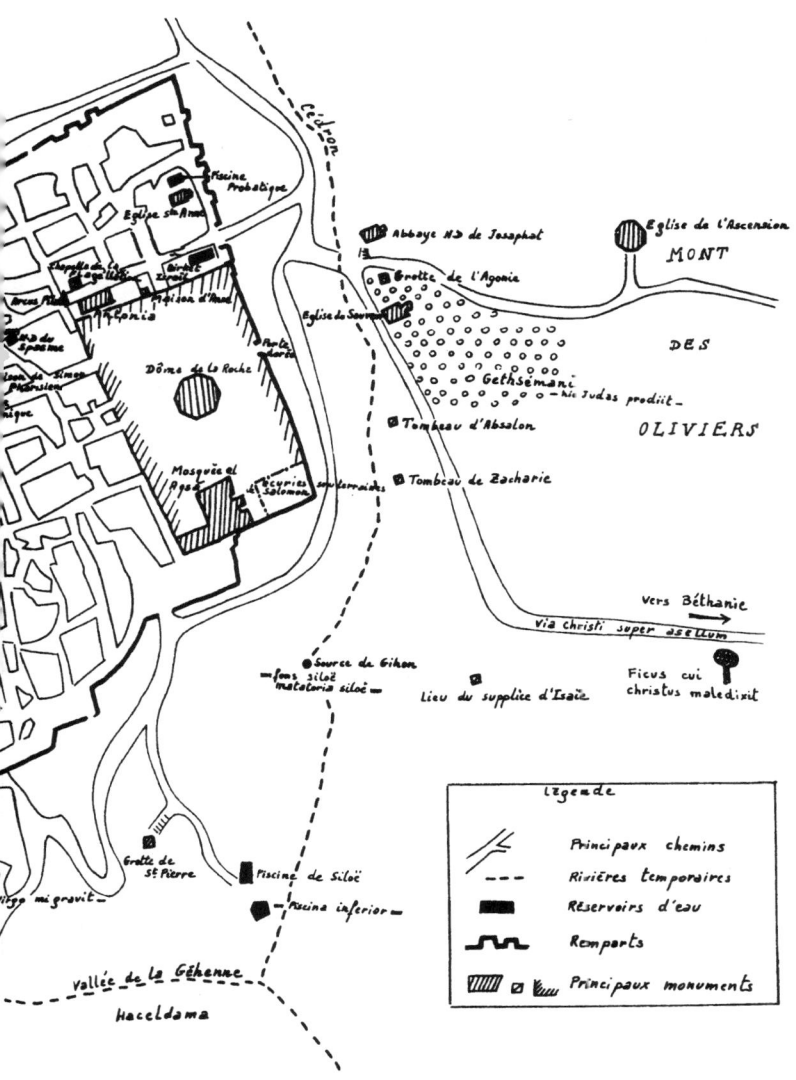

*Essai de reconstitution de la mappemonde de Mandeville*. Les principa[ux] noms de pays, villes, fleuves, tels qu'ils sont localisés p[ar] Mandeville, ont été replacés sur le fond de carte du globe [

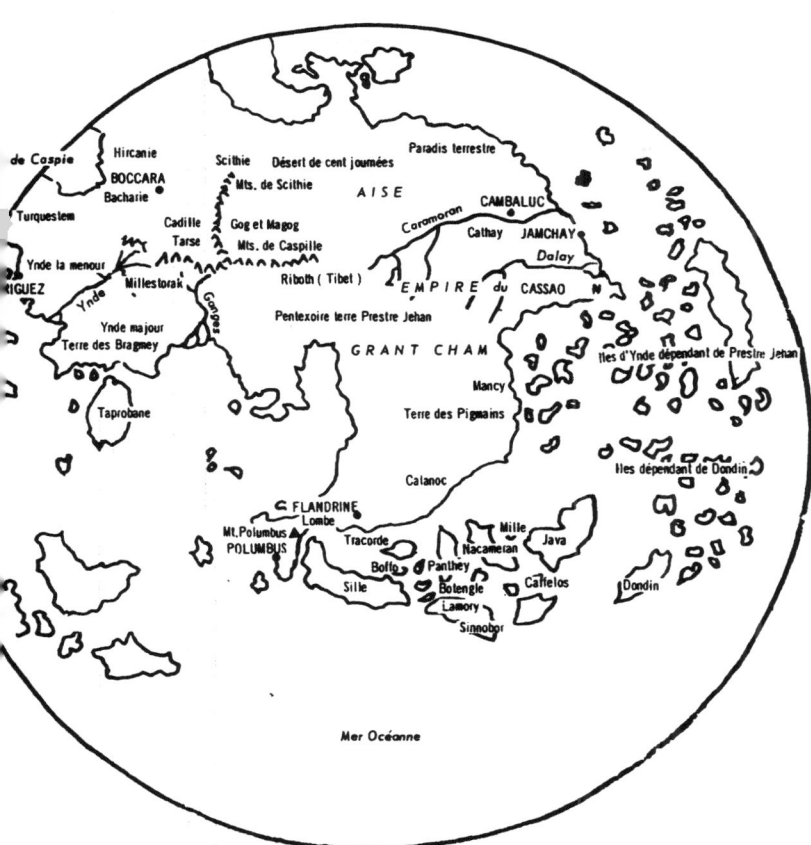

Martin Behaim, 1492, qui ne comporte encore que l'Ancien Monde sans le continent américain.

# BIBLIOGRAPHIE

*Le Livre de Mandeville*

On en connaît trois versions françaises.

La version insulaire, qui comprend vingt-trois manuscrits, a été éditée, d'après quatre d'entre eux, par sir G. Warner en même temps que le texte d'une des quatre versions anglaises : Sir G. WARNER, *The Buke of John Maundevill, Being the Travels of Sir John Mandeville, Knight*, Londres, *Roxburghe club*, 1889. Cette édition, avec introduction et de nombreuses notes, est malheureusement presque introuvable.

Le texte présenté ici (version insulaire) est celui, légèrement modernisé, du manuscrit *Harley* 212, conservé à la *British Library* à Londres, et resté inédit. Ce manuscrit a appartenu au célèbre humaniste John Dee. Il n'est pas illustré, mais comporte de nombreuses notes marginales, qui disent l'intérêt que les lecteurs ont pris à le consulter.

La version continentale, qui comprend vingt-sept manuscrits, a été éditée, avec deux autres versions anglaises, d'après le plus ancien manuscrit daté, celui de 1371, copié pour Charles V par Raoulet d'Orléans. Elle donne les principales variantes du texte insulaire d'après l'édition de Warner et celles de la première édition du texte continental en 1480 ; elle comporte aussi de nombreuses notes :

M. LETTS, *Mandeville's Travels*, Londres, *Hakluyt Society*, n[os] 101 et 102, 1953, 2 vol.

Malgré son intérêt, ce texte n'est pas d'excellente qualité et comporte beaucoup d'erreurs de scribe et quelques omissions.

La troisième version française de Mandeville comporte de nombreuses interpolations sur le héros Ogier le Danois. Elle n'est représentée que par sept manuscrits et est restée jusqu'ici inédite.

Il n'existe pas d'édition française récente du livre de Mandeville alors que, depuis 1980, ont paru des éditions des versions anglaise, allemande et néerlandaise, par exemple :

*The Travels of Sir John* MANDEVILLE, introduction de M. C. Seymour, Londres, 1981.

*Die niederländische Version der Reisebeschreibung Johanns von* MANDEVILLE, W. Günther Ganser (éd.), Amsterdam, 1985.

Jean de MANDEVILLE, *Reisen*, E. Bremer et K. Ridder (éd.), Leyde, 1987.

### Ouvrages sur Mandeville

J. BENNETT, *The Rediscovery of Sir John Mandeville*, The modern language association of America, Monograph series, n° 19, New York, 1954.

C. DELUZ, *Le Livre de Jehan de Mandeville, une « géographie » au XIV$^e$ s.*, Publications de l'Institut d'études médiévales, Textes, Études, Congrès, n° 8, Louvain-la-Neuve, 1988.

A. GOOSSE, « Jean de Mandeville et Jean d'Outremeuse », *Festschrift Walther von Wartburg*, Tübingen, 1968, t.I, p. 235-250.

D.R. HOWARD, « The World of Mandeville's Travels », *Yearbook of English Studies*, n° 1, 1971, p.1-17.

M. LETTS, *Sir John Mandeville. The Man and His Book*, Londres, 1949.

C.W.R.D. MOSELEY, « Behaim's Globe and Mandeville's Travels », *Imago Mundi*, n° 33, 1981, p. 89-91.

### Ouvrages sur les voyages et les pèlerinages

G. ATKINSON, *The Extraordinary Voyage in French Literature before 1700*, New York, 1920, rééd. 1966.

C. JACOB et F. LESTRINGANT, *Arts et légendes d'espace. Figures du voyage et rhétorique du monde*, Paris, 1981.

– *Jérusalem, Rome, Constantinople. L'image et le mythe de la ville*, Textes réunis par D. Poirion, Paris, 1986.

M. MOLLAT, *Les Explorateurs du XIII<sup>e</sup> au XVI<sup>e</sup> siècle*, Paris, 1984.
J. RICHARD, *La Papauté et les Missions d'Orient au Moyen Âge (XIII<sup>e</sup> -XV<sup>e</sup> siècles)*, École française de Rome, 1977.
J.-P. ROUX, *Les Explorateurs au Moyen Âge*, nouvelle édition revue et augmentée, Paris, 1985.
P.-A. SIGAL *Les Marcheurs de Dieu*, Paris, 1974.
C.K. ZACHER, *Curiosity and Pilgrimage. The literature of discovery in fourteenth century England*, Londres, Baltimore, 1976.

*Ouvrages sur la géographie médiévale*

C.-V. LANGLOIS, *La Connaissance de la nature et du monde au Moyen Âge*, Paris, 1927.
J. LEITHAUSER, *Mappae Mundi, die geistige Eroberung der Welt*, Berlin, 1958.
— *Histoire et épistémologie de la géographie*, Études réunies par Ph. Pinchemel, Paris, 1981.
J.K. WRIGHT, *The Geographical Lore of the Time of the Crusades*, New York, rééd.1965.

*Ouvrages sur les légendes et merveilles*

A. ABEL, *Le Roman d'Alexandre, légendaire médiéval*, Bruxelles, 1955.
R. BERNHEIMER, *Wild Man in the Middle Ages*, Boston, 1967.
M.-P. CLAIRE JABINET « Le royaume du Prêtre Jean », *L'Histoire*, n° 22, avril 1980, p. 36-43.
C. DELUZ, « Le Paradis terrestre, image de l'Orient lointain, dans quelques documents géographiques médiévaux », *Images et signes de l'Orient dans l'Occident médiéval* (Sénéfiance, n° 11), Aix-en-Provence, 1982, p. 145-161.
J. LE GOFF et E. LE ROY LADURIE, « Mélusine maternelle et défricheuse », *A.E.S.C.*, n° 26, 1971, p. 587-622.
D. POIRION, *Le Merveilleux dans la littérature française du Moyen Âge*, Que sais-je, n° 1938, Paris, 1982.
G. POCHAT, *Der Exotismus während des Mittelalters und der Renaissance*, Stockolm, 1970.
F. TINLAND, *L'Homme sauvage. Homo ferus et homo sylvestris. De l'animal à l'homme*, Paris, 1968.

# INDEX NOMINUM

Abel, 49, 92.
Adam, 4, 10, 11, 49, 50, 51, 57, 86, 136, 147, 150.
Alexandre, 14, 38, 119, 126, 193, 200, 202, 220, 221, 222, 224.
Amazones, 200, 201.
Anges, 10, 27, 45, 51, 54, 65, 68, 73, 74, 84, 86, 101, 102, 104, 107, 210, 222, 232, 235.
Antéchrist, 82, 83, 201.
Arbre sec, 48, 51.
Arbres du soleil et de la lune, 38, 223.
Aristote, 3, 14.

Baume, 37-39, 75.
Bédouins, 27, 48.
Bestiaire fabuleux, 146-147, 151, 218.
Bible, 10, 26, 56, 82, 83, 88, 89, 104, 105, 118, 188, 235.
Brahmanes, 219, 221.

Caïn, 49, 86, 92.
Caliphe, 27, 32, 33, 173.
Catherine (sainte), 42, 43, 45, 47, 48.

César, 58.
Charlemagne, 62.
Chrétiens, 5, 10, 18, 22, 23, 24, 28, 35, 38, 49, 50, 51, 53, 56, 58, 59, 61, 62, 70, 74, 81, 82, 88, 89, 92, 93, 99, 100, 102, 103, 105, 106, 109, 115, 127, 128, 129, 155, 157, 164, 173, 174, 196, 201, 211, 212, 219, 223, 224, 225, 226.
Comans, 13, 27, 28.
Constantin, 11, 58.
Coran, 54, 100, 102, 103.
Croix du Christ, 9, 10, 11, 12, 22, 37, 57, 58, 59, 70.
Cyrus, 31.

David, 27, 46, 49, 50, 54, 55, 57, 64, 65, 69, 88, 140, 151, 197.
Déluge, 24, 57, 77, 114, 227, 228.
Diamant, 120-123.
Didon, 23, 32.
Dieu, 5, 7, 15, 36, 44, 46, 47, 52, 57, 59, 76, 77, 78, 81, 85, 88, 89, 92, 101, 103, 104,

105, 106, 109, 114, 126, 127, 134, 136, 141, 147, 151, 155, 157, 168, 169, 171, 172, 173, 174, 185, 186, 196, 200, 210, 212, 220, 222, 223, 230, 234, 235, 236.

Églises chrétiennes orientales, 59-60, 90-91.
Élie, 23, 24, 47, 79, 86.
Empereurs romains, 62, 63.
Étoile Antarctique, 136, 137, 139.
— Tramontane, 137, 138, 139.
Ève, 50, 136, 150.

Gengis Khan, 47, 168-173.
Georges (saint), 74, 90, 94, 95.
Géorgiens, 74, 82, 90.
Grecs, 10, 15, 16, 56, 90, 91, 225, 235.

Hélène (sainte), 11, 58, 66.
Hérode, 26, 61, 66-67.
Hippocrate, 17, 19.

Idoles, 126, 127, 131, 134, 152, 156, 185, 235.

Jacob, 54, 64.
Jacobites, 82, 90.
Jacques (saint) le Majeur, 67, 70, 73, 86.
Jacques (saint) le Mineur, 65.
Jean-Baptiste, 65, 67, 70, 75, 80, 81, 88.
Jean l'Évangéliste, 17, 18, 24, 47, 59, 65, 85, 87.
Jérôme (saint), 63.
Jésus-Christ (Notre Seigneur), 3, 4, 5, 9, 10, 11, 12, 15, 16, 18, 22, 23, 36, 38, 44, 45, 47, 51, 52, 53, 54, 55, 56, 57, 58, 59, 60, 63, 64, 65, 66, 68, 69, 70, 72, 73, 74, 75, 76, 77, 78, 79, 83, 84, 85, 86, 87, 88, 101, 102, 103, 104, 105, 106, 107, 114, 116, 128, 132, 134, 141, 196, 197, 223, 225, 227.
Job, 78, 116-117, 222.
Joseph (patriarche), 26, 39, 54.
Josué, 49, 74.
Judas, 70, 72, 102.
Jugement dernier, 16, 18, 73, 81, 86, 102, 103, 104.
Juifs, 3, 4, 9, 10, 11, 12, 50, 51, 56, 61, 62, 63, 68, 69, 70, 72, 77, 80, 81, 82, 102, 103, 105, 129, 200, 201.
Justinien, 8.

Khan (Chan), 31, 98, 144, 150, 157, 158, 159, 160-191, 193, 195, 198, 203, 208, 231, 232, 234.
fêtes à la cour du Khan, 174-179.
palais du Khan, 160-166.

Loth, 51, 76, 77, 108, 118.
Louis (Saint), 28.

Mahomet, 32, 54, 100, 103-109.
Marie (Notre Dame), 3, 13, 15, 32, 36, 46, 47, 53, 59, 66, 68, 69, 70, 71, 73, 82, 84, 85, 88, 93, 101, 102, 103, 104, 223, 235.
Marie-Madeleine (sainte), 59, 73.

# INDEX NOMINUM

Moïse, 43, 44, 45, 46, 47, 48, 64, 85.

Nabuchodonosor, 26, 33.
Nicolas (saint), 18.
Noé, 10, 24, 77, 81, 86, 109, 114, 118, 166, 235.

Pape, 5, 15, 111.
Paul (saint), 20, 92, 105.
Peuple d'Israël, 43, 44, 75, 78.
Peuples fabuleux, 148, 153-154, 214, 223-224.
Cynocéphales, 149.
Pygmées, 158-159.
Pharaon, 37, 43.
Phénix, 36.
Pierre (saint), 12, 65, 68, 69, 71, 82, 85, 87, 222, 225.
Pilate, 12, 66.
Poivre, 128-129.
Prêtre Jean, 31, 139, 184, 186, 202, 203-210, 224-225, 226, 227, 230.
Pyramides (greniers de Joseph), 39-40.

Rois latins de Jérusalem, 57, 79.
Rois mages, 27, 53, 115, 120.

Saladin, 27, 33.
Salomon, 27, 49, 55, 65, 66, 69, 74.
Samaritains, 79, 80, 81-82, 168.
Samson, 25.
Samuel, 71, 79, 95.
Sarrasins, 22, 23, 32, 35, 38, 43, 50, 51, 53, 54, 56, 61, 63, 77, 81, 82, 84, 88, 99, 100, 101, 107, 108, 113, 115, 128, 155, 168, 173, 179, 195.
Sultan, 25, 26, 27, 28, 29, 30, 31, 33, 40, 49, 50, 56, 61, 69, 100, 105, 106, 185.

Tartares, 28, 56, 161, 168, 171, 185-191.
Templiers, 66, 113.
Théophile, 32.
Thomas (saint), 132, 225.
Turcs, 18, 56, 96, 112, 113.

# INDEX LOCORUM

Acre, 24, 28, 85, 97.
Afrique, 32, 39, 167.
Alep, 26, 27, 224.
Alexandrie, 34, 35, 36, 42, 43.
Alexandrie de Margiane, 119.
Allemagne, 7, 12, 98, 138.
Amazonie (terre des Amazones), 6, 110, 118-119.
Angleterre et Îles britanniques, 7, 11, 28, 109, 139, 142.
Antioche, 97.
Arabie, 6, 8, 27, 30, 32, 34, 36, 43, 44, 55, 58, 75, 88, 107, 108, 224.
Arménie, 6, 58, 88, 92, 93, 112, 113, 194, 195, 197, 198, 224.
Asie, 167, 168, 192.
Asie Mineure, 8, 18, 58, 198.

Babylone, 30, 31, 83, 117.
Babylone d'Égypte (Vieux Caire), 25, 26, 27, 32, 33, 34, 39, 40, 41, 43, 44, 75, 94, 109, 185, 224.
Bactriane, 110, 199, 202.
Bagdad, 32, 33, 173.

Béthanie, 73, 74.
Bethléem, 52, 53, 54, 55, 68, 115.
Beyrouth, 23, 94, 97.
Bohème, 98, 138.
Bornéo (Panthey), 144-145.

Calanoc (Cambodge?), 146-147.
Cana, 83.
Canton (Latorii), 155.
Carthage, 22, 32.
Césarée, 25, 97.
Ceylan (Taprobane, Silha), 150, 225-226.
Chaldée, 6, 30, 32, 52, 110, 111, 116, 117, 118, 119, 195, 197.
Château de l'Épervier, 112-113.
Chine Cathay (Nord), 31, 144, 160, 161, 172, 173, 185, 192, 193, 194, 198, 199, 203, 230, 231.
– Mancy (Sud) 155, 158, 165.
Chypre, 9, 21-23, 42, 55, 94, 95, 121.

Colonnes d'Hercule, 110.
Comanie, 192-193.
Constantinople, 8, 9, 11, 12, 13-17, 20, 42, 66, 81, 96, 110, 111.
Crète, 19, 24, 42.

Damas, 23, 27, 28, 29, 50, 87, 91-92.
Damiette, 35, 42.
Danube, 7.
Désert, 25, 26, 30, 32, 33, 39, 43, 44, 48, 88, 107, 192, 194.

Égypte, 6, 8, 26, 27, 29, 34-40, 42, 54, 55, 58, 107, 198, 224.
Émmaüs, 70, 95, 97.
Éphèse, 18.
Éthiopie, 6, 34, 35, 110, 119-120, 125, 198.
Euphrate, 31, 32, 58, 110, 113, 198, 227, 229.
Europe, 167.

Fontaine de Jouvence, 130.
Fosse Memnon, 24.
France, 11, 41, 94, 98.

Galilée, 78, 79, 82-88, 91.
Gaza, 25.
Gênes, 11, 41, 42, 81, 94, 96, 161, 204.
Géorgie, 91, 195, 197.
Grèce, 8, 13, 14, 17, 41, 42, 94, 96, 111, 195.
Gyon, 33, 229.

Hangzhou (Cassaie), 156.
Hébron, 49-51, 52, 55.
Hoang-ho (Caramoran), 160.
Hongrie, 7, 8.

Îles grecques, 13, 14, 18, 19, 20, 42, 94.
− de l'océan Indien, 6, 118, 124, 140, 142-144, 148, 152, 154, 214-218, 219, 224, 226, 230.
Inde, 6, 31, 33, 34, 38, 58, 92, 110, 111, 113, 115, 120, 121, 124, 125, 128, 140, 155, 168, 185, 193, 194, 197, 202, 203, 224.
Italie, 32, 41, 42, 94, 96, 161, 212.

Jaffa, 23, 24, 25, 55, 88, 95, 97, 222.
Jardin des Assassins, 209-210.
Java, 143.
Jéricho, 55, 74, 75, 88.
Jérusalem, 4, 6, 8, 22, 23, 24, 25, 27, 41, 42, 48, 49, 50, 51, 55-73, 76, 79, 80, 81, 84, 85, 91, 94, 95, 97, 98, 99, 139, 140.
Calvaire, 11, 27, 57, 58.
Mont des Oliviers, 71-73.
Mont Sion, 61, 67-69, 70, 83.
Saint Sépulcre, 56-60, 61, 63, 68.
Temple, 36, 61-65, 66, 69.
Val de Josaphat, 60, 68, 69, 70, 71.
Jourdain, 74, 75, 77, 78, 83, 87.

Khwarezm, 192-193.

La Mecque, 32.
Le Caire, 26, 27, 33, 34, 37.
Libye, 6, 35, 110, 111, 138, 198.

## INDEX LOCORUM

Mauritanie, 55, 119, 198.
Mer Adriatique, 41.
— Aréneuse, 24, 115, 205.
— Caspienne, 110, 193, 194, 200.
— d'Espagne, 110, 198.
— Méditerranée (Grande Mer), 13, 55, 110, 193, 194, 195, 197.
— Morte, 75-77, 79, 80, 118.
— d'Occident, 33.
— Océane, 110, 120, 125, 155, 193, 198, 226.
— Rouge, 35, 44, 48, 97, 110, 226.
— de Perse, 113.
Mésopotamie, 32, 38, 77, 110, 132, 198.
Mont Ararat, 114.
— Athos, 13, 14.
— Atlas, 111.
— Carmel, 201.
— de Caspille, 201.
— Caucase, 194.
— Etna, 42.
— Hermon, 83, 87.
— Liban, 78, 88, 93, 97.
— de la Lune, 34.
— Olympe, 14.
— Sinaï, 40, 43, 44, 45, 47, 48, 68, 94, 109.
— Thabor, 85, 86.
Montjoie, 71, 79, 95.

Naples, 41.
Naplouse, 79, 80.
Nazareth, 79, 82, 83, 84-85, 86, 88.
Nil, 33-35, 39, 43, 110, 229.
Ninive, 118, 197.
Norvège, 7, 140, 142.

Nubie, 35, 198.

Ormuz, 125, 204.

Palestine, 25, 44, 54, 55, 88, 110, 224.
Paradis terrestre, 10, 33, 43, 50, 71, 110, 113, 150, 163, 181, 194, 203, 205, 227, 228, 230.
Paris, 11, 12, 155.
Pékin (Cambalic, Caydou, Jong), 161, 173, 180.
Perse, 6, 8, 31, 58, 92, 110, 111, 114, 115, 116, 185, 192, 194, 203, 205, 227, 228, 230.
Phison, 94, 211, 228, 229.
Pologne, 7.
Portes de fer, 195.
Prusse, 7, 99, 193, 194.

Rhodes, 19, 20, 21, 42, 95.
Rome, 41, 62, 63, 81, 173.
Russie, 7, 99, 193, 194.

Sainte-Catherine-du-Sinaï, 40, 44-48.
Samarie, 80, 81.
Samarqand, 194.
Sathalie (golfe), 21.
Scythie, 110, 119, 200.
Seidnaya, 23, 92-93.
Sicile, 24, 40-41.
Sources et rivières fabuleuses, 81, 93, 120, 124, 205.
Syrie, 8, 23, 25, 27, 28, 35, 48, 55, 58, 78, 88, 97, 110, 157, 224.

Tabriz, 114, 115.
Tana, 126, 128.

Tartarie, 6, 98, 111, 168.
Terre (rotondité de la) 136-142.
Terre promise, sainte, 3, 4, 5, 51, 82, 87, 88, 94, 98, 109.
Tibériade (lac), 78, 87, 88.
Tibet, 231-232.
Tigre, 32, 110, 197, 198, 224.
Tour de Babel, 38, 117, 167.
Trébizonde, 111, 112, 113.
Tripoli (Syrie), 28, 93, 97.
Troie, 18, 23, 32, 61.

Turkestan, 192.
Turquie, 6, 17, 18, 29, 58, 96, 195, 197, 224.
Tyr, 23, 24, 94, 95.

Vallée Périlleuse, 211-213.
Venise, 24, 41, 95, 96, 111, 125, 156, 161, 204.
Volga (Etil), 153.

Yang-tsé-kiang (Dalay), 158.
Yangzhou (Jamchay), 159.

# TABLE DES MATIÈRES

Introduction .............................. IX

VOYAGE AUTOUR DE LA TERRE

Prologue ................................. 3
   Chapitre premier. Le chemin d'Angleterre jusqu'à Constantinople .................... 7
   Chapitre II. La croix et la couronne de Notre Seigneur ................................ 9
   Chapitre III. La cité de Constantinople et les croyances des Grecs. ...................... 13
   Chapitre IV. Saint Jean l'Évangéliste et la fille d'Hippocrate changée en dragon. ....... 17
   Chapitre V. Les particularités de Chypre, le chemin de Chypre à Jérusalem et le miracle d'une fosse pleine de sable. ............... 21
   Chapitre VI. Les divers noms du Sultan, son État et Babylone la Grande. ............... 26

Chapitre VII. Le pays d'Égypte, le phénix d'Arabie, la cité du Caire, la croissance du baume et les greniers de Joseph. ............ 34

Chapitre VIII. L'île de Sicile, le chemin de Babylone au mont Sinaï, l'église Sainte-Catherine et les merveilles de ce lieu. ............ 40

Chapitre IX. Le désert entre l'église Sainte-Catherine et Jérusalem, l'Arbre sec et l'origine des premières roses. ...................... 48

Chapitre X. Jérusalem et les lieux saints qui l'entourent. ................................ 55

Chapitre XI. Le Temple de Notre Seigneur, la cruauté d'Hérode, le mont Sion, la Piscine probatique et les Bains de Siloé. ............ 61

Chapitre XII. La mer Morte, le fleuve Jourdain, le chef de saint Jean et les usages des Samaritains. ............................... 75

Chapitre XIII. La province de Galilée, le lieu de naissance de l'Antéchrist, Nazareth, l'Annonciation à Notre-Dame, le jour du Jugement et les coutumes des Jacobites, des Syriens et des Géorgiens. ......................... 82

Chapitre XIV. La cité de Damas et les trois routes vers Jérusalem, une par terre et par mer, l'autre plus par terre que par mer et la troisième entièrement par terre. .................... 91

Chapitre XV. Les coutumes des Sarrasins et leur religion, le jugement du Sultan sur les Chrétiens et les débuts de Mahomet. ....... 100

Chapitre XVI. Les terres d'Albanie et d'Ibérie, les souhaits faits à la gardienne d'un épervier et l'arche de Noé. ....................... 109

Chapitre XVII. La Terre de Job, les gens de Chaldée, la terre où les femmes demeurent sans compagnie d'hommes, la croissance et les vertus du vrai diamant. .......................... 116

Chapitre XVIII. Les coutumes des îles qui entourent l'Inde, la différence entre idole et simulacre, les trois sortes de poivre et la fontaine qui change de couleur à chaque heure du jour. 124

Chapitre XIX. Les jugements rendus par la main de saint Thomas l'Apôtre en la cité de Calamie, le culte rendu aux idoles, les sacrifices et les processions faites autour de la cité. ... 132

Chapitre XX. L'île de Lamory et comment la terre et la mer sont de ronde forme par la preuve de l'étoile Antarctique. .................... 136

Chapitre XXI. Le palais du roi de l'île de Java, les arbres qui portent farine, miel, vin et venin, les autres merveilles et coutumes des îles voisines. ................................. 143

Chapitre XXII. Comment l'idole fait savoir si le malade mourra ou non, les gens d'apparence diverse et défigurés et les moines qui donnent la nourriture aux singes. .......... 152

Chapitre XXIII. Le Grand Chan de Cathay, la noblesse de son palais, ses repas et le grand nombre de ceux qui le servent. ............. 160

Chapitre XXIV. Pourquoi le Grand Chan est appelé ainsi, le style de ses lettres et l'écrit qui entoure ses sceaux, le grand et le petit. . 167

Chapitre XXV. L'organisation de la cour du Chan, ses fêtes solennelles, ses philosophes et son équipage quand il chevauche à travers le pays. ...................................... 174

Chapitre XXVI. Le religion et les coutumes des Tartares demeurant au Cathay, ce que l'on fait à la mort du Chan et comment il est élu. 185

Chapitre XXVII. Le royaume de Tarse, les terres et royaumes des régions septentrionales en descendant vers le bas de la terre. ...... 192

Chapitre XXVIII. L'empire de Perse, la Terre ténébreuse et les autres royaumes, du Cathay jusqu'à la mer de Grèce. ............ 194

Chapitre XXIX. Les pays et les îles qui sont par-delà la terre de Cathay, les divers fruits de là-bas et les douze rois enclos dans les montagnes. ................................ 199

Chapitre XXX. La situation royale du Prêtre Jean et un homme riche qui fit un château merveilleux appelé Paradis. ................ 203

Chapitre XXXI. La tête du Diable dans la vallée Périlleuse et les coutumes des gens dans diverses îles alentour. ..................... 211

Chapitre XXXII. La bonté des gens de l'île de Bragmey, le roi Alexandre et pourquoi on donne ce nom au Prêtre Jean. ............. 219

Chapitre XXXIII. Les montagnes d'or que les fourmis gardent et les quatre fleuves qui viennent du Paradis terrestre. .............. 225

Chapitre XXXIV. Les coutumes des rois et autres habitants des îles voisines de la Terre du Prêtre Jean et les honneurs rendus par le fils à son père mort. ........................... 230

Notes ..................................... 237

Principales variantes de la version continentale   277

Plan de Jérusalem au XIV$^e$ s. .............. 280

TABLE DES MATIÈRES 301

Essai de reconstitution de la mappemonde
de Mandeville .......................... 282

Bibliographie .......................... 285

Index ................................. 289

# LA ROUE À LIVRES

## PARUS

AGATHIAS
Guerres et malheurs du temps sous Justinien

ALAIN DE LILLE
La plainte de la nature (*De Planctu Naturae*)

LEON BATTISTA ALBERTI
De la famille

ALCIPHRON
Lettres de pêcheurs, de paysans, de parasites et d'hétaïres

ALEXANDRE LE GRAND ET LES BRAHMANES
PALLADIOS D'HÉLÉNOPOLIS, Les Mœurs des brahmanes de l'Inde
*suivi de* Correspondance d'Alexandre et de Dindime (Anonyme)

APPIEN
Les guerres civiles à Rome (Livre I. Marius et Sylla)
Les guerres civiles à Rome (Livre II. César et Pompée)
Les guerres civiles à Rome (Livre III. Antoine et Octave)
Les guerres civiles à Rome (Livre IV)

ARRIEN
L'Art tactique. Histoire de la succession d'Alexandre

ARRIEN & OPPIEN D'APAMÉE
Art de la chasse. Cynégétiques.
ARRIEN, Cynégétique *suivi de* OPPIEN D'APAMÉE, Cynégétique

BÈDE LE VÉNÉRABLE
Histoire ecclésiastique du peuple anglais (Tome I. Conquête et conversion)
Histoire ecclésiastique du peuple anglais (Tome II. Miracles et missions)

BOÈCE
La consolation de philosophie

CALLISTHÈNE (Pseudo-)
Le roman d'Alexandre. La vie et les hauts faits d'Alexandre de Macédoine

CHRONIQUE DE MORÉE

CICÉRON
De la divination
La nature des dieux

CONSTANTIN LE GRAND
Lettres et discours

CTÉSIAS
Histoires de l'Orient

DENYS D'HALICARNASSE
Les origines de Rome (Les antiquités romaines. Livres I et II)

### DIODORE DE SICILE
Naissance des dieux et des hommes (Bibliothèque historique. Livres I et II)
Mythologie des Grecs (Bibliothèque historique. Livre IV)

### DION CASSIUS
Histoire romaine (Livres 40-41. César et Pompée)
Histoire romaine (Livres 57-59. Tibère et Caligula)

### DION DE PRUSE
Ilion n'a pas été prise. Discours « troyen » 11

### LE DOSSIER SAINT LÉGER

### ÉLIEN
Histoire variée
La personnalité des animaux (Tome I. Livres I à IX)
La personnalité des animaux (Tome II. Livres X à XVII et index)

### ESQUISSE DE LA KABBALE CHRÉTIENNE

### EUMATHIOS
Les amours homonymes

### GALIEN
L'âme et ses passions

### GEOFFROY DE MONMOUTH
Histoire des rois de Bretagne

### GEORGES ACROPOLITÈS
Chronique du XIII$^e$ siècle. L'empire grec de Nicée

### GERVAIS DE TILBURY
Le livre des Merveilles. Divertissement pour un Empereur (3$^e$ partie)

### HÉRODIEN
Histoire des empereurs romains de Marc Aurèle à Gordien III
(180 ap. J.-C. - 238 ap. J.-C.)

### HÉROS, MAGICIENS ET SAGES OUBLIÉS DE L'ÉGYPTE ANCIENNE
Une anthologie de la littérature en égyptien démotique

### HIÉROCLÈS D'ALEXANDRIE
Commentaire sur les *Vers d'or* des pythagoriciens. Traité sur la Providence

### JACOPONE DA TODI
Laudes

### JAMBLIQUE
Vie de Pythagore

### JEAN CHRYSOSTOME & JEAN DAMASCÈNE
Figures de l'évêque idéal

### JORDANÈS
Histoire des Goths

### LES JUIFS PRÉSENTÉS AUX CHRÉTIENS
Textes de Léon de Modène et de Richard Simon

JULIUS VICTOR, *L'Art rhétorique* ~ PSEUDO-AUGUSTIN, *Sur la rhétorique*

DIEGO DE LANDA
Relation des choses du Yucatán (1566)
*suivi de* DIEGO LÓPEZ DE COGOLLUDO, Histoire du Yucatán (1660)

LETTRES POUR TOUTES CIRCONSTANCES
Les traités épistolaires du Pseudo-Libanios
et du Pseudo-Démétrios de Phalère

LUCIEN
Comment écrire l'Histoire

MACROBE
Les saturnales (Livres I-III)

JEAN DE MANDEVILLE
Voyage autour de la Terre

NICOLAS MARTONI & OGIER D'ANGLURE
Vers Jérusalem. Itinéraires croisés au XIV$^e$ siècle

MAXIME DE TYR
Choix de conférences. Religion et philosophie

MAXIMIEN
Élégies, *suivies de l'*Appendix Maximiani
*et de* l'Épithalame pour Maximus *d'*ENNODE DE PAVIE

JÉRÔME MÜNZER
Voyage en Espagne et au Portugal (1494-1495)

NAISSANCE DE LA BIBLE
PSEUDO-ARISTÉE, Lettre d'Aristée à Philocrate
*suivi de* ÉPIPHANE DE SALAMINE, Traité des poids et mesures
*et de* Témoignages antiques et médiévaux

LE NOUVEAU MONDE
Récits de Amerigo Vespucci, Christophe Colomb, Pierre Martyr d'Anghiera

OVIDE
Les fastes

PHILOSTRATE
La galerie de tableaux

LE POGGE
Un vieux doit-il se marier ?

PROCOPE DE CÉSARÉE
Histoire des Goths (2 volumes sous coffret)
Histoire secrète
Guerre contre les Vandales (Guerres de Justinien, Livres III et IV)

LE ROMAN D'YSENGRIN

ROMANS DE CHEVALERIE DU MOYEN ÂGE GREC

SATIRES ET PARODIES DU MOYEN ÂGE GREC

TOUT EST BIEN QUI FINIT BIEN
(comédie anonyme de la fin du XVIIIe siècle,
traduite du yiddish amstellodamois)

LORENZO VALLA
La donation de Constantin

VIE D'ABERCIUS. VIE DE POLYCARPE
Deux biographies légendaires d'évêques du IIe siècle

VIE D'ÉSOPE
Livre du philosophe Xanthos et de son esclave Ésope.
Du mode de vie d'Ésope

XÉNOPHON
Constitution des Lacédémoniens – Agésilas – Hiéron
*suivi de* PSEUDO-XÉNOPHON, Constitution des Athéniens

JOSEPH BEN MÉÏR IBN ZABARA
Le Livre des Délices. *Sefer Cha'Achouïm*


*Documents*

ALEXANDRE LE GRAND. LES RISQUES DU POUVOIR

CHRONIQUES MÉSOPOTAMIENNES

LES CITÉS DE L'OCCIDENT ROMAIN

CONQUÉRANTS & CHRONIQUEURS ESPAGNOLS EN PAYS MAYA (1517-1697)
I. Découvertes

CONQUÉRANTS & CHRONIQUEURS ESPAGNOLS EN PAYS MAYA (1517-1697)
II. Conquêtes

LES CULTES ISIAQUES DANS LE MONDE GRÉCO-ROMAIN

ÉLOGES GRECS DE ROME

INSCRIPTIONS HISTORIQUES GRECQUES

RÉCITS INÉDITS SUR LA GUERRE DE TROIE

JEAN GOBI
Dialogue avec un fantôme

LIBANIOS
Lettres aux hommes de son temps

*Corpus aristotélicien*

DU CIEL

PROBLÈMES MÉCANIQUES - DES LIGNES INSÉCABLES

DES COULEURS - DES SONS - DU SOUFFLE

*Ce volume,
le vingtième
de la collection « La Roue à Livres »
publié aux Éditions Les Belles Lettres,
a été achevé d'imprimer
en juin 2018
par La Manufacture imprimeur
52205 Langres Cedex, France*

*N° d'éditeur : 8977
N° d'imprimeur : 180808
Dépôt légal : juillet 2018*